# FUNDORT SCHWEIZ

# Jürg Tauber
Text

# Fanny Hartmann
Zeichnungen, Gemälde und Layout

Reihe Fundort Schweiz
Idee und Redaktion: Felix Furrer
© 1988 Verlag AARE Solothurn
Alle Rechte vorbehalten.
Jegliches Fotokopieren und Fotografieren
verstösst gegen das Urheberrecht.
ISBN 3-7260-0296-0

# FUNDORT SCHWEIZ

Band 5
Das Hochmittelalter
Von den Karolingern
bis zur grossen Pest

# Inhalt

## 6 Das Mittelalter – Beginn der Gegenwart

- 6 Wie kam das Mittelalter zu seinem Namen?
- 13 Die Dauer des Mittelalters
- 14 Woher das Mittelalter bekannt ist – die Quellen

## 19 Das Mittelalter zwischen Alpen und Jura

- 19 Ein Teil Mitteleuropas
- 24 Fast 600 Jahre Mittelalter – eine lange Zeit
- 26 Das Mittelalter ist heute nicht verschwunden

## 36 Kirche und Glaube

- 38 Die Kathedralen der Bischöfe
- 46 Orden und Klöster
- 57 Pfarrkirchen und Burgkapellen
- 62 Rauchfässer und Reliquien – das Zubehör der Kirchen
- 69 Kirche und Glaube im Volk

## 75 Bauen und Wohnen

- 75 Mensch und Umwelt
- 79 Der Adel und seine Burgen
- 82 Wozu wurden Burgen gebaut?
- 88 Eine Burg wird gebaut
- 94 Das «Innenleben» der Burgen
- 100 Das Ende der Burgen
- 105 «Altes» und «neues» Wohnen – Dörfer und Städte

## 120 Leben und Sterben

- 120 Kinder und Erwachsene
- 121 Ernährung, Krankheit, Verletzungen – was Skelette «erzählen»
- 128 Tod und Bestattung

## 136 Alltag und Fest

- 136 Vom Feld auf den Tisch – Nahrung und Nahrungszubereitung
- 144 Hauswerk und Handwerk
- 152 Der Handel
- 154 Der Alltag auf der Burg
- 155 Feste und Nichtstun

## 159 Das Ende des Mittelalters

# Das Mittelalter –
# Beginn der Gegenwart

## Wie kam das Mittelalter zu seinem Namen?

Stellen wir uns vor, es gebe eine Zeitmaschine, die uns in jede beliebige vergangene Zeit zurückversetzen kann! Zum Beispiel ins Mittelalter! Wer möchte da nicht mitmachen?
Wir bereiten uns – wie für jede grössere Reise – gut vor, denn wir wollen ja mit den dort lebenden Menschen reden können und ihre Sitten und Gebräuche kennenlernen. Das geht aber nur, wenn wir ihre Sprache verstehen und auch ein wenig sprechen können. Das Deutsch früherer Zeiten war nämlich anders als heute. Zahlreiche Wörter, die uns geläufig sind, waren damals noch unbekannt. Um nicht schon durch unser Äusseres aufzufallen, müssen wir die Kleidung der mittelalterlichen Mode anpassen: also keine Jeans und T-Shirts, keine Turnschuhe, überhaupt keine Schuhe mit Schuhbändeln. Auch Kleider mit Reissverschlüssen, ja sogar solche mit Knöpfen sind nicht erlaubt. Die Zahl der Reiselustigen vermindert sich zusehends. Nun müssen auch noch alle verzichten, die sichtbare Zahnplomben haben oder Brillenträger sind. Für die Reise bleiben am Schluss nur noch ein paar wenige übrig.
Eine letzte kurze Kontrolle, ob nicht doch noch jemand eine Plastikspange im Haar oder eine Uhr am Handgelenk trägt, und die Fahrt beginnt.
Die Zeitmaschine soll uns auf einem Markt des 12. Jahrhunderts absetzen, denn dort können wir sicher sein, dass wir viele Leute antreffen werden. Wir steigen in einem engen Tal irgendwo im Jura aus, durch das eine Kiesstrasse führt. Schwere Wagen und zahlreiche Pferdehufe haben darin tiefe Gräben und Löcher hinterlassen, die sich bei Regen schnell mit Wasser füllen und die ganze Strasse im Nu in knöcheltiefen Schlamm verwandeln. Dichter Wald aus Buchen, Eichen, Föhren und Ahorn bedeckt die Talhänge. An manchen Stellen droht Buschwerk die Strasse zu überwuchern. Es muss jährlich zurückgeschnitten werden, denn sonst könnte man sie schon nach wenigen Jahren nicht mehr begehen.
Der «Verkehr» ist ziemlich dicht: Da kommen ein paar Frauen, die Körbe voller Waren am Arm oder auf dem Kopf tragen. Hinter uns tauchen zwei Männer auf! An einer Holzstange, die sie auf den Schultern tragen, schleppen sie ein riesiges Warenbündel. Um die Strassenbiegung weiter vorn verschwindet eben

ein zweirädriger, von einem Pferd gezogener Karren. Wir können vermuten, dass es sich hier um einen wohlhabenden Kaufmann handelt, denn normalerweise werden die billigeren Ochsen als Zugtiere verwendet. Alle streben in die Richtung, aus der Stimmengewirr zu hören ist. Je näher wir der Wegbiegung kommen, desto lauter werden Lärm und Geschrei.

Plötzlich treten wir auf eine Lichtung im Wald und stehen mitten im Markttreiben. Allerdings sieht dieser Markt anders aus, als wir ihn uns vorgestellt haben. Exakt in Reihen ausgerichtete Stände finden wir hier keine. Die Waren liegen zum Teil auf dem Boden, zum Teil auf den für den Transport benutzten Karren. Käufer und Verkäufer lassen sich nicht sauber auseinanderhalten, denn fast jeder, der etwas anbietet, will bei anderen etwas dagegen eintauschen: Hier hat sich eine Frau für eine Anzahl Eier einen neuen Gürtel erstanden, dort trägt ein ärmlich gekleideter Mann stolz ein neues Messer nach Hause; er hat es nach zähem Handeln für drei Käse bekommen. Weiter drüben steht ein grösserer Wagen mit Tuchballen. Schon die bunten Farben zeigen, dass dies nicht gewöhnliche Stoffe sind: Statt des alltäglichen grauen, braunen und beigen Tuches gibt es dort auch blaues, grünes, gelbes und rotes. An diesen Farben und an der besseren Qualität kann jedermann sehen, dass es nicht die üblichen, einheimischen Leinen- und Wollstoffe sind: Sie kommen weither aus dem Norden. Bei diesem Wagen findet sich auch reichere Kundschaft ein, die mit Bargeld bezahlt. Deshalb hat der Händler eine Münzwaage, mit der er den Wert der Silbermünzen genau bemessen kann.

Auf dem Markt wird aber nicht nur verkauft und gekauft; die Leute nutzen die Gelegenheit, um ihre weiter entfernten Nachbarn zu treffen und Neuigkeiten auszutauschen. Vor allem um die von weither kommenden Kaufleute scharen sie sich und hören aufmerksam den Geschichten aus fernen Ländern und grossen Städten zu, wo Waren auch aus den entlegensten Winkeln der Erde zu haben sind.

Wir bewegen uns nur zögernd durch die Menge, zu fremd scheint uns diese Umgebung. Erst allmählich gewöhnen wir uns an den merkwürdigen Klang der

### Worterklärungen

**Käufer und Verkäufer:** Das Geld als Zahlungsmittel kam erst im Verlauf des Mittelalters auf. Während in der karolingischen Zeit der Tauschhandel die übliche Form des Warenverkehrs war, wurde in den Städten des 14. Jahrhunderts häufig mit Münzen bezahlt. Der Tauschhandel Ware gegen Ware blieb aber vor allem auf dem Land noch häufig im Gebrauch.

**Stoffe:** Stoffe wurden überall hergestellt. Schon früh waren aber einzelne Sorten für ihre hervorragende Qualität bekannt, so etwa die friesischen Wolltuche oder die schwäbische Leinwand.

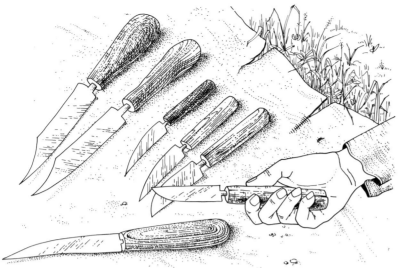

Oben: Pfennig der Fraumünsterabtei in Zürich, nach 1045 geprägt. Vorderseite: Kirchenfassade mit spitzem Giebel und grossem Portal; Rückseite: Kreuz mit je einem Ring in den Zwickeln.
Unten: Pfennig des Bistums Lausanne, um 1200. Vorderseite: gekröntes Haupt Marias; Rückseite: Kreuz mit Sonne und Mondsichel.
Natürliche Grösse.

Sprache und verstehen, was die Leute sagen. Dann fragt plötzlich ein Junge aus unserer Gruppe eine Krämerin, ob sie zufrieden sei, im Mittelalter zu leben.

Verständnislos starrt die Frau den Jungen an. Und wie ein Lauffeuer verbreitet sich die Nachricht von der seltsamen Frage über den Markt und sorgt für grosse Aufregung. Jemand bringt die Frage gar mit den Gerüchten in Zusammenhang, die von einer Irrlehre im Süden Europas berichten. Für uns ist dies der Anlass, so rasch als möglich zu unserer Zeitmaschine zurückzukehren und das Weite zu suchen. Wir bleiben vielleicht doch besser in unserer Zeit...

Weshalb aber die Reaktion der Marktfrau? Ganz einfach: Das Wort «Mittelalter» gab es damals noch nicht. Genausowenig wie wir den Namen kennen, den man in einigen Jahrhunderten der heutigen Zeit geben wird, war den Menschen jener Zeit bekannt, dass sie im Mittelalter lebten. Erst vom späteren 17. Jahrhundert an begann man diese Epoche so zu nennen. Für die Menschen jener Zeit waren die als «Mittelalter» bezeichneten Jahrhunderte nichts anderes als ein Bruch mit der Antike und ein Abstieg von einer Hochkultur in die Barbarei. Man war der Ansicht, dass diese Jahrhunderte die glanzvolle Kultur der Antike vernichtet hätten; erst in der «Renaissance» sei man auf jene im «finsteren Mittelalter» unterdrückten Werte wieder aufmerksam geworden. Der Begriff «Mittelalter» hat in der Zeit seiner Entstehung also etwas Abwertendes an sich. Selbst heute wird er manchmal noch verbunden mit Wörtern wie «finster», «barbarisch», «Faustrecht», «Raubritter» usw. Immerhin sollten wir aber daran denken, dass es mittelalterliche Mönche und Nonnen waren, die Werke antiker Schriftsteller und vielfältiges Gedankengut aus jener Zeit an die Nachwelt überliefert haben. Dass aber das Mittelalter auch eigenständige kulturelle Leistungen vollbracht hat, soll in diesem Buch aufgezeigt werden.

**Worterklärungen**

**Irrlehre:** Eine religiöse Lehre, die nicht dem von Kirche und Papst vertretenen Glauben entspricht. Man könnte sie als Sekte bezeichnen.
**Antike:** Zeitalter der griechisch-römischen Hochkultur, das «klassische Altertum», das mit der Verbreitung des Christentums zu Ende geht.
**Renaissance** (franz. «Wiedergeburt»): Bezeichnung für die Wiederentdeckung einer vergangenen Epoche. Meist verwendet für die Zeit des 15. und frühen 16. Jh., in der einerseits die antike Kultur «wiederentdeckt», andererseits in Dichtung und Wissenschaft ein neuer, «naturwissenschaftlicher» Sinn für Natur und Welt spürbar wird.
**Faustrecht:** Recht des Stärkeren, das dieser sich eben mit Faustschlägen oder dem Schwert in der Faust holt.

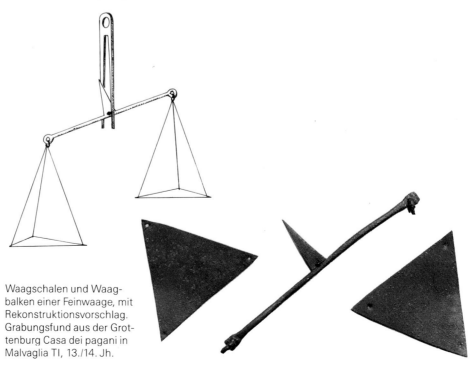

Waagschalen und Waagbalken einer Feinwaage, mit Rekonstruktionsvorschlag. Grabungsfund aus der Grottenburg Casa dei pagani in Malvaglia TI, 13./14. Jh.

# Markttag in der Stadt

*Heute ist ein ganz besonderer Tag. Schon beim Aufstehen ist die Mutter viel besser gelaunt als normal. «Heute gehen wir in die Stadt, es ist wieder einmal Zeit, den Markt zu besuchen. Ich brauche dringend einige Dinge, die ich hier auf dem Dorf nicht bekomme. Und heute darfst du einmal mitkommen», sagt sie zum kleinen Ulrich, «aber nur, wenn du brav mitläufst und nicht schon nach zweihundert Schritten anfängst zu jammern!». Natürlich verspricht ihr Ulrich, brav zu sein, denn es ist für ihn das erste Mal, dass er mit darf. Also marschieren die beiden noch vor Sonnenaufgang los. Mit grosser Spannung sieht Ulrich dem Tag in der Stadt entgegen. Er hat von älteren Kindern schon oft gehört, was es da alles zu sehen gibt.*

*Als die beiden nach langem Fussmarsch endlich ihr Ziel erreichen, steht die Sonne schon ziemlich hoch. Ulrich kommt nicht mehr aus dem Staunen heraus. Sein Dorf ist ja nicht gerade klein, und er ist fast ein bisschen stolz auf die stattlichen grossen Höfe und die Dorfkirche aus Stein. Was er aber hier sieht, verblüfft ihn: Die Stadt ist von einer hohen Mauer mit Zinnenbekrönung umgeben. In regelmässigen Abständen ist sie mit Türmen verstärkt. Das ganze sieht aus wie die Burg, die man vom heimischen Dorf aus sieht, nur viel grösser.*

*Zusammen mit anderen Leuten – solche aus dem eigenen und solche aus den Nachbardörfern – treten sie durch ein grosses Tor in die Stadt ein; Ulrich staunt gleich noch einmal: So viele Häuser auf einmal! Und sie sind viel grösser als bei ihm zu Hause im Dorf, meist zwei- und dreistöckig. «Warum gibt es hier so viele Kirchen?» fragt er seine Mutter. Sie lacht: «Das sind doch nicht alles Kirchen! Dort drüben steht eine, und wenn du dich umdrehst, siehst du eine zweite; aber alle anderen Gebäude sind nicht Kirchen, sondern Wohnhäuser reicher Kaufleute. Diese Herren wohnen eben nicht mehr in Holzhütten wie wir, die haben mehr Glück gehabt und viel Geld verdient.» Und tatsächlich kann Ulrich feststellen, dass es vor allem die Häuser an der breiten Hauptstrasse sind, die aus Stein bestehen. In den Seitengassen stehen viel mehr Bauten aus Holz, und am häufigsten sind die Fachwerkhäuser.*
*Aber nicht nur das Baumaterial und die Höhe der Häuser sind anders als auf dem Dorf: Die meisten sind im Erdgeschoss gegen die Gasse hin offen. Dort halten die Kaufleute und Handwerker ihre Waren feil. Andere bieten sie in behelfsmässig zusammengezimmerten Buden oder auf offenen Marktständen an. Was es hier alles zu kaufen gibt! Neben einem Tuchhändler, der ausser der einheimischen Ware auch teure Stoffe – es handelt sich um echt friesisches Tuch – anbietet, steht eine Bude mit frisch geschlachtetem Geflügel, daneben ein Käsestand. Die Krämerinnen und Krämer versuchen, sich gegenseitig an Lautstärke zu übertreffen, wenn sie ihre Ware ausrufen und sie als die beste, schönste und billigste anpreisen.*

*Auch in den Seitengassen werden Waren verkauft: Vor einer rauchgeschwärzten Werkstatt hat ein Messerschmied seine Messer ausgebreitet; daneben sitzt ein Schuster auf einem Schemel und flickt ein Paar Schuhe, die ihm jemand hergebracht hat. Während der Arbeit plaudert er mit dem Gürtler, der gegenüber seine Ware an einer Stange aufhängt.*
*«Meinst du, dass du diese Gürtelchen verkaufen kannst?» neckt er ihn. «Wenn man hier einmal richtig Luft holt, zerreisst dieses zarte Riemchen ja!» «Du hast ja keine Ahnung, was heute Mode ist; Kunststück, wenn du immer die alten Schuhe flicken musst, weil deine Kundschaft kein Geld hat, neue zu kaufen. Ich habe jedenfalls keine Angst, dass ich auf meinen neuen Gürteln sitzenbleibe; sieh dir doch die feinen Schnallen an, die ich mir besorgt habe. Sowas passt nur in die besten Häuser.»*
*Ulrich hätte gerne noch weiter zugehört, aber die Mutter zieht ihn mit sich; sie will jetzt wieder auf die Hauptgasse zurück. Was ihm hier den grössten Eindruck macht, sind die vielen Leute. Nicht einmal bei der Kirchweih im Dorf, wo ja meist auch Besuch aus den Nachbarorten eintrifft, hat er so viel Volk beisammen gesehen. Viele wohnen in der Stadt selbst, weiss die Mutter, aber auch aus den umliegenden Dörfern sind zahlreiche Gäste da. Manche kommen mit der ganzen Familie. Mindestens so wichtig wie das Einkaufen ist das Plaudern und das Austauschen von Neuigkeiten und guten Ratschlägen; so bilden sich überall kleine Gruppen von Leuten. Ulrich ist auf einen Bettler aufmerksam geworden, der an einer Hauswand sitzt und die Vorbeigehenden um eine milde Gabe bittet. Dem Mann fehlt die rechte Hand. Wie hat er sie wohl verloren? War es ein Unfall oder eine Krankheit? Oder war er gar ein Dieb, dem man die Hand abgehackt hat, als man ihn erwischte? Im nächsten Moment ist der Mann aus Ulrichs Blickfeld entschwunden, da ein Esel mit zwei Warenkörben vorbeigetrieben wird. Dann macht Ulrich einen grossen Bogen um zwei Fässer, die einen üblen Gestank verbreiten: eingesalzene Heringe. Ulrich und seine Mutter gehen weiter; vor dem Stand des Bäckers trifft sie auf eine alte Bekannte, mit der sie ein Schwätzchen hält. So findet der Bub wieder Zeit, sich in aller Ruhe umzusehen.*

*Inmitten der zahlreichen Menschen finden sich noch andere Lebewesen: Hunde und Katzen, aber auch Gänse und sogar Schweine, die in der Mitte der Strasse, im Abflussgraben, nach Essbarem suchen. Hinzu kommen die zahlreichen Esel und Pferde sowie die Ochsen,*

*die schwere Lastkarren ziehen. Plötzlich fährt Ulrich der Schrecken in die Glieder: Er steht einem ausgewachsenen Bären gegenüber. Zwar hat er schon früher ein solches Tier von weitem gesehen, aber im Grunde kennt er es nur von den Erzählungen der Älteren; von ihnen weiss er auch, wie gefährlich und wild Meister Petz sein kann. Die Tatsache, dass dieses Tier zahm und erst noch angebunden ist, vermag ihn nicht sogleich zu beruhigen; er klammert sich an den Rock der Mutter. Auf ein Zeichen des Bärenführers hin erhebt sich das Tier auf die Hinterbeine «Kommt und seht den tanzenden Bären» ruft der Mann. Doch niemand scheint von ihm Notiz zu nehmen. Er ist nämlich in der Stadt wohlbekannt und lässt sich jedesmal blicken, wenn ein Markt stattfindet. Alle kennen die Kunststückchen, die der Bär vollführen kann. Höchstens das Volk aus den Dörfern umringt das Tier und seinen Herrn nach einiger Zeit und spendet Beifall.*

*Unterdessen geht es bereits gegen Mittag. Ulrich ist vom morgendlichen Marsch und dem stundenlangen Herumgehen und Herumstehen müde geworden.*
*«Ich mag nicht mehr», sagt er zur Mutter, «und ich habe Hunger. Können wir uns nicht irgendwo hinsetzen und etwas essen?»*
*«Du hast recht», erhält er zur Antwort, «und du hast dich sehr brav verhalten. Zur Feier des Tages gehen wir ins Wirtshaus dort drüben.» Ins Wirtshaus! Das hätte er sich nicht träumen lassen. Er wird einiges zu erzählen haben, wenn er wieder zurück im Dorf ist.*

# Die Dauer des Mittelalters

Die Schliessung des «Ewigen Bundes» von Uri, Schwyz und Unterwalden im Jahre 1291 und die Schlacht bei Morgarten 1315 sind für die Schweizer Geschichte wichtige Ereignisse. Ihre Erwähnung darf in keinem Schulbuch fehlen. In keinem? In einem schottischen zum Beispiel werden wir vergebens danach suchen; hingegen finden wir dort 1314 eine Schlacht bei Bannockburn, in der sich die Schotten die Unabhängigkeit von England erkämpft haben. Diese Schlacht wiederum finden wir nicht in den Büchern über Schweizer Geschichte.

In der Geschichte Europas bedeutet der Bund von Uri, Schwyz und Unterwalden nur eines von vielen Landfriedensbündnissen, und die Schlacht von Morgarten ist nur eine von zahlreichen Schlachten, in denen die Ritter gegen Bauern oder Städter kämpften und wegen ihrer veralteten Kriegstechnik und Bewaffnung eine Niederlage erlitten. Das Beispiel zeigt, dass jedes geschichtliche Ereignis so dargestellt wird, wie der Geschichtsschreiber es sieht; eine sogenannte «objektive», das heisst völlig unvoreingenommene Geschichte kann es nicht geben.

Dies wird auch dann deutlich, wenn die Geschichte in Zeitabschnitte und – in einem Buch – in Kapitel unterteilt wird. Die Einteilungen sind ja nicht «zeitgenössisch», d.h. sie wurden nicht von den damals lebenden Menschen vorgenommen, sondern sie stammen aus späterer Zeit. Über Anfang und Ende des Mittelalters ist schon viel geredet und geschrieben worden; einerseits gilt als Anfang das Ende des Weströmischen Reiches, als der Ostgotenfürst Odoaker im Jahre 476 den römischen Kaiser Romulus Augustulus absetzte. Aber: Odoaker wollte mit dieser Tat ganz gewiss nicht ein neues Zeitalter begründen.

Als Ende des Mittelalters gilt oft die Reformation. Aber auch hier wird niemand im Ernst behaupten können, Luther habe dem Mittelalter ein Ende setzen wollen, als er 1517 seine Thesen an die Kirchentür von Wittenberg nagelte. Für unser Buch wählen wir einen etwas anderen Rahmen: Als Anfang soll die Kaiserkrönung Karls des Grossen (800) gelten, als Ende die Mitte des 14. Jahrhunderts. Für diesen Beginn spricht die Tatsache, dass dieses Ereignis eines der wenigen in der Geschichte ist, hinter dem auch wirklich eine Absicht, ein «Programm» steckt: Karl wollte nämlich das Römische Reich mit der Hauptstadt Rom wieder auferstehen lassen.

Für das Ende «unseres» Mittelalters um 1350 spricht ein Ereignis, das für die Bevölkerung Europas schwerwiegende, noch lange nachwirkende Folgen hatte: die grosse Pest.

---

**Worterklärungen**

**Ewiger Bund von 1291:** Bund von Uri, Schwyz und Unterwalden, der als Gründung der Schweiz gilt.

**Schlacht bei Morgarten:** Leopold I. von Österreich versucht 1315, seine Interessen gegen die junge Eidgenossenschaft durchzusetzen. Die Schlacht endet mit einer empfindlichen Niederlage des österreichischen Adels.

**Landfriedensbündnis:** Im Mittelalter gab es keine Gesetze im heutigen Sinn und schon gar keine Polizei, die über ihre Einhaltung wachte. Um die oft ausufernden Fehden verhindern oder wenigstens eindämmen zu können, wurden deshalb häufig Bündnisse geschlossen, die das Verhalten untereinander und das Verfahren bei Streitigkeiten zu regeln versuchten.

**Luthers Thesen:** Luther hatte Glaubenssätze niedergeschrieben und auf diese Weise bekanntgemacht. Dies war eine an den damaligen Universitäten übliche Aufforderung zu einer Diskussion.

# Woher das Mittelalter bekannt ist

Aus dem Mittelalter sind uns viel mehr Einzelheiten über das Leben der Menschen überliefert als etwa aus der Urzeit. Steinbeile und Feuersteinklingen oder Keramik, manchmal gar Holz, Speisereste und anderes vergängliches Material sind zum Beispiel Zeugen der Jungsteinzeit. Im Mittelalter kommen die schriftlichen Quellen hinzu, die vereinzelt zwar schon in der Römerzeit und im Frühmittelalter einsetzen, aber erst vom Hochmittelalter an reichlicher vorhanden sind. Verschiedene Arten solcher schriftlicher Zeugnisse geben uns Auskunft über bestimmte Bereiche des mittelalterlichen Lebens. Sie berichten aber nur über einzelne Teile der Bevölkerung und ihre Taten, über andere jedoch nicht; sie sind also lückenhaft. Normalerweise sind sie in lateinischer Sprache geschrieben. Erst vom 14. Jahrhundert an werden auch Schriftstücke in deutscher Sprache verfasst. Die bekanntesten beiden Quellenarten sind die Chroniken und die Urkunden.

Eine Chronik ist eine erzählende Darstellung bestimmter Ereignisse. Oft ist sie im Auftrag eines mächtigen Herrn, etwa eines Bischofs oder einer Stadtbehörde, niedergeschrieben worden. Demzufolge ist sie gefärbt, d. h. sie gibt meist den Standpunkt des Auftraggebers wieder. Ein berühmtes Beispiel ist etwa die Chronik des Matthias von Neuenburg. Matthias von Neuenburg (lateinisch Matthias Neoburgensis) stammt aus einem Adelsgeschlecht von Neuenburg am Oberrhein. Er stand zuerst als «Advocatus» im Dienst des Bischofs von Basel und später desjenigen von Speyer und Strassburg. Seine Arbeit und seine Umgebung hinterliessen deutliche Spuren in seiner «Chronica». Sie schildert die Geschichte des «römischen» Reiches ziemlich einseitig aus der Sicht des Adels.

Ein Kapitel handelt von Taten, die König Rudolf von Habsburg um 1275 und in den späten achtziger Jahren des 13. Jahrhunderts vollbracht hat.

«Die Belagerung Payernes durch König Rudolf.
Der König belagerte auch die gegen Lausanne zu gelegene Stadt Payerne. Diese Stadt und die Stadt Murten entriss er den Händen des Grafen von Savoyen und vereinigte sie wieder mit dem Reiche. In Lausanne waren Papst Gregor X. und der König zusammengekommen und vereinbarten vieles, was nicht ausgeführt wurde.
Auch Bern belagerte der König, weil es ihm den Gehorsam verweigerte; aber obgleich er die Stadt durch tägliche Gefechte beunruhigte, konnte er sie nicht bezwingen. Endlich schickte er heimlich seinen Sohn Rudolf mit 400 Rittern los. Dieser legte sich in einen Hinterhalt und liess wie üblich einige Leute vorgehen, um das Vieh wegzutreiben. Die Gegner aber verfolgten diese Vorhut bis zum Hinterhalt, wo sie gefangengenommen oder niedergemacht wurden. Es gelang ihnen (den Bernern) aber, den Grafen Ludwig von Homberg, den Vater des tapferen Wer-

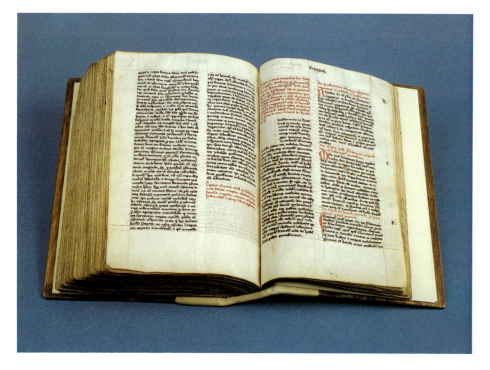

**Worterklärungen**

**Advocatus** (lat. «der Herbeigerufene»): Rechtsvertreter
**Römisches Reich:** Die Bezeichnung des – eigentlich deutschen – Reiches leitet sich aus dem Anspruch ab, Nachfolger des Weströmischen Kaiserreiches zu sein. Die Bezeichnung ist «Römisches Reich» oder einfach «Reich».

Codex 260 der Burgerbibliothek Bern. Die Chronik des Matthias von Neuenburg beginnt auf der rechten Seite.

Ein einmaliges Stück! In der Casa dei pagani in Malvaglia TI kam bei der Grabung dieses Fragment einer Urkunde zum Vorschein. Sie trägt das Datum des 1. September 1308.

Der Gertel, ein schweres Haumesser, war – und ist – ein vielseitig verwendbares Gerät. Er dient vor allem dem Abschlagen und Zerkleinern von Ästen. Nicht erhalten sind die Griffe aus Holz. Die Beispiele stammen von Liestal-Burghalden (10. Jh.) und von den Burgen Vorderer Wartenberg (Muttenz BL), Spitzburg (Ramlinsburg BL) und Scheidegg (Gelterkinden BL), alle 13./14. Jh.

Ein Ausschnitt aus der bemalten Holzdecke in der Kirche von Zillis GR (um 1160). Die Szene zeigt einen Mann, der mit einem Gertel Äste einer Weide abhaut. Das Bild stellt im Zusammenhang der ganzen Decke den Oberzöllner Zachäus dar, der beim Einzug Christi in Jerusalem in den Baum gestiegen ist.

ners, welcher als erster angriff, mit ihren Spiessen zu töten.»

Matthias interessiert sich hier ausschliesslich für Rudolf von Habsburg. Die Gründe dafür, dass er dem Grafen von Savoyen Payerne und Murten entriss, schildert er nicht; der Versuch Berns, die Unabhängigkeit zu erringen, wird ganz einfach als Gehorsamsverweigerung dargestellt. Und schliesslich erwähnt der Chronist wohl das Höflichkeits-Treffen mit dem Papst, bei dem nichts herauskam, verschweigt aber, dass bei dieser Gelegenheit die neue Kathedrale von Lausanne geweiht worden ist.

Urkunden sind etwas ganz anderes: Ihr Inhalt ist normalerweise ein Rechtsgeschäft, d.h. ein Vertrag, die Niederschrift einer Schenkung oder verschiedener Rechte usw. Viele Urkunden stammen aus den Schreibstuben von Klöstern und Bischöfen. Dies ist kein Zufall: Nur wenige Leute beherrschten damals das Schreiben, vor allem Geistliche, während die meisten Adeligen weder lesen noch schreiben konnten.

# Einige Beispiele für schriftliche Quellen

## Urkunde

Eine Urkunde ist ein Vertrag oder die Bestätigung eines Zustandes, eines bestimmten Besitzes usw. Ähnlich wie heutige Gesetze oder Verträge sind auch die mittelalterlichen Urkunden in einer mit vielen Formeln und Floskeln durchsetzten Fachsprache abgefasst.
Als Beispiel soll eine Urkunde aus dem Kloster St. Gallen dienen. Sie trägt das Datum vom 30. Juli 904. Der Inhalt lautet (sinngemäss aus dem Lateinischen übersetzt):
Es hat uns (d. h. dem Abt Salomon) im Einvernehmen mit den Brüdern und unserem Vogt Eskiricus gefallen, dass der Trostila auf ihre Bitte hin jene Güter, die sie uns übergeben hat, zurückzugeben, was wir hiermit tun. Die vorgenannte Trostila hat uns durch die Hand ihres Vogtes jenen Besitz in Helfolteswilare (Niederhelfenschwil SG) und Keberateswilare (Gebertswil, Gde. Niederwil SG) übergeben, den sie gegen jenen in Adelnoteswilare (evtl. Anetswil, Gde. Wengi TG) getauscht hat, mit Gebäuden, Äckern, Wiesen, Weiden, Feldern, Wäldern, Wegen, stehenden und fliessenden Gewässern, bebaut und unbebaut, beweglich und unbeweglich; es wird vereinbart, dass Trostila diese Güter auf Lebenszeit besitzen soll und dafür jährlich Zins entrichtet, nämlich 2 Pfennige oder einen Malter (Getreidemass) Korn; eine Auflösung des Vertrags (durch das Kloster) ist ausgeschlossen. Desgleichen sollen Trostilas Nachkommen dieselben Güter zum selben Zins und zu denselben Bedingungen besitzen. Gegeben zu Büren (Ober/Niederbüren SG). Mit dem Zeichen (normalerweise «mit dem Siegel») des Abtes Salomon und des Vogtes Eskiricus, die diesen Vertrag bestätigen. Die anderen Zeugen: Engilbert, Dekan; Eccho, Sekretär; Engilbert, Kellerer; Cozpert, Pförtner; Tuotilo, Spitalmeister; Thiothelm, Kämmerer... Ich Elolf, ein unwürdiger Mönch und Diakon habe dies geschrieben und unterschrieben (folgt das Datum), im fünften Jahr des Königs Ludwig, unter Graf Adalbert.
Deutlich wird hier, was alles zum Grundbesitz gehört, sowie die Bedeutung, die man den Zeugen beimisst.

## Annalen

Eine für das Alltagsleben wesentlich interessantere Quelle sind jedoch die Annalen. Anders als in Chroniken wurde in Annalen nicht eine Handlung nach einem bestimmten Ablauf geschildert, sondern alles aufgeschrieben, was als erwähnenswert galt. In den niedergeschriebenen Basler Annalen findet sich zum Februar des Jahres 1276 folgender Eintrag:
«Bei Rheinfelden legte ein Huhn an einem Tag elf Eier. In Hüningen gab es zwei Hunde, die unter Wasser Fische und andere Wassertiere fingen. Ritter Zecho hatte einen Hund, der Leitern hinauf- und hinuntergehen konnte. Werner von Willer hatte einen Hund, der in den Bäumen Eichhörnchen fing. In Olsberg verstarb eine Nonne vom Orden der Zisterzienser, die elf Jahre nichts getrunken hatte. In Sultz bei Rouffach ging ein Münzmeister in Konkurs, ein Knecht des Herrn Johannes von Jungholtz. In Sulz bei Laufenburg entspringt eine Salzquelle.»
Weiter unten geht es weiter mit:
«Karl, der Sohn König Rudolfs, geboren am Valentinstag dieses Jahres, wurde im Chor des Basler Münsters begraben; am Begräbnis waren alle Geistlichen anwesend, hohe und niedere, dazu die Ritter und aus der Mitte der Bürgerschaft die Vornehmsten, auch viele Frauen und die Königin mit ihren Hofdamen. Bruder Emundus... wurde von König Rudolf zu geheimen Verhandlungen mit dem Papst geschickt. Die Königin liess in den Garten des Predigerklosters in Basel ein Stachelschwein bringen, damit sie Gottes wundersame Kreatur sähen.»
In Annalen ist also alles bunt gemischt; Alltägliches steht neben Aussergewöhnlichem, Nachrichten über die hohe Politik neben Wundergeschichten.

## Zollrodel

Zollrödel sind nichts anderes als Verzeichnisse der Zolltarife. Dort ist genau festgehalten, wer für welche Ware welchen Zoll zu entrichten hat. Im Basler Bischofszoll von 1373/77 steht zum Beispiel:

| | |
|---|---|
| Vier secke lorber gebent | 13 d. |
| Zwene secke mandels | 13 d. |
| Ein korb vigen oder trübel | 2 d. |
| Ein vas mit butern | 3 d. |
| Ein zentener schmalz | 2 d. |
| Ein zentener unschlitt (Rindertalg) | 2 d. |
| usw. | |

Wir erfahren, dass unter anderem folgende Waren gehandelt wurden: Schürlitztuch (ein besonderes Baumwollgewebe), Wein, Leder (hier unterschieden zwischen «batzan», d. h. feinen Kalbshäuten, und Bocksfellen), Rheinisches Tuch, Flandrisches Tuch, Kastanien, Dörrbirnen, Nüsse, Hanfsamen, Roggen, Dinkel, Hafer, Hirse, Zieger, Fisch, Kupfer, Zinn, Blei, Harz, Pfeffer, Leinwand, Wollballen, Salz. In der Liste mit den Haustieren sind enthalten: Schafe, Ziegen, Rinder und Kälber. Bei den Pferden wird unterschieden: Ein Ross ist mit 2 Pfennig zu verzollen, während «ein gros ros von Lamperten» (d.h. ein grosses Pferd aus der Lombardei) 17 Pfennige Zoll kostet.

## Heiligenlegenden und Lebensbeschreibungen

Heiligenlegenden oder Heiligenviten (von lat. vita, das Leben) waren im Mittelalter sehr beliebt. Sie erzählen mannigfaltige Begebenheiten aus dem Leben der heiligen Frauen und Männer.
Daneben gibt es aber auch Lebensbeschreibungen hochgestellter Persönlichkeiten. Nebenden Heldentaten und der edlen Gesinnung werden oft auch alltägliche Gewohnheiten beschrieben. So weiss man dank der Lebensbeschreibung Karls des Grossen, dass der berühmte Kaiser mit Vorliebe fetten Braten ass.

## Reisebeschreibungen

Reisebeschreibungen berichteten von Reisen in ferne Länder. Meist waren dies Wallfahrten, doch gibt es durchaus auch andere Beispiele: Die wohl berühmteste Schilderung einer Reise ist jene des Venezianers Marco Polo, der am Ende des 13. Jahrhunderts mehrere Jahre unterwegs war und unter anderem auch längere Zeit in China am Hofe des Mongolenherrschers Kublai Khan verbrachte.

## Dichtung

Schliesslich sei auch noch die Dichtung erwähnt, die in der höfisch-ritterlichen Welt eine wichtige Rolle spielte. Es gab Liebeslieder («Minnelieder»), Heldendichtungen (etwa das «Nibelungenlied»), religiöse Dichtungen, aber auch Spottverse und derbe Theaterstücke, oft in Form von Schwänken, die an der Fasnacht aufgeführt wurden.

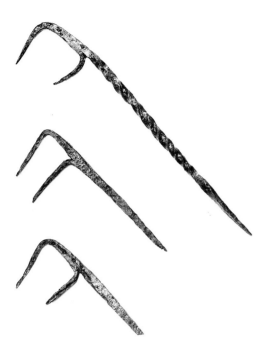

Gabeln zum Essen gab es im Mittelalter noch nicht, hingegen findet man zweizinkige Geräte zum Gebrauch in der Küche. Die Beispiele stammen vom Gerstel (Waldenburg BL), von der Ödenburg (Wenslingen BL) und Altenberg (Füllinsdorf BL).

Wurstsieder bei der Arbeit: In einem «Grapen» siedet er Würste und holt sie mit einer Gabel heraus. Im Rauchfang werden Würste geräuchert. Fresko im Haus zum Langen Keller in Zürich, 1. Drittel 14. Jh.

Das ausgewählte Beispiel aus dem Kloster St. Gallen zeigt verschiedene wichtige Einzelheiten: Weder das Kloster noch Trostila, die dem Kloster ihre Güter übergeben hat, können ohne «Advocatus» Rechtsgeschäfte abwickeln; Trostila ist als Frau keine eigene Rechtsperson, das heisst sie kann keine Verkäufe, Schenkungen usw. allein vornehmen, sondern braucht einen männlichen Rechtsbeistand; auch das Kloster, das sich von weltlichen Dingen fernzuhalten hat, muss für solche Geschäfte einen Rechtsvertreter stellen. Ausserdem ist es nicht das Schriftstück an sich, dem Beweiskraft zukommt; erst die namentlich aufgeführten Zeugen machen es rechtsgültig. Schliesslich zeigt die Urkunde, dass Frauen sehr wohl Güter verschenken und somit auch besitzen sowie als Lehen gegen Zins annehmen dürfen, auch wenn sie für die Abwicklung des Geschäfts selbst einen Beistand brauchen.

Ausser diesen bekanntesten schriftlichen Quellen sind aber noch weitere, nicht minder wichtige zu nennen: Annalen, Notariatsakten, Heiligenlegenden, Reisebeschreibungen, Briefe und nicht zuletzt die Dichtung. Alle diese Schriftstücke können uns jedoch nicht weiterhelfen, wenn wir wissen möchten, wie damals das Geschirr ausgesehen hat, wie die Werkzeuge der Handwerker und wie die Einrichtung der Häuser in der Stadt und auf dem Land.

Antworten auf diese Fragen geben manchmal die sogenannten ikonographischen Quellen, das heisst Decken- und Wandmalereien sowie Malereien in Büchern. Oft zeigen diese Bilder Gegenstände des alltäglichen Lebens. Ein Beispiel aus der Holzdecke in der Kirche von Zillis gibt etwa Auskunft, wie das Gerät ausgesehen hat, mit dem die Bauern Äste von den Bäumen schnitten. Eine Wandmalerei in Zürich zeigt, wie ein Wurstsieder mit einer Gabel Würste aus einem dreibeinigen Kochtopf herausgreift, und die Bilder in der Manessehandschrift schliesslich vermitteln einen Eindruck der höfischen Welt, die durch die besonderen Wissenschaftszweige Heraldik (Wappenkunde) und Sphragistik (Siegelkunde) zusätzlich erläutert werden kann.

Alle diese Quellen handeln nur in Ausnahmefällen vom Alltag der mittelalterlichen Menschen. Wie und was man gegessen hat, wie die Wohnhäuser aussahen, wie die Bauernhäuser und die Burgen eingerichtet waren und mit welchen Werkzeugen gearbeitet wurde, kann fast nur mit Hilfe der Archäologie herausgefunden werden.

Die Archäologie des Mittelalters ist noch eine recht junge Wissenschaft. Ihre Methoden sind dieselben wie jene der Ur- und Frühgeschichte. Mit Suchschnitten und Flächengrabungen werden in mühevoller Feinarbeit die Überreste längst vergangener Zeiten freigelegt und in Zeichnungen und Fotografien festgehalten. Wenn man aber bei einer Burgengrabung eine Anzahl Leute mit grossen Pickeln und Schaufeln arbeiten sieht, muss das nicht heissen, dass unsorgfältig gegraben wird. Denn beim Zerfall der mächtigen Burgtürme und anderer steinerner Gebäude sind oft viele Meter dicke Schuttschichten entstanden, die archäologisch nicht ergiebig sind: Sie bestehen ausschliesslich aus Mauersteinen und Mörtelresten. Deshalb dürfen sie etwas grosszügiger entfernt werden als die Schichten aus der Besiedlungszeit der Gebäude.

Nach einigen vielversprechenden Anfängen in der Frühzeit der Archäologie, also noch im 19. Jahrhundert, geriet die Archäologie des Mittelalters bald wieder in Vergessenheit. Erst in den dreissiger Jahren unseres Jahrhunderts nahm das Interesse, vor allem an den Burgen, wieder zu; zahlreiche Anlagen wurden seither ausgegraben. Wo man sich allerdings auf das Freischaufeln der Mauerzüge beschränkt und auf das Festhalten

Die Wappenrolle von Zürich (um 1340) ist ein wichtiges heraldisches Zeugnis, in dem die Wappen der bekannten Adelsgeschlechter aufgezeichnet sind. Die beiden rechten Wappen der oberen Reihe sind jene der in diesem Buch mehrfach erwähnten Nellenburger und der Grafen von Frohburg.

Eine Urkunde wurde erst rechtskräftig, wenn sie besiegelt war. Dabei wurden ein «Petschaft» (Siegelstempel) in das weiche Siegelwachs eingedrückt und das Siegel an die Urkunde gehängt. Der Petschaft wurde nach dem Tod seines Trägers vernichtet. Ein Stück wie jenes des Klerikers Heinrich, das in Basel in einem Keller des 13. Jh. gefunden wurde, ist deshalb eine grosse Seltenheit.

Neben dem Klerus besassen auch die Adligen Siegel. Graf Walraf von Tierstein verwendete um 1330 als Siegelbild sein Wappen, eine Hindin (weiblicher Hirsch) auf einem «Dreiberg». In der Umschrift sind Namen und Titel genannt.

der angetroffenen Befunde und Schichten in Wort und Bild verzichtet hat, können die Burgen als «archäologisch zerstört» gelten. Üblich wurde die genaue Bestandesaufnahme, das «Dokumentieren» all dessen, was man auf der Ausgrabung sah, erst in den Jahren nach 1950. Entsprechend mehr weiss man heute über das Leben auf den Burgen als noch vor dreissig Jahren.

Da sich dieses Buch vor allem auf die archäologischen Quellen stützt, erhalten in der Darstellung die verschiedenen Jahrhunderte ein unterschiedliches Gewicht: Für das 13. und 14. Jahrhundert nämlich steht viel mehr Material zur Verfügung als für das 11. und 12. Jahrhundert. Die Zeit vor 1000 ist im archäologischen Fundgut noch armseliger vertreten, obwohl in den letzten Jahrzehnten zahlreiche Grabungen in Kirchen Spuren aus dem ersten Jahrtausend aufgedeckt haben.

**Worterklärungen**

**Ikonographie** (griech., Bildbeschreibung): Erforschung des Inhaltes von bildlichen Darstellungen; «ikonographische Quellen» sind bildliche Darstellungen.

**Manessehandschrift:** Handschrift von mittelhochdeutschen Minneliedern mit zahlreichen Illustrationen. Von Mitgliedern des Zürcher Rittergeschlechtes Manesse zusammen mit dem Minnesänger Johannes Hadlaub zu Beginn des 14. Jh. angelegt.

**Höfische Welt:** Als «Hof» wird die Umgebung hochgestellter Persönlichkeiten bezeichnet. Die Umgangsformen und Gebräuche an diesen fürstlichen und bischöflichen Höfen bildeten die höfische Welt.

# Das Mittelalter zwischen Alpen und Jura

## Ein Teil Mitteleuropas

Im Mittelalter gab es «die Schweiz» noch nicht! Wie aber sah damals die politische Landschaft aus?

Typisch für die gesamte Zeitspanne sind häufige Veränderungen: Unter Karl dem Grossen, d. h. um 800, gehörte das Gebiet der heutigen Schweiz zu dem riesigen Reich, das sich von der Nordsee bis nach Mittelitalien, vom Nordwesten Frankreichs bis nach Ungarn erstreckte. Nach seinem Tod im Jahre 814 fiel dieses Reich aber rasch auseinander. Kriege zwischen seinen Erben und die Gründung selbständiger Reiche durch mächtige Grafen führten immer wieder zur Verschiebung von Grenzen. Was aber bis heute weiterbesteht, ist die Teilung Mitteleuropas in ein Westfrankenreich, wo man französisch, «fränkisch», und ein Ostfrankenreich, wo man deutsch spricht.

Auch für die Schweiz hatten diese Teilungen Folgen: In der ersten Hälfte des 10. Jahrhunderts gehörten die südlichen Alpentäler zum Königreich Italien, das Gebiet der Ostschweiz bis etwa auf die Höhe von Zurzach zum Herzogtum Schwaben (und damit zum Reich) und das Gebiet westlich davon zum Königreich Burgund. Wichtige städtische Zentren waren Zürich für Schwaben und Genf für Burgund.

Nach dem Aussterben der ostfränkischen (deutschen) Karolinger versuchten die sächsischen Kaiser, das Reich in der alten, unter Karl dem Grossen errungenen Grösse wiederherzustellen. Zwei wichtige Ereignisse unter Kaiser Otto dem Grossen wirkten sich sehr direkt auch auf das Gebiet der heutigen Schweiz aus: Zum einen besiegte Otto mit seinem Heer 955 die Ungarn, die in den vorhergehenden Jahrzehnten auf ihren schnellen, kleinen Pferden immer wieder in Mitteleuropa aufgetaucht waren und Angst und Schrecken verbreitet hatten. Das Kloster St. Gallen war von ihnen ebenso überfallen worden wie die Stadt Basel, wo sie gar den Bischof totschlugen.

Fast noch wichtiger ist aber die Tatsache, dass Otto das Königreich Italien zurückeroberte. Drei Heerzüge über die Alpen waren für diesen Erfolg nötig. Der Kaiser überquerte dabei mehrmals die Bündner Pässe. Die Eingliederung Italiens ins Reich hatte zur Folge, dass unser Land zum Durchgangsland wurde und nicht ein abgelegenes Grenzland blieb.

Wenige Jahrzehnte nach diesen Ereignissen erfolgte 1033 auch der Anschluss des Königreichs Burgund ans Reich: durch einen Erbvertrag zwischen dem letzten, kinderlosen burgundischen König und dem Kaiser. Die feierliche Zeremonie, in der Kaiser Konrad II. auch zum König von Burgund gekrönt wurde, fand in der Klosterkirche von Payerne statt. Dieser Anschluss ist ein Grund dafür, dass die Gegend zwischen Basel und Genf heute zur Schweiz gehört.

Die Bevölkerung der damaligen Zeit setzte sich zusammen aus den schon seit langer Zeit ansässigen Kelten, die mehr oder weniger stark «romanisiert», das heisst von der römischen Kultur beeinflusst, waren (und die in der Archäologie «Romanen» genannt werden), und den eingewanderten Germanen, die von Gegend zu Gegend einen unterschiedlich starken Anteil an der Gesamtbevölkerung hatten.

Von den eben beschriebenen politischen Veränderungen war im Alltag der meisten Menschen kaum etwas zu spüren. Viel spürbarer im Leben des «gemeinen» (d. h. allgemeinen) Volkes war jedoch die direkte Ausübung der Macht durch die adligen und geistlichen Herren. Besonders zahlreich sind diese «Adelsherrschaften», die vereinzelt schon im 9. und 10. Jahrhundert fassbar sind, in den Jahren zwischen 1000 und 1300. Bekannte Adelsgeschlechter aus dieser Zeit waren etwa die Herzöge von Zähringen, die Grafen von Nellenburg, Lenzburg, Alt-Homberg, Frohburg, Habsburg und Savoyen, die Freiherren von Sellenbüren, Regensberg, Wolhusen, Vaz, Fenis usw. Auch die Bischöfe

Payerne, ehemalige Abteikirche. Die Kirche geht auf eine Stiftung der Könige von Hochburgund zurück; der heute noch stehende Bau stammt aus dem 11. Jh.

von Basel, Como, Chur und Sion oder die Klöster St. Gallen und Säckingen sowie die Fraumünsterabtei in Zürich begnügten sich nicht damit, kirchliche Mittelpunkte zu sein, sondern erwarben grossen weltlichen Besitz und damit Herrschaftsrechte.

Die Grösse dieser «Herrschaften» konnte sehr unterschiedlich sein. Aber allen gemeinsam war die weite Streuung des Besitzes.

Zu einer mittelgrossen Adelsherrschaft – zum Beispiel in der Gegend von Zürich – könnten etwa folgende Gebäude und Güter, aber auch Rechte gehört haben:
– zwei Burgen mit Umschwung, d. h. mit Bauernhöfen, die die Burgbewohner mit den notwendigen Lebensmitteln versorgen konnten. Wenn sie in der Wildnis angelegt waren, etwa in einer Rodung, dann galten sie als «Allod», Eigengut, das von niemandem abhängig und für das der Besitzer niemandem zinspflichtig war;
– die Grundherrschaft über mehrere Dörfer, die nicht nur den Besitz von Grund und Boden einschloss, sondern auch die Menschen, die ihn bewirtschafteten;
– das Recht, in den Wäldern zu jagen und in den Bächen zu fischen;
– eine Mühle, in der alle Untertanen gegen eine Abgabe ihr Korn mahlen lassen mussten;
– zwei Brücken, für deren Überquerung ein Zoll entrichtet werden musste. Diese Brücken und der Zoll gehörten nicht dem Burgherrn, sondern sie waren sogenannte Lehen: Der Graf als Landesherr lieh dem Burgherrn die Einkünfte unter der Bedingung, dass er auch für den Unterhalt von Strassen und Brücken aufkam;
– in einigen Dörfern die niedere Gerichtsbarkeit, d. h. die Macht, bei kleineren Vergehen Recht zu sprechen, die hohe Gerichtsbarkeit (die Macht, bei schweren Verbrechen zu richten) in anderen. Die hohe Gerichtsbarkeit war ebenfalls ein Lehen;
– zwei Rebberge im weit entfernten Elsass (dort wuchs ein besonders guter Wein);
– einige Höfe mit einem «Fronhof» in der Innerschweiz (als Lehen) und in der Gegend von Genf (als Erbe von Verwandten).

Das Streben nach Macht führte nach 1250 für kurze Zeit zu einer ähnlichen Situation wie bereits im 10. Jahrhundert zwischen dem Herzogtum Schwaben und dem Königreich Burgund: Der Mächtige der Ostschweiz, Rudolf von Habsburg, und jener der Westschweiz, Peter von Savoyen, machten sich die Vorherrschaft im Mittelland streitig. Ausgelöst wurde dieser Streit durch das Aussterben der Grafen von Kyburg; beide Gegner wollten sich dieses Erbe sichern. Der Savoyer war dem Habsburger mindestens gewachsen, wenn nicht überlegen; ein äusseres Zeichen dieser Macht sind die zahlreichen Bauten in der Westschweiz, etwa die Burgen Chillon, Yverdon, Romont, aber auch heute nicht mehr sichtbare Anlagen wie der Turm von Bümpliz. Peter von Savoyen verstarb 1268, mitten in diesem Kampf um die Vormachtstellung im Mittelland. Er hinterliess keinen ebenbürtigen Nachkommen, während Rudolf 1273 zum deutschen König gewählt wurde. Dies ist eine jener Wendungen in der Geschichte, die uns zum Rätseln verleiten könnte: Was wäre gewesen, wenn...?

Auch damals gab es noch keine «Schweiz»; erst um 1300 entstand um den Vierwaldstättersee ein Bündnis, dem sich im Laufe des 14. Jahrhunderts weitere Orte und Länder anschlossen. Mit der Aufnahme von Städten – vor allem Bern, das als einzige Macht ein

Um 1250 liess der Bischof von Sitten oberhalb von Martigny die Burg La Bâtiaz errichten. Wenig später musste er sie nach einer Belagerung seinem Widersacher Peter von Savoyen pfandweise überlassen. Als Zeichen seiner Herrschaft liess der Savoyer einen für ihn typischen runden Turm hineinbauen.

eigenes geschlossenes Herrschaftsgebiet von einiger Grösse zu schaffen verstand – war aber auch ein Grund zu Streitigkeiten gelegt, da Land- und Stadtorte oft verschiedene Ziele verfolgten. Um 1400 ist also ein Kern «der Schweiz» vorhanden. Dennoch war damals aus der Sicht der Eidgenossen der grösste Teil der heutigen Schweiz noch «feindliches Ausland»!

Die Entwicklung der Gebiete der heutigen Schweiz können wir mit Hilfe von Urkunden, alten Karten und anderen schriftlichen Quellen nachvollziehen. Schwieriger wird es, wenn wir versuchen herauszufinden, wie die damaligen Menschen diese Gebiete gekannt und empfunden haben. Denn hier macht sich mit aller Deutlichkeit bemerkbar, dass das «gemeine Volk» nicht lesen und schreiben konnte und damit auch keine schriftlichen Nachrichten hinterliess.

Die meisten Menschen der damaligen Zeit kannten lediglich ihr Dorf, vielleicht noch die Nachbardörfer und einen Umkreis von höchstens dreissig Kilometern. In diesem beschränkten Raum kannten sie jedoch jeden Baum und jeden Stein. Alte Leute konnten bei Streitigkeiten um Grenzen genau Auskunft darüber geben, welcher Felskopf und welcher Hügel vor langer Zeit als Fixpunkt gegolten hatten. Von der Welt ausserhalb dieses engen Gebiets wussten sie jedoch so gut wie nichts. Nur entlang der wenigen bedeutenden Fernstrassen kamen die Dorfleute in Kontakt mit auswärtigen Reisenden, die ihnen von anderen Ländern erzählten. Allerdings kannten auch die Reisenden diese Länder oft nur vom Hörensagen, und so kann es nicht verwundern, dass Geschichten von Menschen mit nur einem Bein, ohne Kopf und mit dem Mund auf dem Bauch ohne weiteres geglaubt wurden.

Etwas besser hatten es die Leute in den Städten, vor allem natürlich die Kaufleute, sowie Teile des Adels, die eher zum Reisen kamen als das «gemeine Volk». Diesem blieb normalerweise als Reisegrund nur die Wallfahrt; meist waren die Ziele nähergelegene, in einigen Tagen erreichbare Wallfahrtsorte wie Disentis, Einsiedeln oder St. Maurice, in selteneren Fällen gar Rom. Santiago de Compostela oder Jerusalem dürften eher Ausnahmen gewesen sein.

---

**Worterklärungen**

**Sächsische Kaiser:** Von 919–1024 stammten die Kaiser des Reiches aus dem Stamm der Sachsen und nicht mehr der Franken.

**Ungarn:** Reitervolk, das um 900 vom Karpatenbecken aus zahlreiche Streifzüge nach Westen unternahm. Erst nach der Niederlage, die ihnen Otto I. zugefügt hatte, wurden sie in der Gegend des heutigen Ungarn sesshaft.

**Grundherrschaft:** am ehesten als «Herrschaft über Land und Leute» zu umschreiben, die von Adligen ausgeübt wurde. Sie bestand nicht nur aus Rechten, sondern auch aus Pflichten («Schutz und Schirm»).

**Lehen:** Das Lehenswesen beruht auf der Verleihung bestimmter Güter und Rechte; das Leiheverhältnis wurde meist auf Lebenszeit des Leihenehmers abgeschlossen, der sich zu persönlichen Leistungen (oft militärischer Art) und zu Treue gegenüber dem Lehensherrn verpflichtete.

**Niedere und hohe Gerichtsbarkeit:** Die niedere Gerichtsbarkeit betraf alle kleineren Vergehen, die mit Bussen bestraft wurden, etwa Verstösse gegen die Gemeinde, die Flurverordnungen etc. Gegenstand der hohen Gerichtsbarkeit (der Grafen und Vögte) waren alle Vergehen, die Strafen «an Leib und Leben» nach sich zogen.

**Santiago de Compostela:** Berühmter Wallfahrtsort an der nordspanischen Küste.

## Bauarbeiten am Schloss Chillon

*Seit Wochen herrscht eine ungewohnte Hitze; die Bauern befürchten, dass ihnen das Getreide auf den Äckern verdorrt. Den Reben hingegen, die an den Abhängen gegen den See zu wachsen, hat dieses Wetter bisher nicht geschadet. Unten am See wird ungeachtet der Hitze emsig am Schloss Chillon gebaut. Die Arbeiten gehen gut voran; von morgens bis abends hört man die dumpfen Schläge der Steinhauer, die mit ihren Holzschlegeln und verschiedenen Meisseln die Hausteine in die gewünschte Form bringen, das Rufen der Maurer, die unaufhörlich nach Mörtel schreien, das Quietschen der Rollen, mit deren Hilfe schwere Lasten an Seilen emporgezogen werden. Graf Peter von Savoyen hat den Ehrgeiz, die ohnehin schon stattliche Burg zum schönsten und grössten Schloss der Gegend auszubauen. Dazu hat er den berühmten Baumeister Peter Mainier angestellt, der für den ganzen Baubetrieb verantwortlich ist. Er hat die besten Maurer und zahlreiche Hilfskräfte wie Mörtelträger und Schiffsleute verpflichtet. Man kann förmlich zusehen, wie die neuen Mauern täglich ein Stück wachsen. Ständig wird mit Schiffen neues Baumaterial herangebracht und am etwas wackligen hölzernen Steg ausgeladen. Gestern kam eine Ladung Kalk aus Port-Valais, heute morgen legte ein Lastkahn mit grob gehauenen Steinen an, die am Werkplatz noch überarbeitet und in die endgültige Form gebracht werden sollen.*

*Noch am Morgen schien ein prachtvoller Tag bevorzustehen, doch über Mittag frischte der Wind auf. Nun fegen heftige Böen über den Bauplatz und verursachen weisse Schaumkrönchen auf den Wellen des immer stärker aufgewühlten Sees. Wilhelm von Evian, der Schiffsführer des Lastkahns, hat schon vor Stunden mit einem Blick auf den Himmel beschlossen, den schwankenden Steg zu verlassen und sein Schiff am sichereren Ufer festzumachen.*

*«Das wird ein Gewitter geben, wie wir es schon lange nicht mehr erlebt haben», sagt er zu seinem Gehilfen Roger. «Ich kenne die Wetterzeichen; wenn wir dann mit unserem grossen, schweren Schiff noch immer an diesem wackligen Holzsteg festgemacht sind, müssten wir befürchten, losgerissen und gegen die Felsen getrieben zu werden; dann könnten wir hinterher unseren Kahn als Treibholz zusammenlesen.» Unter den Windböen schlagen die Wellen auf dem See immer höher. «Da magst du ja schon recht haben», erwidert Roger, «aber ob das Meister Mainier einleuchten wird, möchte ich bezweifeln. Du weisst doch, dass er keine Pausen duldet und den Bau so rasch wie möglich fertigstellen will; du solltest einmal erleben, wie er tobt, wenn er einen findet, der sich einen Moment hingesetzt hat.»*

*«Was weiss der schon von Schiffen und dem See. Er soll sich lieber um seinen Bau kümmern; ich jedenfalls lasse mir nicht von einem Baumeister in mein Geschäft hineinreden. Übrigens werden auch die Maurer bald aufhören, wenn der Wind noch stärker wird und der Regen einsetzt.»*

*Die ersten Tropfen fallen bereits, doch die Maurer machen noch keine Anstalten aufzuhören. Erst gestern hatte nämlich der Baumeister Johannes von Evian*

und Humbert von Lausanne ermahnt, etwas zügiger zu arbeiten und sich ihren jungen Kollegen Peter von Bayes zum Vorbild zu nehmen, der die Mauern des ihm zugewiesenen Turms rasch in die Höhe zog; dies hatte zu einem grossen Streit um die richtige Art der Maurerkunst geführt.

«Ich habe gehört, wie sie sich gegenseitig Vorwürfe gemacht haben», sagt Roger. «Sie sind sich offensichtlich nicht einig: Johannes und Humbert haben Peter vorgeworfen, dass er nicht nach den Regeln des Handwerks arbeite und den Mörtel bis zum Auftragen der nächsten Steinschicht viel zu wenig lange antrocknen lasse. Peter hingegen war der Meinung, wenn er nicht im Taglohn, sondern für den ganzen Turm pauschal bezahlt werde, sei es seine Sache, wie schnell er vorwärts mache.» Der Streit hat zu heissen Köpfen und einer schlechten Stimmung auf dem Bauplatz geführt. Johannes und Humbert arbeiten nun verbissen und missmutig, weil sie sich von Baumeister Mainier ungerecht behandelt fühlen; Peter von Bayes hingegen fühlt sich als Held und will nun erst recht zeigen, dass er der schnellste Maurer weit und breit ist.

*Das Gewitter, das nun losbricht und die Arbeiter zu einem nicht ganz unwillkommenen Unterbruch zwingt, bringt etwas Kühlung. Ob er auch die heissen Köpfe der Streithähne von gestern kühlt, werden erst die nächsten Tage zeigen.*

*Zu dieser Geschichte ist ein Kommentar nötig: Wir können nicht sagen, ob sich eine solche Szene tatsächlich abgespielt hat. Überliefert sind jedoch die Namen der Maurer und des Baumeisters. Ausserdem wissen wir, dass der Turm des Peter von Bayes jener bei der Kapelle war und dass dieser Turm kurz vor seiner Vollendung eingestürzt ist und seinen Erbauer unter sich begraben hat. Der Grund ist unbekannt, doch könnte tatsächlich der allzu nasse Mörtel zu wenig angetrocknet gewesen sein, bevor neue Steinlagen aufgesetzt wurden. Alle diese Angaben stehen im Rechenschaftsbericht Peter Mainiers, der nicht nur die Namen der Maurer und anderer am Bau beteiligter Arbeiter, sondern auch die Art ihrer Bezahlung nennt. Wir wissen ausserdem, woher der Kalk bezogen wurde, und schliesslich geht aus dem gleichen Bericht auch hervor, dass Peter Mainier noch andere Bauplätze Peters von Savoyen leitete: Gleichzeitig wie in Chillon baute er auch in Lausanne, Yverdon, Romont und St. Maurice.*

# Fast 600 Jahre Mittelalter – eine lange Zeit

Die Vorstellung, «unser» Mittelalter von 800 bis 1350 oder 1400 sei ein einheitlicher Zeitabschnitt gewesen, ist falsch: fast 600 Jahre sind eine lange Zeit, in der sich vieles verändern kann! Wenn aus der vornehmen Gesellschaft der Zeit Karls des Grossen einige Personen an einem höfischen Fest des 14. Jahrhunderts hätten teilnehmen können, wären sie sich ebenso fehl am Platz vorgekommen, wie wenn der Maler und Söldner Urs Graf (1485–1527/28) oder einer seiner Spiessgesellen auf einem heutigen Pausenplatz auftauchen würde!

Auch wenn die Entwicklung etwa der Technik nicht mit der heute gewohnten Geschwindigkeit vor sich ging, kannte das Mittelalter viele Erfindungen und Verbesserungen. Besonders wichtig, auch für die späteren Epochen, war die «Revolution in der Landwirtschaft»; so bezeichnen die Fachleute eine Anzahl von Veränderungen in Ackerbau und Viehzucht.

So wurde zum Beispiel die Dreifelderwirtschaft eingeführt: Das Ackerland eines Dorfes wurde in drei Teile, «Zelgen» eingeteilt. Jeder Hof erhielt in jeder Zelge je ein Stück Land. Die Zelgen wurden nun der Reihe nach mit Sommergetreide und Wintergetreide bebaut, im dritten Jahr wurden sie brachgelegt, das heisst nicht bebaut. Sie dienten dann als Viehweide; der vom Vieh hinterlassene Mist war gleichzeitig Dünger. Der Umstand, dass alle Bauern zur gleichen Zeit dieselbe Arbeit verrichten mussten, führte zu neuen Formen des Zusammenlebens und der dörflichen Organisation. Das Dorf entwickelte ein Gemeinschaftsgefühl.

Der Wendepflug trug ebenfalls zur Vermehrung des Ertrages bei: Anders als der bis dahin gebräuchliche leichte Pflug, der den Boden nur aufritzte, schnitt der Wendepflug Schollen aus dem Boden und wendete sie um. Dadurch kam nährstoffreichere Erde als die durch mehrere Saaten und Ernten erschöpfte Oberflächenerde nach oben. Die Vermehrung des Getreideanbaus, die auf Kosten der Viehzucht ging, erlaubte es schliesslich, mit der gleich grossen Fläche an Land mehr Menschen zu ernähren.

Vom 10. Jahrhundert an wurde zudem in grossem Ausmass neues Ackerland gewonnen: Wälder wurden gerodet, Sümpfe trockengelegt. Begünstigt von einem deutlich wärmeren Klima, nahm die Bevölkerung stark zu – ähnlich wie in den Entwicklungsländern heute.

In derselben Zeit, in der sich diese Veränderungen in der Landwirtschaft vollzogen, begannen sich auch die Städte zu entwickeln. Im 9. und 10. Jahrhundert waren es ein paar befestigte Bischofssitze oder königliche Pfalzen, die sich vom umliegenden Land dadurch unterschieden, dass in ihnen bestimmte Handwerker, wie etwa Goldschmiede, und Kaufleute wohnten. Aus diesen Anfängen entwickelten sich die ersten Städte. Ein grosser Teil ihrer Einwohner lebte von Handwerk und Handel. Zur Stadt gehörten aber noch andere Einrichtungen: Eine «Münze», wo der Stadtherr sein Geld prägen liess, ein Markt, der auch die Bewohner des umliegenden Landes versorgte, und nicht zuletzt eine Stadtmauer, die nicht nur die Feinde abwehren, sondern schon von weither den Reichtum der Stadt vorzeigen sollte.

Im 12. und vor allem im 13. Jahrhundert gründeten zahlreiche Adelsgeschlechter neue Städte. Manche wurden zu reichen und mächtigen Gemeinwesen wie Bern

Begegnung zwischen den Zeiten 1: Männer aus karolingischer Zeit (rechts; Wandmalerei in Müstair, St. Johannes) treffen auf ein Paar des späten 14. Jh. (links; Stofftapete im bischöflichen Schloss Sitten)

oder Freiburg, andere blieben immer Kleinstädtchen, die keinerlei Einfluss auf ihre Umgebung hatten.

Im 14. Jahrhundert nahm diese Blütezeit jedoch ein Ende: Eine Verschlechterung des Klimas hatte Missernten zur Folge. Dies führte zu Hungersnöten, die zwar schon früher vorgekommen waren, aber nicht in diesem Ausmass und vor allem nicht unmittelbar hintereinander. Seuchenzüge – am schlimmsten die Pest um die Jahrhundertmitte – rafften die durch schlechte Ernährung ohnehin geschwächte Bevölkerung in Massen dahin.
Diese Serie von Katastrophen war für die damaligen Menschen unerklärlich, denn seit Menschengedenken waren solche fast ununterbrochenen Folgen von Missernten, Hungersnöten und Seuchen nicht bekannt gewesen. Für viele waren diese Ereignisse Strafen Gottes. Sie beeilten sich, Busse zu tun; in diesen Zusammenhang gehören die Züge der Geissler, die sich in langen Prozessionen mit Geisseln blutig schlugen und viele Anhänger fanden.
Das massenhafte Sterben in der Pest – man wusste damals nichts von Krankheitserregern – war den Menschen ebenfalls unerklärlich. Sie suchten nach Sündenböcken und fanden sie an vielen Orten in den Juden, denen sie vorwarfen, sie hätten die Brunnen vergiftet. Im harmlosesten Fall wurden sie vertrieben, meist jedoch totgeschlagen oder in ihren Häusern verbrannt.
Kriege, Naturkatastrophen und Seuchen verursachten einen beträchtlichen Rückgang der Bevölkerung: Um 1400 gab es nicht nur wesentlich weniger Menschen als 100 Jahre zuvor; sie hatten auch jeden Mut verloren und mit ihm jeden Glauben an eine Zukunft.

Dies ist einer der Gründe, weshalb die Bevölkerungszahlen erst im 17. Jahrhundert wieder den Stand der Zeit um 1300 erreichten.

Die Aufzählung all dieser Veränderungen ist allerdings nur aus der Sicht späterer Zeiten möglich. Nur im Rückblick kann beurteilt werden, welche Veränderung wichtig war und welche nicht. Die eigentlich Betroffenen, das heisst die im Mittelalter lebenden Menschen, haben von einzelnen Veränderungen überhaupt nichts gemerkt, da sie in kleinen, unmerklichen Schritten über mehrere Generationen erfolgten.
Die Menschen des Mittelalters erlebten die Zeit jedenfalls ganz anders als wir; Uhren gab es keine, der Tag bestand nicht aus Stunden, Minuten und Sekunden, sondern begann bei Tagesanbruch, endete mit dem Einbruch der Dämmerung und wurde durch das Läuten der Kirchenglocken eingeteilt. Wochen und Monate waren für die meisten Menschen nicht wichtig; sie orientierten sich an den kirchlichen Feiertagen. Das Jahr erlebten sie als den Rhythmus der Jahreszeiten und im landwirtschaftlichen Kreislauf von Säen und Ernten. Bei einem Menschenleben wurden nicht Jahre gezählt; man rechnete höchstens in Jahrzehnten. Man richtete aber sein Erdendasein immer nach der Ewigkeit aus, die nach dem Tod kommen sollte.
Die Erinnerung an früher wurde zwar sehr gepflegt, sie reichte aber höchstens über zwei bis drei Generationen zurück, etwa bis zu den Grosseltern. Alte Leute genossen ein hohes Ansehen, da sie die einzige Verbindung zur Vergangenheit waren und viele Geschichten aus vergangenen Zeiten erzählen konnten.

**Worterklärungen**

**Urs Graf:** Der Maler, Kupferstecher und Goldschmied, der 1527 in Basel verstarb, nahm mehrmals als Söldner an Feldzügen in Italien teil. Viele seiner Werke spiegeln diese Umgebung wieder.
**Pest:** Durch Rattenflöhe übertragene Seuche. Sie kommt in zwei Formen vor, der Beulenpest, bei der die Lymphknoten anschwellen, und die Lungenpest, die als schwere Lungenentzündung verläuft. Während die Beulenpest nicht in jedem Fall zum Tod führte, trat dieser bei der Lungenpest innerhalb von acht Tagen ein.

Begegnung zwischen den Zeiten 2: Zeitgenossen von Urs Graf (Anfang 16. Jh.) auf einem heutigen Pausenplatz

Zürich, Wandmalerei aus dem Haus zum Langen Keller, 1. Drittel 14. Jh. Das Bild stammt aus einer Reihe von Monatsdarstellungen; als typische Tätigkeit für den Monat November wird hier das Schlachten von Tieren gezeigt.

Lausanne, Kathedrale, Glasfenster, um 1230/40. Die typische Tätigkeit im Monat Juli ist das Schneiden des Getreides mit der Sichel.

# Das Mittelalter ist heute nicht verschwunden

Zahlreiche Orte in der Schweiz haben ihr durch und durch mittelalterliches Aussehen bis in die heutige Zeit bewahren können. So jedenfalls steht es in den bunten Prospekten der Fremdenverkehrsverbände.
Aber stimmt das auch wirklich? Sicher nicht in dieser Form; oft lässt man sich nämlich von Äusserlichkeiten täuschen: Schmale Häuser mit steilen Dächern, die in engen Gassen stehen oder einen Marktplatz säumen, wirken eben mittelalterlich genauso wie Fachwerkhäuser in der Umgebung jüngerer Steinbauten. Die heute sichtbaren Fassaden der alten Häuser gehen jedoch meist nicht weiter als bis ins 15. Jahrhundert zurück. Immerhin können wir an manchen Orten noch Gebäude sehen, die wirklich aus dem Mittelalter stammen – oft werden sie sogar noch für den ursprünglich vorgesehenen Zweck verwendet.

## Kirchen

Die häufigsten, echten Zeugen aus dem Mittelalter sind die Kirchen. Meist sind sie jedoch stark verändert und umgebaut: Entweder mussten sie erweitert werden, um der wachsenden Zahl der Gläubigen Raum zu bieten, oder sie wurden dem Geschmack der jeweiligen Zeit angepasst. Daher findet sich in den heute noch bestehenden mittelalterlichen Kirchen oft eine Vielfalt verschiedener Kunst- und Baustile. Wie stark solche Veränderungen zum Ausdruck kommen, hängt vom Kirchentyp ab: Eine grosse Wallfahrtskirche ist etwas anderes als eine Pfarrkirche in einem kleinen Dorf, eine bischöfliche Kathedrale muss anderen Ansprüchen genügen als eine Klosterkirche in einem abgelegenen Alpental. Dazu einige Beispiele:
Wer in Bellinzona in den Schnellzug Richtung Gotthard einsteigt, fährt nach wenigen Minuten durch ein Dorf namens Giornico. Die wenigsten Reisenden werden das düstere Gebäude beachten, das auf der rechten Seite während Sekunden am Fenster vorbeihuscht: die Kirche San Nicolao, eine der am besten erhaltenen romanischen Kirchen in der Schweiz. Sie stammt aus dem späten 12. Jahrhundert; es lohnt sich, sie einmal aus der Nähe zu betrachten.
Die Kirche ist mit streng geometrischen Grundformen gestaltet. Besonders beeindruckt, wie die Bauleute des 12. Jahrhunderts den harten, nur schwer zu bearbeitenden Granit in exakt zusammenpassende Quader gehauen haben. Selbst figürlichen Schmuck haben sie daraus angefertigt: An den Portalen, den Kapitellen der Krypta und am Taufbecken (es stammt ursprünglich aus der benachbarten Pfarrkirche San Michele) sind Tierfiguren und Ornamente zu erkennen. Die Einfachheit der Formen mag zum Teil von der Mühe herrühren, die das harte Gestein den Steinmetzen bei ihrer Arbeit bereitet hat. Sie ist aber gleichzeitig typisch für den Kunststil der «Romanik», der neben den charakteristischen Rundbogen für Fenster und Türen – in Giornico auch für die Blendarkaden – beim Figurenschmuck eben solche einfachen Formen bevorzugt.

San Nicolao in Giornico ist natürlich nicht die einzige mittelalterliche Kirche im Tessin, und auch ausserhalb der Südschweiz finden sich zahlreiche weitere, auch etwas jüngere Beispiele. Teils sind sie weiterhum bekannt wie Romainmôtier und Amsoldingen oder die Kathedrale von Lausanne, das Grossmünster in Zürich, das Münster in Basel oder Allerheiligen in Schaffhausen. Andere kennen eher jene Leute, die an Kunst und Geschichte besonders interessiert sind.

Giornico, San Nicolao, 12. Jh. Die Kirche gilt als bestes Beispiel der lombardischen Romanik in der Schweiz.

**Worterklärungen**

**Romanik:** Kunststil, der grob von etwa 1000 bis etwa 1250 bestimmend war. Typisch sind strenge, oft auf geometrischen Mustern beruhende Grundformen. Der Inbegriff der Romanik ist in der Architektur der Rundbogen.

**Blendarkaden:** Reihe von Rundbogen, die nicht wie bei den echten Arkaden einen Gang überdecken, sondern durch die Gestaltung der Mauersteine nur «vorgeblendet» sind. Sie sind also lediglich ein Mauerschmuck ohne Funktion.

Das sechseckige Taufbecken, das in San Nicolao in der Nähe der Tür steht, stammt ursprünglich aus der benachbarten Kirche San Michele. Es ist ebenfalls aus dem 12. Jh.

Viel beachtet wird der Figurenschmuck an den Portalen von San Nicolao. Im Bild einer der beiden Löwen, die das Hauptportal «bewachen».

Ein Beispiel dieser Art ist St. Georg in Rhäzüns. Von aussen sieht dieses Gebäude wie eine einfache Kirche aus, die kaum zum Besuch einlädt. Tritt man jedoch ins Innere und lässt seine Augen sich langsam an das Zwielicht gewöhnen, erlebt man eine grosse Überraschung: Die Wände der kleinen Kirche sind über und über in leuchtenden Farben bemalt. Zwei verschiedene Maler, so haben die Fachleute herausgefunden, haben in dieser Kirche gearbeitet: Vom einen stammen die Bilder an der Wand gegen den Chor, vom anderen jene im Schiff. Dargestellt sind wie üblich Szenen aus der Bibel oder aus Heiligenlegenden, hier vor allem aus jener des Heiligen Georg, dem die Kirche geweiht ist.

Mindestens ebenso berühmt wie die Malereien in Rhäzüns sind jene in Zillis. Dort zieren sie aber nicht die Wände, sondern eine Holzdecke; ein Ausschnitt daraus – der Mann mit dem Gertel – wurde bereits abgebildet.

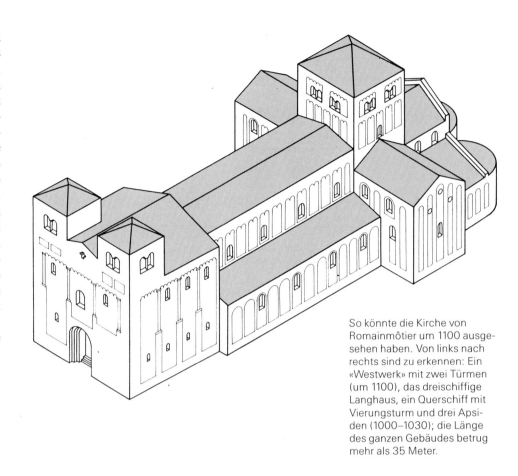

So könnte die Kirche von Romainmôtier um 1100 ausgesehen haben. Von links nach rechts sind zu erkennen: Ein «Westwerk» mit zwei Türmen (um 1100), das dreischiffige Langhaus, ein Querschiff mit Vierungsturm und drei Apsiden (1000–1030); die Länge des ganzen Gebäudes betrug mehr als 35 Meter.

Wandmalerei in der Georgskirche von Rhäzüns GR (um 1350). Die Szene zeigt Georg als Ritter, wie er in gestrecktem Galopp auf den Drachen losprengt. Schild und Schabracke (Pferdedecke) tragen als Wappen ein Kreuz.

Die Stiftskirche von Amsoldingen BE ist ein guterhaltenes Beispiel für eine Kirche des 10. Jh. Der Überlieferung nach soll sie von König Rudolf II. von Hochburgund gegründet worden sein. Der Turm ist allerdings eine spätere Zutat.

**Worterklärung**

**Fassade:** Aussenansicht, meist die Schauseite eines Gebäudes.

Burgen, Städte und Dörfer

Ortenstein sieht auf den ersten Blick gar nicht aus wie eine Burg. Die Gebäude mit ihren regelmässigen, grossen Fenstern sind kaum von neuzeitlichen Wohnhäusern zu unterscheiden. Einzig der Turm, der wie «verkleidet» inmitten dieser Bauten steht, besitzt das Gepräge einer ehemaligen Burg. Ortenstein ist ein gutes Beispiel für jene mittelalterlichen Burganlagen, die laufend den neuesten Bedürfnissen angepasst wurden. Dies ist immer mit mehr oder weniger einschneidenden Veränderungen verbunden. Vor allem die Wohnräume baute man häufiger um als Lager- oder Wirtschaftsräume. Aus diesem Grund sind wohl Burgtürme oft gut erhalten: Ihre Grundfläche ist normalerweise so klein, dass man sie in späteren Zeiten kaum als Wohnraum nutzte.

Nicht alle Burgen, die das Mittelalter ohne Zerstörungen überstanden haben, sind jedoch so verändert worden wie Ortenstein. Besser erhalten sind zum Beispiel Champvent, Thun, Lenzburg und Sargans; dies sind nicht nur besonders schöne Beispiele für mittelalterlichen Burgenbau, sondern sie zeigen auch einige unterschiedliche Spielarten aus der grossen Zahl möglicher Bauformen.

In unseren mittelalterlichen Städten ist so gut wie keine Fassade mehr mittelalterlich. Im Kern können Wohnhäuser zwar ins 13. oder 14. Jahrhundert zurückgehen, doch ist ihnen dieses Alter von aussen eben nicht anzusehen. Ihre äussere Erscheinung ist jene des 17., 18. oder 19. Jahrhunderts. Dem alten Kern in solchen Bauten nachzuspüren ist eine Aufgabe der Archäologie.

Dasselbe gilt in noch stärkerem Mass für Häuser in den Dörfern. Nach landläufiger Vorstellung wird ja gerade dort

Ortenstein (Tumegl GR) ist in nachmittelalterlicher Zeit stark verändert worden. Von der ursprünglichen, um 1250 durch die Freiherren von Vaz erbauten Burg steht heute nur noch der mächtige Bergfried.

Heinrich von Grandson baute gegen 1250 die Burg Champvent VD. Sie entspricht einer Burgenform, wie sie sonst vor allem bei Wasserschlössern gewählt wurde: Ein regelmässiges Rechteck, an dessen Ecken sich Rundtürme erhoben, wurde mit einer Ringmauer umgeben. Inwendig lehnten sich an diese Mauer weitere Bauten an.

Eine Burg mit einem mächtigen, weit über alle anderen Gebäude hinausragenden Turm ist Sargans SG. Der Turm stammt aus dem ausgehenden 12. Jh.

Die bemalte Holzdecke in der Kirche von Zillis GR ist ein einzigartiges Denkmal aus der Zeit um 1160.

besonders zäh an den Traditionen festgehalten. Dies stimmt insofern, als auch heute noch Holz das wichtigste Baumaterial ist und damit die bewährten Hausformen errichtet werden. Die Wind und Wetter ausgesetzten Holzhäuser erwecken dann rasch den Eindruck, sie seien «uralt». Die leichte Bauweise und die Anfälligkeit für Ungeziefer und Fäulnis sind neben der Zerstörung durch Feuersbrünste oft der Grund, dass Holzhäuser kein sehr hohes Alter erreichten. In eher kurzen Abständen wurden sie um- oder neugebaut; das Holz des Vorgängers fand dabei meist Verwendung im Neubau. Holzhäuser wurden nicht «abgerissen», sondern auseinandergenommen; sie galten im Mittelalter nicht als «Immobilien», das heisst als an Ort und Stelle gebundenes Eigentum, sondern als «Fahrhabe», als transportables Gut.

Wo heute Dörfer in Steinbauweise besonders typisch sind, muss dies nicht immer so gewesen sein: Im Engadin verdrängte der Stein nach den Kriegswirren und den zahlreichen Brandschatzungen des 16. und 17. Jahrhunderts das vorher viel häufiger verwendete Holz. In den Freibergen waren es Vorschriften der Behörden zum Schutz der Wälder, die den Steinbau förderten.

Neben den Wohnhäusern gab es in Städten und Dörfern auch andere Gebäude wie Rats- oder Zunfthäuser, Wirtshäuser, den Sitz des «Meiers», d.h. des grundherrlichen Beamten, aber auch Wohnhäuser der «Dorfaristokratie» usw. Auch sie haben sich kaum in ihrer ursprünglichen Form erhalten, denn gerade solche Bauten pflegten den Reichtum und das Ansehen der Stadt oder des Dorfes nach aussen zu zeigen. Deshalb mussten sie regelmässig neueren, moderneren weichen.

Wirklich mittelalterlich können in den Städten jedoch noch Reste von Befestigungsanlagen sein. So sind etwa in Rheinfelden Teile der alten Stadtmauer zu sehen: Der Storchennest- oder Kupferturm sowie der Obertorturm stammen aus der Zeit um 1200, als die Stadt erweitert und mit einer neuen Mauer umgeben wurde. Die Stadtmauern selbst sind heute meist schon längst abgerissen. Eine der wenigen Ausnahmen ist Murten; auch hier stammt ein Teil der erhaltenen Befestigungen erst aus dem 15. Jahrhundert. Nicht die Bedürfnisse späterer Zeiten erzwangen in diesem Fall eine Erneuerung, sondern die Zerstörungen durch die Kanonen Karls des Kühnen in den Burgunderkriegen.

Die Lenzburg ist eine weitläufige Anlage mit mehreren grossen Gebäuden. Ihre Anfänge reichen ins 10. Jh. zurück. Die Grafen von Lenzburg gehörten im 11./12. Jh. zu den bedeutendsten Geschlechtern der Nordschweiz. Nach ihrem Aussterben gelangte die Burg nach verschiedenen Erbgängen 1273 an die Habsburger, die einige ihrer Dienstleute hier ansiedelten.

Gegen 1200 erbaute Herzog Berchtold V. von Zähringen an der Stelle einer Burg der Herren von Thun einen mächtigen Wohnturm mit runden Eckverstärkungen. Die oberen Partien stammen allerdings aus dem späten 13. Jh., die Dachaufbauten sind noch jünger.

In Rheinfelden liess Berchtold V. von Zähringen um 1200 die Stadtmauer erweitern. Ein Rest dieser Mauer ist der «Storchennestturm» genannte Torturm im Osten der Stadt.

Das Städtchen Le Landeron NE westlich des Bielerseees ist eine Gründung des Grafen Rudolf IV. von Neuenburg. Auch wenn kaum noch ein Haus aus der Gründungszeit im 2. Viertel des 14. Jh. erhalten ist, hat das Städtchen seine Gesamtform mit dem grossen, freien Platz in der Mitte bemerkenswert gut bewahrt.

**Worterklärungen**

**Karl der Kühne:** (1433–1477) Herzog von Burgund von 1467–1477
**Burgunderkriege:** Karl der Kühne versuchte, Burgund auf Kosten Frankreichs und des Reiches zu vergrössern. Sein Vordringen an den Oberrhein beunruhigte die Eidgenossen. In den «Burgunderkriegen» besiegten sie ihn 1476 in Grandson und Murten sowie zusammen mit elsässischen und lothringischen Truppen in Nancy, wo Karl fiel.

In mittelalterlichen Städten waren aber auch die «Freiräume» wichtig: Marktplätze und Marktgassen, überhaupt die Netze von Strassen und Wegen! Vor allem in den im 12. und 13. Jahrhundert gegründeten Stadtanlagen wie Bern oder Freiburg kann man das alte Strassensystem noch sehen; aber etwa auch in Le Landeron am Bielersee sehen wir deutlich, wie wichtig diese Freiräume sind: Das Städtchen besteht aus einem Marktplatz, der von lediglich einer einzigen Reihe von Häusern umgeben ist! Wer die Augen offenhält, wird an vielen Orten auf solche Einzelheiten stossen, auch wenn die Häuser der Umgebung viel jünger sind.

### Denkmäler ausserhalb der Siedlungen

Was für die Stadt die Stadtmauer, war für das Land die «Letzi» oder die Landwehr. Diese bestand aus Mauern oder dichten Lebhägen, die ganze Täler abriegelten; ihr Anblick ist nicht so beeindruckend wie die turmbewehrten und höheren Mauern der Städte. Sie zeichnen sich heute meist als halbzerfallene, von Büschen überwachsene Mauerreste im Gelände ab. In einigen Fällen sind jedoch dazugehörige Türme erhalten, etwa in Morgarten und Rothenturm; sie standen meist an den Durchlässen. Die Mauern selbst waren vor allem Annäherungshindernisse für die Reiterei und erschwerten das Wegführen des Viehs – eines der wichtigsten Ziele im mittelalterlichen Krieg. Sie waren nicht ausschliesslich gegen die Heere der Ritter gewandt; denn auch vor den «lieben Nachbarn» musste man sich immer in acht nehmen.

Aber nicht nur Befestigungen können heute im Gelände noch besichtigt werden, sondern auch Reste von Verkehrswegen. Heute denkt man bei diesem Wort zuerst an Autobahnen und Schnellstrassen, dann an die Eisenbahn. Im Mittelalter waren die wichtigsten Verkehrswege aber die «Wasserstrassen», das heisst die Seen und Flüsse. Die Seen waren damals wesentlich grösser als heute, aber auch die Flüsse sahen anders aus. Sie waren nicht in einen von den Menschen bestimmten Lauf einge-

zwängt wie heute, sondern flossen frei durch die Landschaft. In grossen Ebenen änderten sie ihren Lauf nach fast jedem heftigeren Regen.

Auf Strassen konnten aber auch die mittelalterlichen Menschen nicht verzichten. Es handelte sich dabei um Naturstrassen, die höchstens mit etwas Kies befestigt waren. Besondere Strecken waren gepflästert, etwa starke Steigungen oder Auffahrten zu einer Brücke. An unwegsamen Stellen waren manchmal Rampen und Stützmauern nötig, deren Reste heute noch im Gelände zu finden sind.

Wichtig waren natürlich vor allem die Strassen über die Pässe. Bei manchen nimmt man an, sie seien bereits in römischer Zeit gebaut worden. Dies gilt etwa für den Hauenstein, der seinen Namen von einem in den Fels gehauenen Hohlweg erhalten hat.

Andere Strassen waren nicht für den Fahrverkehr geeignet, sondern mussten mit Maultieren und zu Fuss begangen werden. Die Leistung, einen solchen Weg anzulegen – als Beispiel soll der Übergang über die Gemmi dienen – ist jedoch nicht minder gross. Abarbeitungen am Fels und Stege aus Holz waren nötig, um überhaupt einen durchgehenden Weg bauen zu können. Dass ein solches Bauwerk auch einen aufwendigen Unterhalt erforderte, ist klar. Oft wurde das nötige Geld durch die Erhebung von Zöllen beschafft; dies war aber den Städten und ihren Kaufleuten ein Dorn im Auge. Bei mancher kriegerischen Auseinandersetzung zwischen Adelsgeschlechtern und Städten waren diese Zölle die Ursache.

Besonders berühmt ist der «stiebende Steg» in der Schöllenenschlucht, der zusammen mit der ersten «Teufelsbrücke» den Gotthardpass als Nord-Süd-Verbindung öffnete. Die heutige Bezeichnung dieser Brücke spricht für sich: Viele Menschen hielten es für unmöglich, dass ein solches Werk von Menschenhand gemacht war!

Wo sich Land- und Wasserwege kreuzten, entstanden oft Probleme. Nicht überall war es nämlich möglich, den Fluss an einer Furt, d. h. einer seichten Stelle zu überqueren. Oft behalf man sich mit Fährschiffen, was besonders bei Hochwasser nicht ungefährlich war; nicht selten waren sie überladen und kenterten. Die beste und sicherste, aber auch teuerste Lösung waren Brücken; sie führten nicht nur über grössere Flüsse, sondern auch über tiefe Schluchten. Die Rheinbrücken in Rheinfelden oder Basel, die Brücken von Luzern – am berühmtesten die Kapellbrücke – sind Beispiele für die erste Gruppe, während die Dalabrücke bei Leuk für die zweite steht. Für diese Bauwerke galt dasselbe wie für die Kunstbauten der Passstrassen: Ihr Unterhalt kostete viel Mühe und Geld.

Der Tordurchlass in der Sperrmauer, die die Schwyzer um 1320 zum Schutz vor räuberischen Einfällen erbaut hatten, war mit einem Turm geschützt.

Der Hauensteinpass zwischen Waldenburg und Langenbruck BL war im Mittelalter einer von mehreren Passübergängen über den Jura. Ob allerdings dieses Teilstück mit den eingehauenen Wagenspuren – es gilt als römisch – auch benutzt wurde, ist nicht sicher.

Am Ausfluss der Reuss aus dem Vierwaldstättersee standen schon im Mittelalter Brücken. Die Kapellbrücke von Luzern mit dem Wasserturm stammt aus der Zeit um 1300 und stellte nicht nur eine Verbindung zwischen den beiden Ufern her, sondern diente auch als Befestigung gegen Angriffe vom See her.

Westlich von Leuk VS mündet die Felsschlucht der Dala ins Rhonetal. Der alte Weg an der nördlichen Talflanke, der einerseits über die Gemmi ins Berner Oberland, andrerseits weiter talaufwärts führte, war an dieser Stelle auf eine Brücke angewiesen; diese war mit einem Turm bewehrt.

# Kirche und Glaube

Kirche und Geistliche (Klerus) hatten im Mittelalter eine überragende Bedeutung. Die Geistlichen galten als Mittler zwischen Gott und den Menschen und damit auch als Vermittler für die göttliche Gnade und das ewige Leben. Sie begleiteten in dieser Eigenschaft die Menschen von der Taufe bis zum Begräbnis, ja noch darüber hinaus. Um nicht in die Hölle zu kommen, war weniger ein tadelloser Lebenswandel als eine getreue Befolgung der Vorschriften notwendig, die durch den Klerus vorgegeben wurden. Dazu gehörten die Teilnahme an Gottesdiensten, die Beichte und das Einhalten der zahlreichen Fastentage, an denen kein Fleisch gegessen werden durfte. Aber auch das Stiften von Messen und Jahrzeiten gehörte dazu. Vor allem die begüterten Adligen stifteten Kirchen und Klöster und statteten sie mit Einkünften aller Art aus. Die begünstigten Nonnen und Mönche hatten für ihre Stifterinnen und Stifter zu beten.

Zahlreiche Geistliche stammten aus dem Adel und hatten von dort ihren Sinn für Macht und Prachtentfaltung geerbt. Es schien ihnen kein Widerspruch zum christlichen Armutsideal zu sein, wenn für den Bau prunkvoller Kathedralen oder Klosterkirchen Vermögen ausgegeben wurden, denn schliesslich war ja alles zum Lobe Gottes gedacht. Sie hatten auch keine Hemmungen, ihre Macht gegen allfällige Gegner auszuüben, etwa durch die Androhung oder Anwendung der Exkommunikation, das heisst des Ausschlusses aus der Kirche. Für einen Gläubigen bedeutete dies den Verlust des ewigen Lebens. Die Aussicht, ewig in der Hölle schmachten zu müssen, war für die meisten Menschen derart grauenvoll, dass sie sich von diesem «Kampfmittel» meist tief beeindruckt zeigten.

Das Ausmass, das die Stiftungen aus dem Kreis des Adels in gewissen Zeiten annahm, können wir bei einzelnen, erhaltenen Kirchen noch erkennen. Vieles aber ist seit langem nicht mehr sichtbar und muss durch die Archäologie zuerst wieder ans Tageslicht gefördert werden. Da es sich meist um Reste von Fundamentmauern handelt, ist verständlich, warum der Plan ein wichtiges Hilfsmittel der Archäologie darstellt; auf ihm wird alles, was gefunden wird, in einem bestimmten Massstab festgehalten. Pläne sind aber meist nicht ganz einfach zu lesen; sie sollen deshalb hier nur in Ausnahmefällen gezeigt werden.

Auf keinem anderen Gebiet der Mittelalterarchäologie wurden in den letzten Jahrzehnten durch Grabungen so viele neue Erkenntnisse gewonnen wie im Bereich der Kirchen. Im Laufe der Jahre haben sich dabei auch die Methoden grundlegend geändert: Wo früher lediglich einzelne wichtige – oder vermeintlich wichtige – Stellen zur Feststellung älterer Mauerreste geöffnet und zu Grundrissen ergänzt wurden, gehören heute Flächengrabungen zur Tagesordnung, bei denen das gesamte Kircheninnere untersucht wird. Nur sie lassen die Zusammenhänge der einzelnen Mauerreste wirklich erkennen, und zusammen mit Untersuchungen am aufgehenden Mauerwerk können oft klare Vorstellungen entwickelt werden, auf welche Weise der Bau ausgeführt, wann er repariert, teilweise abgetragen oder vollständig durch einen Neubau ersetzt wurde. Anhand der Grundrisse können Fachleute oft auch den Zeitpunkt der Erbauung erschliessen.

Der Bau einer Kirche war ein grosses Unternehmen, das gründlich geplant und vorbereitet sein musste und meist Unsummen Geld verschlang. Selbst kleine Landkirchen waren etwas Besonderes, da sie mit wenigen Ausnahmen aus Stein bestanden, einem im Hochmittelalter noch nicht überall üblichen Baumaterial. Seine Verarbeitung erforderte Kenntnisse, die nur in einer langen Ausbildungszeit erlangt werden konnten. Nach der römischen Zeit war dieses Wissen in unserer Gegend weitgehend verloren gegangen; denn damals waren die reicheren Römer, die in Städten und Gutshöfen die Steinhäuser bewohnt hatten, weggezogen. Die neuen Herren aber, die Germanen, und die ärmere, zurückgebliebene gallo-römische Bevölkerung waren Holzhäuser seit jeher gewohnt. So war für Wohnhäuser aus Stein gar kein Bedarf mehr vorhanden. Die Kirche jedoch gründete stark in der römischen Tradition. Daher ist es kein Zufall, dass hier viele Kenntnisse überliefert und im Bau von Klöstern und Kirchen weiterentwickelt wurden. Die Arbeit verrichteten spezialisierte Bauhandwerker, die weit herum ihre Dienste anboten. Ausser dem Behauen der Steine und dem Beherrschen gewisser Grundregeln, wie sie aufeinander geschichtet werden sollten, gehörten auch die Zubereitung des Mörtels und die Verarbeitung von Gips zu Stuckornamenten usw. dazu. Selbst mechanische Rührwerke für die Herstellung grosser Mengen von Mörtel sind nachgewiesen. Diese waren vor allem für das Verlegen von Mörtelböden oder das Verputzen von Wänden nötig. Solche Mörtelmischer fand man bisher etwa in Zürich – bezeichnenderweise bei Grossbaustellen wie dem Fraumünster und der königlichen Pfalz auf dem Lindenhof – und in der Umgebung von Basel. Beide Gruppen können ins 9. und 10. Jahrhundert datiert werden.

---

**Worterklärungen**

**Klerus:** der gesamte geistliche Stand; alle anderen Menschen sind «Laien».
**Messe:** wichtigster Bestandteil des Gottesdienstes. Nachvollzug des Abendmahls als unblutige Erneuerung des Erlösertods Christi.
**Jahrzeit:** Messe zum Andenken an Verstorbene, die gegen eine bestimmte Abgabe an die Kirche jedes Jahr am Todestag gelesen wird.

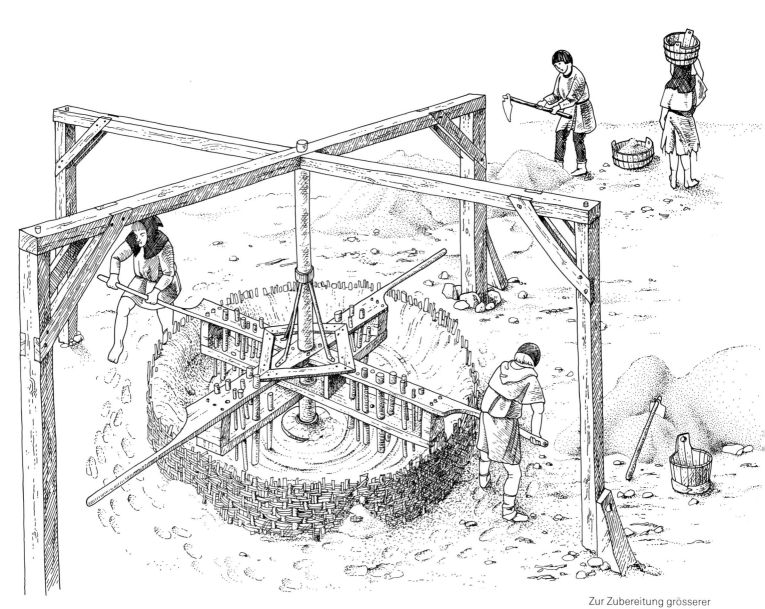

Zur Zubereitung grösserer Mengen von Mörtel, wie man sie beim Giessen von Mörtelböden oder beim Verputzen grösserer Mauerflächen brauchte, kannte man in karolingischer Zeit mechanische Mörtelmischwerke. Sie kamen vor allem auf Grossbaustellen zum Einsatz.

Reste eines Mörtelmischwerkes fanden sich auch in der Kirche von Sissach BL. Sichtbar ist die Runde Mörtelscheibe mit einem Loch in der Mitte; dort stand ursprünglich die Achse des Drehrechens. Der runde Ausbruch am unteren Rand ist eine jüngere Störung.

# Die Kathedralen der Bischöfe

Die Grenzen der Bistümer und der Erzbistümer zeigen einmal mehr, dass die Schweiz im Mittelalter keine geschlossene Einheit war: Die acht Bistümer, die für das Gebiet der Schweiz zuständig waren, gehörten zu sechs verschiedenen Erzbistümern.

Bischöfe waren ausserordentlich mächtig. Sie standen ihren Untertanen meist nicht nur als geistliche, sondern auch als weltliche Herren vor. Oft gehörten sie in ihren Diözesen zu den wichtigsten Grundherren und entstammten den angesehensten Adelsfamilien. Zu ihrem hohen Amt gehörte natürlich auch ein entsprechendes Gotteshaus, die Bischofskirche (Dom, Kathedrale, auch Münster genannt). Diese Kirchen übertrafen an Grösse und prachtvoller Ausstattung oft alle anderen der Umgebung. Sie waren nicht nur dem Gottesdienst vorbehalten, sondern boten auch den Rahmen für prachtvolle Prozessionen und kirchliche Feiern; selbst weltliche Feste, die ohne Gottesdienste undenkbar waren, fanden darin statt. Zu einem Bischofssitz gehörte ausserdem ein Domkapitel mit Kapitelsaal, Kreuzgang und Domherrenhäusern. Auch das geistliche Gericht und die Domschule befanden sich dort.

Angesichts dieser überragenden Bedeutung eines Bischofssitzes und damit der Bischofskirchen ist es für die heutige Archäologie natürlich ausserordentlich reizvoll, der Entwicklung solcher Bauten nachzuspüren. Drei der bedeutendsten, noch weitgehend aus dem Mittelalter stammenden Kathedralen der Schweiz wurden in den letzten Jahrzehnten durch Ausgrabungen erforscht: Genf, Lausanne und Basel.

## Genf

Wer vor der Kathedrale in Genf steht, sieht diesem Bauwerk nur einen kleinen Teil seiner bewegten Geschichte an. Wer aber den archäologischen Rundgang

---

**Worterklärungen**

**Bistum, Erzbistum:** Ein Bistum ist der Verwaltungsbezirk eines Bischofs; ein Erzbistum, in dem mehrere Bistümer zusammengefasst sind, ist eine Kirchenprovinz.

**Diözese:** Gleichbedeutend mit Bistum.

**Dom, Kathedrale, Münster:** Dom, von lat. «domus Dei», «Haus Gottes». – Kathedrale, von griech. «cathedra», «Sitz» (des Herrschers), hier Bischofssitz. – Münster, von lat. «monasterium», «Kloster». Auch bei der Bischofskirche lebten Geistliche (Domherren) in einer klosterähnlichen Gemeinschaft, die für die Kirche namengebend wurde.

**Domkapitel:** Klosterähnliche Gemeinschaft von Geistlichen an einer Bischofskirche.

**Domherrenhäuser:** Die Domherren besassen anders als Mönche in Klöstern ihre eigenen Häuser, meist in der Umgebung des Doms. Da sie oft aus sehr wohlhabenden Familien stammten, waren die Häuser entsprechend aufwendig gebaut.

**Geistliches Gericht:** entschied bei Streitsachen, an denen Geistliche beteiligt waren, sowie in Ehesachen.

---

Genf, Kathedrale St. Pierre. Die Bautätigkeit von Jahrhunderten hat im Boden ihre Spuren hinterlassen: Blick in die Grabungen 1979.

unter dem Kirchenboden besucht, kann sich davon ein Bild machen. Die grosse Zahl der Mauern, der Mauerreste, der Fussböden und anderer archäologischer Überreste ist allerdings eher verwirrend und kann nur mit Hilfe der zahlreichen, an den Wänden angebrachten Pläne und der auf den Mauerresten aufgesetzten farbigen Klötzchen entziffert werden. Die Pläne zeigen, wie sich die Bauten an diesem Platz seit der spätrömischen Zeit entwickelt haben. Im 9. und 10. Jahrhundert umfasste die bischöfliche Residenz nicht nur eine, sondern gleich drei Kathedralen, dazu ein Baptisterium, die bischöfliche Privatkapelle, den Palast sowie weitere Gebäude. Dies war nicht zuletzt ein Ausdruck der grossen Bedeutung, die Genf im Königreich Hochburgund hatte.

Um 1000 wurde die ganze Anlage völlig umgestaltet. Die Gründe sind nicht bekannt. Allein der Wille eines Bischofs, eine schönere und grössere Kathedrale zu haben als sein Nachbar – natürlich alles zum Lobe Gottes! – konnte für einen Neu- oder Umbau ausreichen. Jedenfalls verlängerte man die mittlere Kathedrale nach dem Abbruch des Baptisteriums. Auch der Chorbereich wich einem Neubau, der eine runde Krypta erhielt. Durch zwei Treppen wurde vom Schiff bis zum Hochaltar eine Höhendifferenz von vier

Die Kathedrale aus der Zeit um 1000 wurde zwar für einen Neubau abgebrochen. Reste ihres Hauptportals haben sich aber im Fundament der neuen Kirche erhalten. Durch dieselbe Öffnung betritt man heute den archäologischen Rundgang.

Metern überwunden. Wer also durch das Portal dieser Kirche eintrat – es ist übrigens dasselbe, durch das man beim Betreten des archäologischen Rundganges schreitet –, sah den Bereich des Chors mit dem Hochaltar weit vorn und weit oben und muss von diesen ungeheuerlichen Grössenverhältnissen sehr beeindruckt gewesen sein.

Die Nordkathedrale wurde vollständig abgebrochen; an ihrer Stelle entstand ein Kreuzgang. Die Südkathedrale schliesslich musste der Erweiterung des Friedhofes weichen.

Trotz ihrer Grösse und des bei ihrer Erbauung getriebenen Aufwandes stand diese Kirche keine 200 Jahre! Bereits 1160 begann der Genfer Bischof mit dem Bau einer neuen Kathedrale; es ist jene, die heute noch weitgehend erhalten ist. Dabei wurden die Mauern des Vorgängerbaues vor allem im Westteil bis zu einer Höhe von drei Metern als Fundamente übernommen. Auf die Dauer waren diese alten Mauern dem auf ihnen lastenden Gewicht nicht gewachsen, so dass 1750 die ganze Westfassade wegen Einsturzgefahr neu aufgebaut werden musste.

In der Kathedrale von Genf haben sich glücklicherweise die Reste aus zahlreichen Jahrhunderten so im Boden erhalten, dass sie heute für Besucher sichtbar gemacht werden können.

Lausanne

Etwas anders sieht es hingegen in Lausanne aus. Die bei der Grabung beobachteten Spuren der Vorgängerbauten lassen sich nicht im entferntesten mit jenen in Genf vergleichen, denn Lausanne war ja erst im Verlauf des Frühmittelalters anstelle des unsicheren Avenches Bischofssitz geworden. Die ältesten bisher bekannten Reste am heutigen Standort reichen höchstens in karolingische Zeit zurück. Selbst die Spuren der um 1000 erbauten Kathedrale sind so spärlich, dass sie nur sehr schwierig zu «entziffern» sind. Es scheint aber, dass sie wesentlich kleiner war als der heutige Bau.

Dieser wurde noch unter Bischof Amédée de Hauterive um 1150 begonnen; er war von Anfang an grösser geplant als sein Vorgänger. Amédées Nachfolger hatte aber ganz andere Vorstellungen: Er liess den im romanischen Stil begonnenen Chorneubau wieder abtragen und in einer moderneren Fassung neu errichten. Mehrere Baumeister waren nacheinander mit ihren Handwerkern an diesem monumentalen Bau beschäftigt. Die Arbeiten dauerten Jahrzehnte! Da 1173 berichtet wird, man habe die Reliquien in eine Kapelle gebracht, darf man annehmen, dass damals der Abbruch der alten Kathedrale begann.

Erst 1232 kamen sie in die Kathedrale zurück, was wohl heisst, dass sie weitgehend fertiggestellt war. Geweiht wurde das fertige Bauwerk durch Papst Gregor X. im Beisein König Rudolfs (von Habsburg) und seines Gefolges aber erst 1275. Für den Chronisten Matthias von Neuenburg war dieser Anlass aber nicht wichtig genug, um ihn in seiner Chronik zu erwähnen!

Die Kathedrale von Lausanne ist eines der bedeutendsten frühgotischen Bauwerke in Europa. Ein Vergleich mit San Nicolao in Giornico zeigt uns das Typische der neuen Stilrichtung. Hatten dort noch die Flächen dominiert, so werden die Mauerflächen hier stark gegliedert, ja geradezu aufgelöst.

Was in Lausanne in wohl einmaliger Weise ins Auge sticht, ist die beherrschende Stellung der Kathedrale im Stadtbild. Selbst die heute um die Kirche stehenden Häuser, die zweifellos grösser sind als jene aus dem Mittelalter, wirken gegenüber dem überragenden Bauwerk klein. Der Baukörper ist so gross, dass er sogar die Strassenverbindung von der oberen zur unteren Stadt unterbrach. Dieses Problem löste man im Mittelalter ziemlich aussergewöhnlich: Die Strasse wurde kurzerhand zwischen Westfassade und Kirchenschiff unter einem Gewölbe durch die Kirche hindurchgeführt!

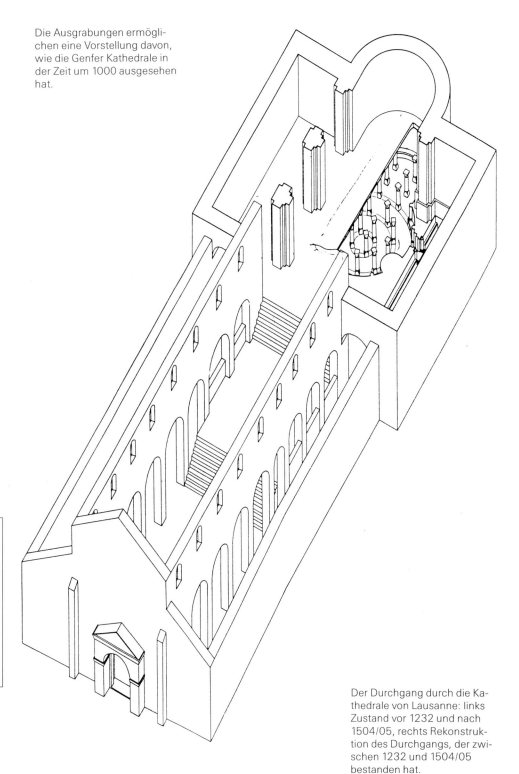

Die Ausgrabungen ermöglichen eine Vorstellung davon, wie die Genfer Kathedrale in der Zeit um 1000 ausgesehen hat.

### Worterklärungen

**Baptisterium:** Taufkirche
**Chor:** Altarraum der Kirche, in der nur die Geistlichkeit Zutritt hast; vom Rest der Kirche durch «Chorschranken» abgetrennt.
**Krypta:** Unterirdischer Raum, meist unter dem Altarraum der Kirche, in dem Reliquien aufbewahrt und hohe Geistliche beigesetzt wurden.

Der Durchgang durch die Kathedrale von Lausanne: links Zustand vor 1232 und nach 1504/05, rechts Rekonstruktion des Durchgangs, der zwischen 1232 und 1504/05 bestanden hat.

Von den am Bau der Kathedrale beteiligten Handwerkern tritt einer aus der Anonymität hervor, und zwar nicht nur, weil er in den schriftlichen Quellen (Bauabrechnungen und ähnliches) erwähnt wird, sondern weil man auch weiss, was genau er am Bauwerk vollbracht hat: Es handelt sich um einen gewissen Pierre d'Arras, der 1217 und 1235 genannt wird; er hatte seine Werkstatt vor der Kathedrale aufgestellt und arbeitete als Glasmacher. Er soll der Schöpfer der berühmten Fensterrosette aus farbigem Glas gewesen sein. Pierre d'Arras fabrizierte aus Rohglas Scheiben, die er in kleine Stücke schnitt. Die einzelnen Stückchen bemalte er und setzte sie mit Bleifassungen zu Scheiben zusammen. Diese Fenster sind heute noch erhalten. Die grosse Fensterrose ist eine der Attraktionen von Lausanne, für die manche Leute von weither kommen. Die Bilder auf den einzelnen Scheiben sind nicht der Phantasie des Glasmachers entsprungen; sie sind der mittelalterlichen Wissenschaft entnommen und sollen das Universum, den Kosmos, zeigen. Dargestellt sind einerseits Personen, die Jahreszeiten, Sternzeichen und Elemente verkörpern, andrerseits Tätigkeiten, die für die einzelnen Monate typisch sind. Ob das «gemeine Volk» mit diesen Bildern viel anfangen konnte, darf wohl bezweifelt werden; die Bilderfolge wird kaum dazu gedient haben, den Gläubigen die Predigten zu illustrieren. Zum einen sind die Bilder von blossem Auge kaum zu entziffern, da sie sehr weit oben angebracht sind. Zum andern handelt es sich eben nicht um die bildliche Darstellung einer Geschichte aus der Bibel oder einer Heiligenlegende, wie sie gerne in den Wandmalereien und den Steinmetzarbeiten dargestellt wurden. Solche Bilder können wir zum Beispiel beim Basler Münster sehen.

**Worterklärungen**

**Frühgotisch:** Elemente zeigend, die am Beginn der Gotik stehen. Im Gegensatz zur Romanik versucht die Gotik, die grossen Fassadenflächen der Kirchen fürs Auge der Betrachter aufzulösen. Sie tut dies unter anderem mit zahlreichen Strebepfeilern und durchbrochenen, grossen Fenstern, die dem ganzen Bauwerk eine gewisse Leichtigkeit verleihen. Was der Rundbogen in der Romaik ist, bedeutet der Spitzbogen für die Gotik.

**Universum, Kosmos** (lat. und griech.): bedeutet seit der Antike das Weltall als geordnetes Ganzes.

Lausanne, Kathedrale. Die farbigen Scheiben der Fensterrose, um 1230/40, sind ein Beispiel für die grosse Kunst der mittelalterlichen Glasmaler.

Lausanne, Kathedrale. Mächtig überragt die Kathedrale des 13. Jh. die Stadt.

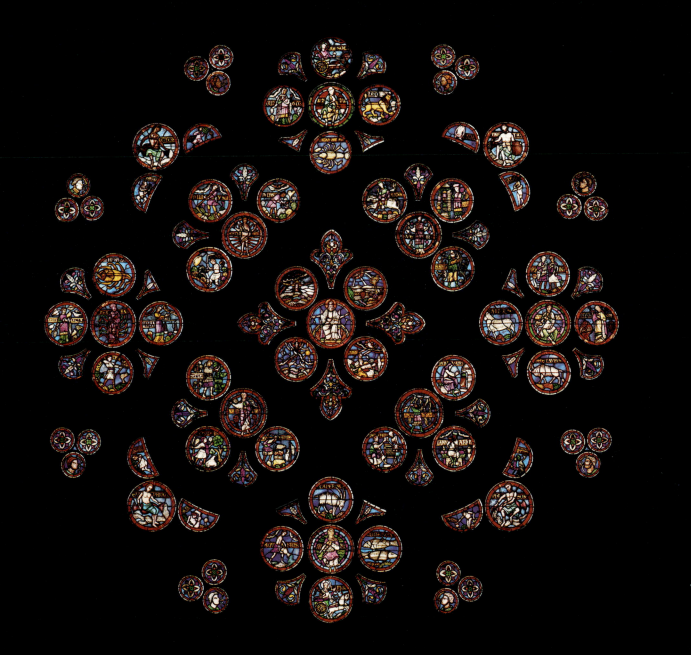

Monatsbild aus der Fensterrose von Lausanne: Im August wird mit dem Dreschflegel das Getreide ausgedroschen.

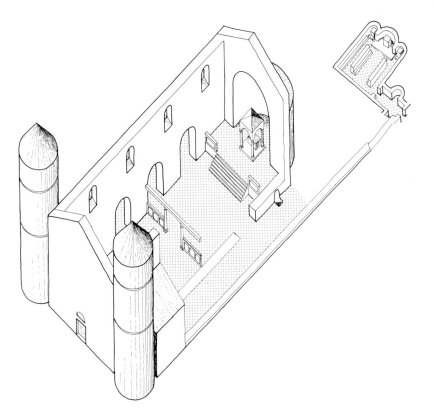

Basel, Münster. In der 1. Hälfte des 9. Jh. liess Bischof Haito eine neue Kirche bauen. Auch hier haben die Grabungen zu Vorstellungen über ihr Aussehen geführt. Beim Gebäude ausserhalb des Chors handelt es sich um eine «Aussenkrypta», d. h. eine Krypta, die nicht wie üblich unter der Kirche lag, sondern eben ausserhalb.

Basel, Münster. Nordfassade des Querhauses mit der Galluspforte, um 1185. Sie ist das früheste Figurenportal im deutschen Sprachraum. Über dem Portal eine Darstellung des Glücksrades, das ein Sinnbild für das unergründliche Walten des Schicksals ist.

## Basel

Auch Basel ist – ähnlich wie Lausanne – erst seit dem 8. Jahrhundert Bischofsstadt anstelle des weiter rheinaufwärts liegenden Augsts. Bischof Haito baute zu Beginn des 9. Jahrhunderts eine Kathedrale, deren Reste in den siebziger Jahren bei Grabungen zum Vorschein kamen. Anders als in Lausanne entsprach die Grösse bereits damals den heutigen Massen; die Westfassade war von zwei runden oder mehreckigen Türmen flankiert.

Bischof Adalbero nahm um 1000 einen Neubau mit einem etwas längeren Schiff und einem halbrunden Chor in Angriff. Dieser Bau wurde 1019 im Beisein Kaiser Heinrichs II. geweiht, der den Bau in vielfältiger Weise unterstützt hatte, unter anderem, indem er dem als arm geltenden Bistum Basel Silberminen im Schwarzwald schenkte. Der Bau wird deshalb allgemein als «Heinrichsmünster» bezeichnet.

Auch in Basel begnügte sich der Bischof nicht damit, auf den Lorbeeren oder besser in der Kirche seiner Vorgänger auszuruhen. Wie in Genf und in Lausanne verwandelte sich im späteren 12. Jahrhundert auch in Basel die Bischofskirche und ihre Umgebung in einen riesigen Bauplatz. Die ganze Chorpartie wurde umgestaltet. Unter den Händen der in der Münsterbauhütte zusammengefassten Handwerker entstand das Querhaus mit der berühmten Galluspforte, die als frühestes Figu-

Basel, Münster. Ausschnitt aus der Galluspforte mit der bildlichen Darstellung des Gleichnisses von den klugen und den törichten Jungfrauen.

renportal im deutschen Sprachraum gilt. Bauherr war vermutlich Bischof Ludwig aus dem Hause der Grafen von Frohburg.

Im Gegensatz zum eher schwerverständlichen Rosettenfenster von Lausanne ist die Galluspforte mit Figuren und Figurengruppen geschmückt, die sich hervorragend zur Erläuterung von Predigten eignen. Einzelne Szenen sind besonders liebevoll aus dem Sandstein herausgemeisselt, etwa jene der zum Jüngsten Gericht auferstehenden Toten, die sich ihre Hemden überwerfen und die Strümpfe anziehen. Ebenfalls jedermann bekannt ist die Geschichte von den Klugen und den Törichten Jungfrauen, die unter dem im Giebelfeld thronenden Christus dargestellt ist. Geradezu rührend wirken die in Nischen versteckten Werke der Barmherzigkeit, die das Portal seitlich begrenzen.

Wem diese Figuren noch nicht die richtige Einstellung zum Leben vermitteln können, der sollte seine Augen nach oben schweifen lassen: Dort ist ein Glücksrad dargestellt, das allen Menschen zeigt, wie nichtig irdisches Glück ist. Wer heute oben thront, wird schon morgen hinunterstürzen!

Basel, Münster, Ausschnitt aus der Galluspforte: Die Toten erheben sich zum Jüngsten Gericht aus ihren Gräbern und ziehen sich Schuhe, Hemd und Beinlinge an.

Basel, Münster. Ausschnitt aus der Galluspforte. In den Nischen, die das Portal zu beiden Seiten begrenzen, sind die Werke der Barmherzigkeit dargestellt; das Bild zeigt die Pflege der Kranken.

**Worterklärung**

**Glücksrad:** Beliebte Darstellung, die das Wirken des Schicksals zeigt. Wer heute oben ist, kann schon morgen hinunterstürzen, wer heute unten ist, kann morgen auf dem Höhepunkt angelangt sein.

# Orden und Klöster

Plan der Kathedrale von Canterbury, um 1153. Rot und grün eingezeichnet sind die Leitungen für Frisch- und Abwasser. Wasser diente nicht nur zum Trinken, Waschen und Bewässern der Gärten, sondern zur Speisung eines Fischweihers, zum Kühlen des Weins im Keller und zum Spülen in den Latrinen. Die Leitungen bestanden aus Blei oder Holz. Eine solche Anlage muss im 12. Jh. – und auch noch später – als aussergewöhnlich gegolten haben.

Die Kathedralen der Bischöfe waren wichtige kirchliche Mittelpunkte; oft waren sie Vorbilder für andere, auch weniger bedeutende Kirchen. Nicht minder wichtig waren jedoch die Klöster, nicht nur als architektonische Vorbilder, sondern für das tägliche Leben eines jeden Menschen. Zu ihrem Besitz gehörten oft grosse Ländereien samt den darauf arbeitenden Leuten, aber sie übernahmen auch Aufgaben wie die Beherbergung von Reisenden und die Betreuung von Armen und Kranken. Von den unzähligen Klöstern der damaligen Zeit haben natürlich nicht alle gleich ausgesehen; die folgenden Beispiele sollen einen Eindruck der verschiedenen Möglichkeiten vermitteln.

«Post» für Abt Gozbert

Um 820 erhielt Gozbert, der Abt von St. Gallen, «Post»: Absender war (so vermuten die Fachleute) sein Amtsbruder Haito, Abt im Kloster Reichenau und gleichzeitig Bischof von Basel. Die Sendung war ein Plan auf einem 112 mal 77 Zentimeter grossen Pergamentbogen. Er sollte noch Jahrhunderte später Generationen von Forschern beschäftigen. Der beigefügte Text hiess dem Sinn nach: «Ich will Dir in keiner Weise Belehrungen erteilen, aber ich nehme an, dass Du diesen Plan gerne näher ansehen möchtest.»

Der Plan zeigt den Grundriss eines Klosters, wie es damals als «modern» hätte bezeichnet werden müssen. Da ausser dem Grundriss auch einzelne Teile der Fassaden in die Grundrissebene «eingeklappt» und zudem gewisse Einrichtungen angegeben sind, ist er sehr schwer lesbar. Er enthält alles, was zu einem Kloster gehörte: Die Kirche mit der Klausur, d.h. jenem Bereich, in dem sich nur die Mönche aufhalten durften. Hier findet man Essraum (Refektorium), Schlafraum (Dormitorium) und den Kreuzgang. Zahlreiche Gebäude für Laienbrüder und Gäste waren vorgesehen. Auch ein Krankensaal und eine Schule waren vorhanden. In einer Bäckerei und einem Brauhaus sollte der Bedarf an Speise und Trank für die Bewohner des Klosters und die Gäste zubereitet werden.

Einträge wie «Ofen» oder «Rauchabzug» lassen darauf schliessen, dass einzelne Räume heizbar waren. Die Art dieser Heizung ist allerdings nicht näher beschrieben; da Ofen und Rauchabzug aber nicht nebeneinander, sondern ziemlich weit voneinander entfernt liegen, kann es sich nicht um eine einfache offene Feuerstelle gehandelt haben. Vielleicht hatte man an eine Boden- oder Heissluftheizung gedacht. Bei diesen Heizungen brennt ein Feuer in einer Heizkammer, die von grossen Massen loser Steine überdeckt ist. Wenn diese Steine glühend heiss sind, lässt man das Feuer ausgehen. Der Rauchabzug wird geschlossen; gleichzeitig öffnet man Luftkanäle, die in Böden und Mauern eingebaut sind. Frischluft wird nun durch die heissen Steine geleitet, nimmt dort Wärme auf und gelangt durch Öffnungen in den Luftkanälen in die Wärmeräume.

Spuren solcher Anlagen sind auch schon gefunden worden, etwa im Kloster Kappel a. Albis. Sie gehörte dort zum «Calefactorium», dem in Zisterzienserklöstern als einzigem «Luxus» erlaubten Wärmeraum.

Die Verwurzelung der Kirche in der römischen Tradition hatte nicht nur zur Folge, dass Kirchen meist aus Stein erbaut waren; auch andere aus der Antike überlieferte Kenntnisse waren in der Welt der Klöster anzutreffen. Auf einem Klosterplan aus England – er stammt aus Canterbury – ist etwa ein ganzes System von Leitungen für Frisch- und Abwasser eingezeichnet. Dass solche Anlagen zur Wasserversorgung auch tatsächlich bestanden haben,

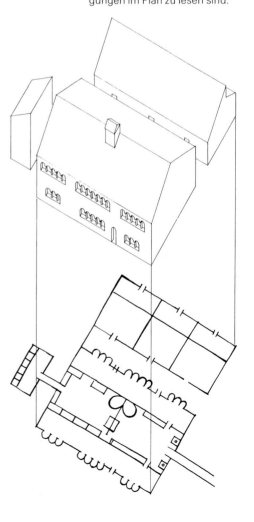

Ausschnitt aus dem Klosterplan St. Gallen mit dem Abtshaus und einem Rekonstruktionsversuch. Der ganze Plan ist abgebildet in Fundort Schweiz IV, Das Frühmittelalter, S. 140/141. Die Rekonstruktion zeigt, wie die Eintragungen im Plan zu lesen sind.

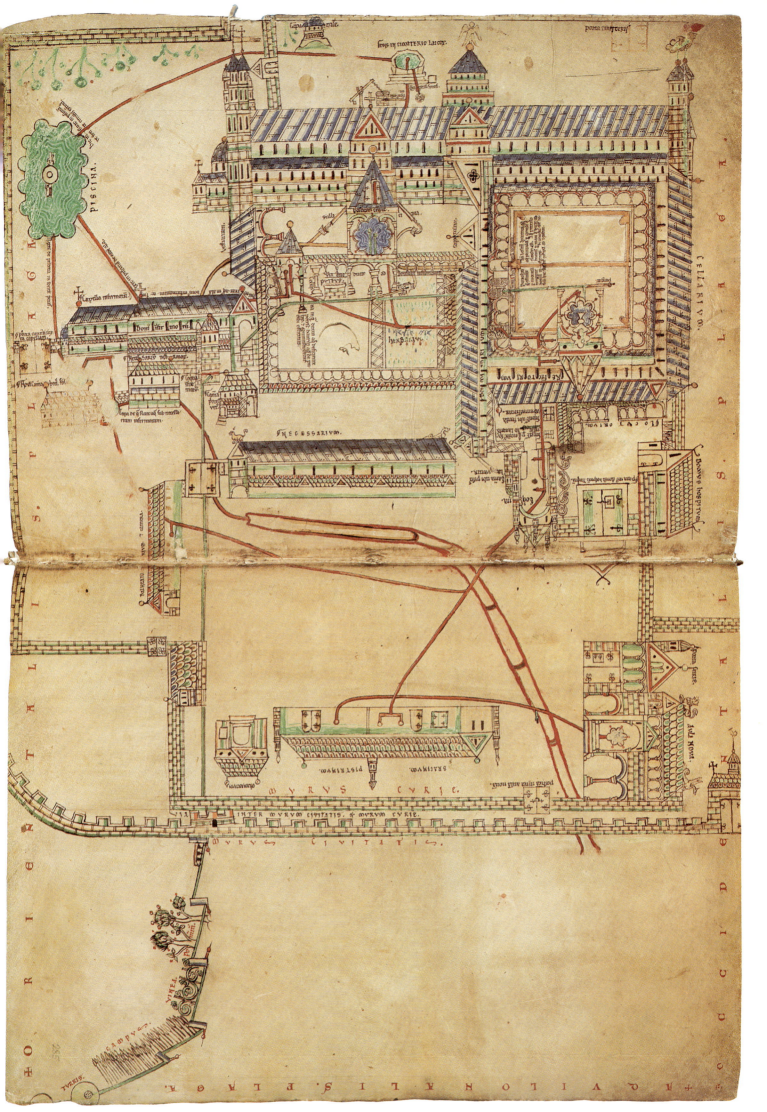

Vergleich der Grundrisspläne des Gozbertmünsters (nicht schraffiert), des Basler Münsters von Bischof Haito (weit schraffiert) und der Klosterkirche von Reichenau-Mittelzell (eng schraffiert).

Basel, St. Alban-Stift. Bei Grabungen 1979 kam eine kleine Kammer mit einem aus Mörtel gegossenen Gewölbe zum Vorschein (im Bild ganz oben); der Anschluss an eine Wasserleitung aus Tonrohren lässt eine Deutung als Brunnstube zu. Sie stammt aus dem späten 11. Jh.

zeigt ein Fund aus dem St. Albankloster in Basel; Leitungsrohre aus Keramik sowie eine Brunnstube zeugen von einer in der damaligen Zeit ausserhalb eines Klosters kaum denkbaren Einrichtung.
In einzelnen Klöstern, vor allem jenen der Zisterzienser, wurde eine weitere in spätantike Zeit zurückgehende «Spezialität» hergestellt: Ziegel und Backsteine. Ein Dachbelag aus Ziegeln war lange Zeit Kirchen und Klöstern vorbehalten; in den Städten und Burgen nördlich der Alpen und im Raum der heutigen Schweiz tauchen Ziegel erst im Verlauf des 13. Jahrhunderts in seltenen Fällen auf. Viel bekannter sind jedoch Bodenfliesen und Backsteine, wie sie in den Klöstern von Bonmont und St. Urban (und davon abhängig auch in Beromünster) gefertigt wurden. Diese reliefverzierten Werkstücke waren nicht nur für Kirchen vorgesehen, sondern wurden auch an Private verkauft.
Doch kehren wir zu Gozbert von St. Gallen und seinem Klosterplan zurück. Was er von diesem Plan alles verwirklicht hat und was nicht, ist unbekannt. Selten bietet sich der Archäologie die Möglichkeit, ein ganzes Klosterareal zu erforschen; meist gräbt man nur die Kirche, manchmal noch den Kreuzgang aus. Auch in St. Gallen wurden lediglich Teile vom Grundriss des «Gozbertmünsters» erforscht. Es sah ganz anders aus als auf dem Klosterplan: eine dreischiffige Anlage mit rechteckigem Grundriss, ungefähr zu gleichen Teilen in Laienkirche und Mönchschor geteilt. Lange, unterirdische Gänge führten zu einer Krypta, wo die Gläubigen einen Blick auf das Grab des Heiligen Gallus werfen konnten, ohne die Mönche bei ihrem Gottesdienst zu stören. Die Masse der Kirche übertrafen das Basler Münster seines Amtsbruder Haito bei weitem. Auch der Grundriss der nicht unbedeutenden Klosterkirche von Reichenau-Mittelzell aus dem Beginn des 9. Jahrhunderts hat mühelos in jenem von St. Gallen Platz.

Nun ist St. Gallen natürlich nicht irgendein Kloster. Es ist das mächtigste und bedeutendste auf heutigem Schweizer Boden, vielleicht abgesehen von St. Maurice, das als Zentrum des Kultes der Thebäischen Legion eine Sonderstellung einnimmt. Dass Gozbert sich dieser Tatsache bewusst war, zeigt die monumentale Grösse seines Münsterbaus. Andere Klöster mussten sich mit bescheideneren Lösungen begnügen.

Bedeutung und Reichtum eines Klosters wurden nicht zuletzt durch die Bedeutung seiner Stifter bestimmt, die durch Schenkungen für die wirtschaftliche Grundlage einer klösterlichen Gemeinschaft sorgten. Die Schenkungen von Ländereien, Gütern, Rechten und Einkünften erfolgten nicht ganz selbstlos: Neben den religiösen Interessen – der Erlangung des Seelenheils – hatten sie oft auch weltliche Absichten. Viele adlige Damen und Herren zogen sich im hohen Alter in Klöster zurück, wo sie versorgt und gepflegt wurden. Oft wählten sie «ihr» Kloster auch als Begräbnisstätte.

Ein Grabmal für die Grafen von Nellenburg

Zahlreiche adlige Familien besassen eigentliche Hausklöster mit Grabkapellen. Ein berühmtes Beispiel ist das Kloster Allerheiligen in Schaffhausen, wo die Grafen von Nellenburg begraben liegen. Die reichen und mächtigen Stifter sorgten dafür, dass der Baubetrieb mit jenem der Bischöfe durchaus mithalten konnte: Die erste, in ihrer Art sehr eigenwillige Anlage wurde zwischen 1050 und 1064 erbaut. Bereits 1080 legte man jedoch das Fundament für eine riesige Kirche, die die kleine Basilika ersetzen sollte. Angesichts der Ausmasse scheinen jedoch selbst die Nellenburger etwas erschrocken zu sein. Der Plan wurde jedenfalls nicht in dieser Grösse

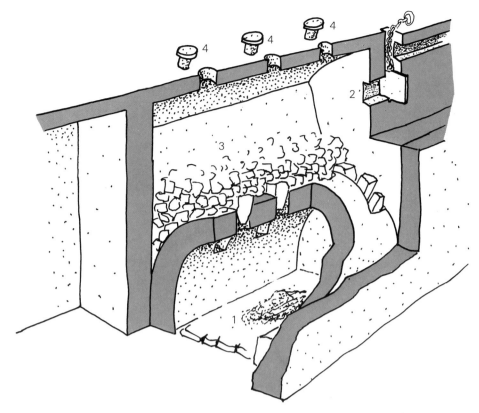

Schaffhausen, Kloster Allerheiligen. Memorialplatte der Grafen von Nellenburg von 1106. Oben Graf Eberhard III., der Christus das Münster übergibt, unten seine Frau Ita, die der heiligen Agnes die Gründungsurkunde überreicht. Die kleinen Figuren am oberen und unteren Bildrand stellen die Söhne des Paares dar: Oben v.r.n.l. Reichsritter Eberhard (gefallen 1075), Erzbischof Udo von Trier (gestorben 1078), Abt Eggehard von der Reichenau (gestorben 1088) und Reichsritter Heinrich (gefallen 1075). Unten Adalbert (gestorben um 1050) und Graf Burkhard (in Quellen erwähnt bis 1105). Die beiden Töchter des Stifterpaares sind nicht abgebildet.

So muss man sich die Heizkammer einer «Steinofen-Luftheizung» vorstellen. Nach dem Ausgehen des Feuers (1) wurde der Rauchabzug (2) geschlossen und Frischluft durch die erhitzten Steine (3) geleitet. Die erwärmte Luft strömte durch Öffnungen im Fussboden (4) oder durch Warmluftkanäle in den Mauern in die heizbaren Räume.

ausgeführt, die 1103/04 geweihte Kirche war wesentlich kleiner als die durch die Fundamente angedeutete Lösung.

Ein Beispiel für Bescheidenheit

Zahlreiche Klöster machten jedoch eine andere Entwicklung durch. Ein solches Beispiel ist Müstair. Von Anfang an in bescheidenem Rahmen und in der Einöde angelegt, war es dort nicht möglich, derartig riesige Bauvorhaben auszuführen. Eine mögliche Bedeutung solcher Klöster als Etappenort im Passverkehr hatte eher eine Verarmung als die Vergrösserung des Besitzes zur Folge, denn die oft spärlichen Einkünfte reichten gerade für den täglichen Bedarf. Der kleinere Besitz und die bescheidenen Mittel sind deshalb oft ein Grund dafür, dass gerade in kleineren Klöstern die ältesten Bauteile noch erhalten sind. So steht etwa in St. Johann in Müstair heute noch jene Kirche im Gebrauch, die zum ältesten Bestand gehört. Laut Überlieferung dieses Klosters soll Karl der Grosse selbst die Gründung veranlasst haben. Nach den Grabungen der letzten Jahre ist die Ausdehnung des karolingischen Klosters recht gut bekannt. Im Gegensatz zu Allerheiligen in Schaffhausen erfuhr es in späterer Zeit keine wesentliche Erweiterung, sondern allenfalls Umbauten im einmal festgelegten Rahmen; die romanische Anlage, die sich zur Zeit erst in Spuren erfassen lässt, zeigt anstelle von früheren Klostergebäuden eine bischöfliche Residenz mit Wohnturm, Saalbau und zwei übereinanderliegenden Kapellen. Die Klosterbauten müssen demnach verkleinert worden sein. Im 12. Jahrhundert ging das Kloster von Mönchen an Nonnen über; ab 1163 ist eine Äbtissin bezeugt. Dieser Wechsel dürfte auch der Grund für eine neue Ausmalung der Apsiden gewesen sein: Die karolingischen Malereien wurden im 3. Viertel des 12. Jahrhunderts durch «moderne» ersetzt, die sich durch ihre leuchtenden Farben auszeichnen.

Schaffhausen, Kloster Allerheiligen. So muss man sich die erste Anlage vorstellen, die 1064 geweiht wurde. Sie hatte nur kurzen Bestand und wurde schon wenige Jahrzehnte nach ihrer Erbauung durch die heute noch stehende Kirche ersetzt.

Müstair GR, St. Johannes. Ansicht von Osten mit Blick auf die Apsiden der karolingischen Klosterkirche und – rechts davon – den zinnenbekrönten Plantaturm aus dem Spätmittelalter.

## Worterklärungen

**Kloster** (lat. «claustrum», «das Abgeschlossene»): bezeichnet zunächst den für Laien nicht zugänglichen Bereich, dann aber auch die ganze Anlage.

**Pergament:** aus enthaarter, geschabter und geglätteter, aber nicht gegerbter Kalbshaut. Diente vor der Verbreitung des Papiers als Beschreibstoff.

**Basilika** (griech., «Königsbau»): beliebter, auf römische Vorbilder zurückgreifender Kirchentyp mit drei oder fünf durch Säulenreihen voneinander abgetrennten Räumen (sogenannte «Schiffe») und einem halbrunden Abschluss («Apsis») gegen Osten.

**Residenz** (von lateinisch «residere», «sich niederlassen»): Bezeichnung für Wohngebäude von hochgestellten Persönlichkeiten.

Müstair, St. Johannes. Wandmalerei aus dem letzten Drittel des 12. Jh. Begräbnis des Johannes: In der linken Bildhälfte wird Johannes auf einer Bahre zu Grabe getragen. In einem Rauchfass aus Gold oder Messing wird Weihrauch verbrannt. In der rechten Bildhälfte liegt Johannes, in ein Leichentuch eingeschlagen, in einem Sarkophag. Der Deckel liegt daneben bereit. Zum Grabritus gehören auch die Heilige Schrift und ein Vortragkreuz.

Müstair, St. Johannes. Grundrissplan mit den bis heute deutbaren Ergebnissen der Grabungen. 1 karol. Klosterkirche; 2 Doppelgeschossige Heiligkreuzkapelle, 11. Jh.; Plantaturm, um 1500; 4–6 ehemalige Bischofsresidenz; 7 südl. Torturm; 8 nördlicher Torturm; 9 Südstall 1707; 10 Nordstall, um 1500, darunter prähistorischer Pfostenbau. 11 Spätrömischer Pfostenbau. Schwarz ausgefüllt: Kirche und ergrabene Mauerzüge des karolingischen Klosters.

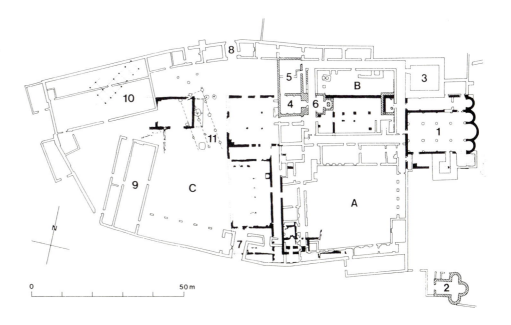

Neue Orden

Viele Klöster häuften im Laufe der Zeit einen beträchtlichen Besitz an. Der Reichtum blieb nicht ohne Folgen: Mönche und Nonnen, die ja sehr oft aus dem Adel stammten und das adlige Leben im Luxus mindestens in ihrer Jugend kennengelernt hatten, genossen die Möglichkeiten dieses Reichtums auch hinter Klostermauern. Oft nahmen sie es mit der Einhaltung der strengen Klosterregeln nicht mehr so genau.

Die Kirche des Klosters Bonmont, des ältesten Zisterzienserklosters der Schweiz. Zustand vor der Restaurierung.

Eine Spezialität der Zisterzienserklöster war das Brennen reliefverzierter Backsteine und Bodenfliesen. Berühmt waren die Erzeugnisse des Klosters St. Urban LU. Zum Bilderschatz gehörten neben reinen Ornamenten auch Fabelwesen und Wappen von Adelsgeschlechtern. Die Beispiele stammen aus der Zeit um 1280.

In Bonmont wurden ebenfalls Bodenfliesen hergestellt. Bei den jüngsten Ausgrabungen kamen in der Kirche noch Reste des Fliesenbodens aus dem späten 12. Jh. zum Vorschein.

Dies blieb auch Aussenstehenden nicht verborgen; Kritik liess nicht lange auf sich warten. Besonders häufig scheinen Verstösse gegen Fastengebote gewesen zu sein. Oft wurden den Klosterinsassen Ess- und Trinkgelage vorgeworfen. Geistliche ritten auf kostbaren Pferden mit reich verziertem Zaumzeug. Auch das Gebot der «Stabilitas loci», das heisst die Verpflichtung, in einem einmal gewählten Kloster für immer zu bleiben, nahmen viele Nonnen und Mönche nicht mehr ernst. Auch ausserhalb der Klöster lag in der Kirche vieles im argen: Besonders häufig war der Vorwurf des Ämterkaufs und der «Vetternwirtschaft». Viele Priester erfüllten ihre Pflicht zur Seelsorge nicht oder ungenügend. Deshalb kann es nicht verwundern, dass schon sehr früh immer wieder Versuche unternommen wurden, die Kirche auf den rechten Weg zurückzuführen. Im 10. Jahrhundert ging eine solche Reformbewegung vom Kloster Cluny aus. Ihre Anhänger werden als Cluniazenser bezeichnet. Im 11. Jahrhundert entstand der Orden der Zisterzienser, benannt nach dem Kloster Cîteaux, der strenge Armut und harte körperliche Arbeit vorschrieb. Den Zisterziensern kam eine grosse Bedeutung bei der Gewinnung von Neuland und der Entwicklung der Landwirtschaft zu. Die älteste Niederlassung des Ordens auf dem Gebiet der heutigen Schweiz ist Bonmont oberhalb von Nyon. Das Kloster wurde durch die Herren von Divonne gestiftet, die 1123 Mönche des Klosters Balerne (F) zur Umsiedlung veranlassten. 1131 erfolgte auf Wunsch der Mönche der Anschluss an den Zisterzienserorden und die Unterstellung unter das Kloster Clairvaux. Bernhard von Clairvaux selbst weihte 1148 die Kirche.

Eine Spezialität des Klosters Bonmont waren die bereits erwähnten Bodenfliesen aus Ton, die nicht nur für den Eigenbedarf hergestellt, sondern auch verkauft wurden. Fliesenfunde in Genf zeigen, dass die schwere Ware offenbar auf Schiffen über den Genfersee transportiert wurde.

Ein ganz besonderes Kloster

Ganz in der Nähe von Bonmont liegen die Ruinen eines weiteren Klosters. Allein schon die Wahl des Standortes zeigt eine ganz andere Geisteshaltung an: Hatten die Mönche von Bonmont einen Platz auf einer landwirtschaftlich gut nutzbaren, weiten Terrasse am Fusse der Berge ausgewählt, so liegt die Kartause von Oujon in einem engen, abgelegenen Tal inmitten der Berge selbst. «Kartause» wird eine Niederlassung des Kartäuserordens genannt, bei dem nicht etwa die körperliche Arbeit im Vordergrund stand; er verband die Idee des klösterlichen Gemeinschaftslebens mit jener des Einsiedlerwesens. Deshalb lebten die Nonnen und Mönche in Einzelzellen mit kleinen, voneinander abgetrennten Gärtchen. Sie sahen sich prak-

### Worterklärungen

**Bernhard von Clairvaux:** 1090–1153; 1113 Mönch im Kloster Cîteaux. 1115 Gründer und Abt des Tochterklosters Clairvaux. Bernhard war massgeblich an der Verbreitung der zisterziensischen Klöster beteiligt.

**Katharer** (griech., «die Reinen»): ursprünglich aus Südosteuropa stammende Sekte, seit der Mitte des 12. Jh. auch in Mitteleuropa bekannt.

**Waldenser:** Von einem Mann namens Waldes (gest. vor 1218) um 1173/76 gegründete religiöse Gemeinschaft. Ihre Mitglieder und Anhänger wurden bereits 1184 aus der Kirche ausgestossen und als Ketzer verfolgt.

**Albigenser:** Sammelbezeichnung für eine starke Ketzerbewegung von Waldensern und Katharern in der Gegend der Stadt Albi in Südfrankreich.

**Dominikaner:** benannt nach dem heiligen Dominikus von Caleruega (1170–1221). Erste Niederlassung des Ordens in Toulouse; Hauptziel war die Bekämpfung von Irrlehren, vor allem der Albigenser.

**Franziskaner:** auch Minoriten oder Minderbrüder genannt. Der Name stammt vom Stifter, dem heiligen Franz von Assisi (1181/82–1226).

Die Ruinen der Kartause von Oujon. Blick von Osten auf die Reste des kleinen Kreuzgangs mit Kapitelsaal (rechts) und Refektorium (Speisesaal, im Vordergrund).

Schematischer und ergänzter Plan der Kartause von Oujon. Deutlich erkennbar sind die Kirche mit Nebengebäuden (1), das Gästehaus (2), der kleine Kreuzgang mit den ihn umgebenden Gebäuden (3) und der grosse Kreuzgang (4) mit den einzelnen Zellen und den ummauerten Gärtchen. Zur besseren Lesbarkeit des Planes sind die Gebäude gerastert.

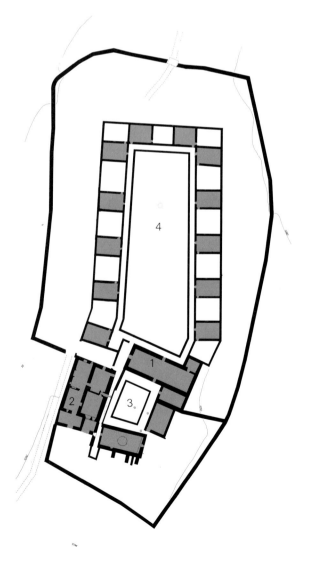

tisch nur beim Gottesdienst. Zweck des Klosterlebens war die Meditation. Das 1146 gegründete Kloster bestand aus einer Kirche mit Kreuzgang und Konventsgebäuden, einem Gästehaus sowie einer Reihe von Zellen und Gärtchen um einen grösseren Hof.

Ketzer und Bettelorden

Die Gründung neuer Orden mit strengeren Regeln konnte die Klagen über die raffgierige, verdorbene Kirche nicht zum Verschwinden bringen. Denn noch immer gab es Klöster, die ihren Besitz ins Unermessliche steigerten, Bischöfe und Domherren, die in ihrem Lebenswandel den Adligen nacheiferten. Die Unzufriedenheit mit diesen Missständen war gross; wen wundert es darum, dass solche neue Glaubensrichtungen viele Anhänger fanden, die sich bewusst gegen die Kirche stellten, ja sogar andere Lehren verbreiteten. Am bekanntesten sind die Katharer, Waldenser und Albigenser. Nur mit regelrechten Kriegszügen und mit der Unterstützung des Adels konnte die Kirche diese Aufstandsbewegungen unterdrücken, ohne sie jedoch überall vollständig zum Verschwinden zu bringen. In der Erkenntnis, dass diese Irrlehren auch mit geistlichen Mitteln bekämpft werden mussten, wurden zwei weitere Orden gegründet: die Dominikaner und die Franziskaner. Sie nahmen viele Forderungen der antikirchlichen Bewegungen in gemässigter Form auf und entzogen ihnen so zahlreiche Anhänger. Die Dominikaner legten das Schwergewicht auf die Bekämpfung der Ketzer durch Predigten und Seelsorge, weshalb sie auch als «Prediger» bezeichnet werden. Der für die Franziskaner gebräuchliche Name «Barfüsser» zeigt die strenge Verpflichtung zu äusserster Armut, die jeden Besitz, ja selbst das Tragen von Schuhen verbot. Die beiden Orden wurden auch «Bettelorden» genannt, weil sie Mittel für ihren Lebensunterhalt erbettelten. Im Gegensatz zu andern Orden suchten sie nicht eine Abkehr von der Welt, sondern im Gegenteil den Kontakt zu den Menschen ausserhalb der Klostermauern. Prediger- und Barfüsserkirchen stehen deshalb vor allem in Städten.

Eine der grössten Barfüsserkirchen der Schweiz ist jene in Basel. Sie stammt aus der 1. Hälfte des 14. Jahrhunderts. Grabungen haben gezeigt, dass ihre Vorgängerin aus der Zeit von 1250 bis 1256 fast gleich gross gewesen war. Die beachtlichen Masse und der für die damalige Zeit moderne Grundriss mit sechseckigem Chorabschluss passt nicht so recht

Ausschnitt aus einem Fenster der ehemaligen Klosterkirche Königsfelden AG. Die Szene zeigt die Geburt Mariae; die neugeborene Maria wird in einem Holzzuber gebadet. Am rechten Bildrand ist die heilige Verena zu sehen, die mit Wasserkrug (einer Bügelkanne, auch «Verenakrug» genannt) und einem Kamm bereitsteht; diese Geräte benutzte sie bei der Pflege von Armen und Kranken.

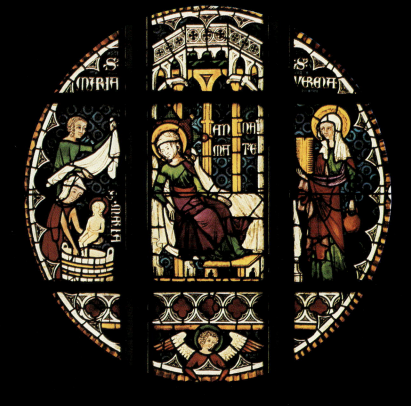

Glasfenster aus der ehemaligen Klosterkirche Königsfelden AG. Der heilige Franziskus, der Stifter des Ordens, predigt den Vögeln.

Die Basler Barfüsserkirche ist eine der grössten Kirchen ihrer Art. Sie stammt aus dem Beginn des 14. Jh. Heute beherbergt sie das Historische Museum der Stadt.

Ehemalige Klosterkirche Königsfelden AG. Blick ins Kircheninnere nach der jüngsten Restaurierung.

zur strengen Armutsverpflichtung; offenbar war für dieses Unternehmen viel Geld vorhanden. Dies mag auf der einen Seite eine Folge der Beliebtheit gewesen sein, der sich dieser Orden in den Städten erfreute. Entsprechend zahlreich sind in solchen Fällen die Schenkungen, die in diesem Fall nicht nur aus dem Geld für den Bau, sondern auch aus dem Baugrund bestanden haben müssen. Auf der anderen Seite ist aber anzunehmen, dass es die Barfüsser selbst waren, die eine derart grosse Kirche haben wollten. Diese «Bauwut» ist nicht auf Basel und nicht auf die Barfüsser beschränkt, und der Widerspruch zum Armutsideal erscheint nicht nur uns so krass! Auch die Mönche der damaligen Zeit hatten ein schlechtes Gewissen. Dies wird in den «Memorabilia» des Bernard de Frachet deutlich, einer Geschichte des Dominikanerordens aus dem 13. Jahrhundert. Im Teil des Buches, der den verstorbenen Brüdern gewidmet ist, erzählt der Verfasser verschiedene Geschichten von Mönchen, die nach ihrem Tod ihren Mitbrüdern erschienen sind. Die meisten von ihnen befanden sich in dieser Zeit im Fegefeuer, wo sie für ihre lässlichen Sünden eine gewisse Zeit zu büssen hatten. Der eine hatte dem Wein allzusehr zugesprochen und ihn unverdünnt genossen, ein anderer sich zu sehr mit schönen Büchern abgegeben. Ein Bruder aus Bologna büsste, weil er sich allzu sehr für die Architektur interessiert hatte. Bruder Gaillard aus Orthez schliesslich erschien mit vom Fegefeuer angekohlter Brust und Seite; er war in seine missliche Lage geraten, weil er zu viele neue Klöster gebaut hatte!

Die Basler Barfüsser müssen an der gleichen «Krankheit» gelitten haben. Nicht so beliebt wie bei den vielen Leuten, die ihnen durch Schenkungen den Bau ermöglichten, waren sie allerdings bei den anderen Orden und vor allem bei den Pfarrgeistlichen, die die Pfarrkirchen zu betreuen hatten. Der Grund lag in einer angriffigen Bestattungspolitik: Denn von jeder Bestattung, die in einem Friedhof erfolgte, hatte die zuständige Kirche eine Abgabe zugut. Die Franziskaner verstanden es nun, viele Leute zur Wahl ihres Bestattungsplatzes auf einem Barfüsserfriedhof zu veranlassen. Für ihre Interessen wirkten die Beginen, fromme Frauen, die in klosterähnlichen Gemeinschaften lebten, ohne einem Orden anzugehören. Sie widmeten sich vor allem der Krankenpflege. Diese Beginen standen den Franziskanern sehr nahe, und so ist die Vorliebe der Bevölkerung für ein Grab bei den Barfüssern wohl des öfteren durch gutes Zureden am Sterbebett gefördert worden. Seit dem Bau der ersten Basler Barfüsserkirche innerhalb der Stadtmauer lagen die Franziskaner mit den Weltgeistlichen im Streit um die Bestattungsrechte. Einen Sturm der Entrüstung lösten sie aus, als sie 1278 einen «Cawerschen», einen lombardischen Geldwechsler, bestatteten, obwohl dies gegen einen die Wucherer betreffenden päpstlichen Erlass geschah. Aus dem Jahr 1321 ist eine noch schlimmere Geschichte bekannt: Damals trugen die Franziskaner in Begeitung von Klarissen bei Nacht und Nebel die Leiche der Anna Helmer aus der Pfarrgemeinde St. Leonhard weg und begruben sie bei ihrer Kirche. Da sie sich weigerten, den

# Pfarrkirchen und Burgkapellen

Kirchlindach BE. Aufgrund der im Boden noch sichtbaren Löcher der Wandpfosten konnte eine Holzkirche des 9. Jh. rekonstruiert werden.

Leichnam wieder herauszugeben und auch noch gegen die Regelung der Abgaben verstiessen, wurden sie vom Papst mit dem Interdikt bestraft, das heisst sie durften keine Messen mehr lesen und keine Predigten mehr halten. Laien, die dennoch in die Barfüsserkirche gingen, drohte der Ausschluss aus der Kirche.

Eine Franziskanerkirche, die in mancher Beziehung eine Ausnahme ist, finden wir in Brugg: das ehemalige Kloster Königsfelden. Zum einen ist es ein in diesem Orden ungebräuchliches Doppelkloster für Mönche und Nonnen (Klarissen), zum anderen steht es nicht in einer Stadt: Es ist eine Stiftung, die an die Ermordung König Albrechts von Habsburg am 1. Mai 1308 an dieser Stelle erinnern soll. Gegründet wurde das Kloster 1311 oder 1312 von Albrechts Witwe Elisabeth. 1317 bis 1364 liess es deren Tochter Agnes fertigstellen. Berühmt und auch deshalb hier besonders erwähnt ist Königsfelden wegen seiner noch erhaltenen Glasfenster aus der Zeit von 1325 bis 1330, die von der Familie Albrechts gestiftet worden sind.

### Worterklärungen

**Memorabilia:** lateinisch, bedeutet «Denkwürdigkeiten»

**Geldwechsler:** Das Geldverleihen und das Geldnehmen gegen Zins war einem Christen verboten. Wer es dennoch tat, wurde aus der Kirche ausgeschlossen und hatte somit auch keinen Anspruch auf eine kirchliche Bestattung.

**Klarissen:** Nonnen des Franziskanerordens; benannt nach der heiligen Klara.

Kathedralen und Klöster gelten oft als Inbegriff der mittelalterlichen Welt. Es gab daneben aber noch andere Arten von Kirchen und Kapellen. Zahlenmässig überwiegen wohl die Pfarrkirchen, die sich im Laufe des Hochmittelalters oft aus «Eigenkirchen» entwickelten. Einige wenige Beispiele sollen hier genügen. Eher unbekannt sind all die kleinen Kapellen an Wegen und auf Burgen, da man sie archäologisch kaum nachweisen kann.

Zur Zeit Karls des Grossen waren die Kirchen (und oft auch die Klöster) Eigentum – eben «Eigenkirchen» – adliger Familien. Diese stifteten den Bau und sorgten für den Unterhalt; sie ernannten aber auch den Priester. Trotz immer wiederkehrender päpstlicher Verbote wurden Verstorbene der Stifterfamilie und andere hochgestellte Persönlichkeiten im Kircheninnern begraben.

Dieses sogenannte «Eigenkirchenwesen» wurde vom Papst und den Bischöfen, die um ihren Einfluss fürchteten, bekämpft. Im Hochmittelalter setzte sich nach und nach das sogenannte «Patronatsrecht» durch: die Stifter konnten nicht mehr selber einen Priester einsetzen, sondern dem Bischof nur noch einen Vorschlag unterbreiten, und der Bischof setzte schliesslich den Priester in sein Amt ein. Er entschied auch alle Fragen, die kirchliche Belange betrafen. Die Vertretung der Kirche nach aussen übernahm ein Vogt («Advocatus»), oft der Stifter selbst. Er hatte die Rechte der Kirche zu wahren und sie notfalls mit Waffengewalt zu verteidigen. So durften die Adligen die Kirche zwar nicht mehr als Eigentum betrachten; als Vögte übten sie aber nach wie vor eine grosse Macht aus, und dies durchaus nicht immer im Interesse der Kirche.

Spuren alter Kirchen finden sich meist bei Renovierungsarbeiten in jüngeren, heute noch stehenden Bauten. Oft wurden im Laufe der Jahrhunderte wegen der Bevölkerungszunahme mehrere Vergrösserungen notwendig. Die alten, kleineren Kirchen wurden abgetragen, ihre Reste bestehen meist nur noch aus den Fundamenten. Nach heutigen Erkenntnissen war seit karolingischer Zeit Stein das übliche Baumaterial für Kirchen. Nur selten fanden sich Reste von Holzkirchen aus dem Hochmittelalter: In Kirchlindach (BE) zum Beispiel zeichneten sich unter dem ältesten Steinbau runde, in Reihen angeordnete Gruben ab, die mit dunklem Material gefüllt waren. In diesen Gruben hatten im 9. Jahrhundert die tragenden Pfosten einer Kirche aus Holz gestanden. Noch im 9. oder zu Beginn des 10. Jahrhunderts hatte man die Kirche jedoch durch ein Steingebäude ersetzt.

Dass die Archäologie im Boden nach Spuren der Vergangenheit sucht, ist allgemein bekannt. Dass sie aber auch am aufrecht stehenden Mauerwerk fündig werden kann, erweckt oft noch Erstaunen. Wer hätte zum Beispiel vermutet, dass in der Kirche von Bennwil (BL), einer typischen Landkirche des 17. Jahrhunderts, noch die Hälfte eines Vorgängerbaus aus karolingischer Zeit steckte? Untersuchungen der Südwand brachten diesen Befund zutage: Die Mauer war bis fast unters Dach erhalten. Besonders hübsch sind zwei kleine Fenster mit Rundbogen, die aus Kalkplatten und

Oberwinterthur, St. Arbogast. Fenster der Kirche aus dem 9. Jh. Der Bogen besteht aus Tuffsteinen, die Fensterleibung ist verputzt und weiss gekalkt. Den Fensterbogen begleitet ein Band aus «Backsteinen», die aus römischen Tonplatten zurechtgehauen sind.

Leistenziegeln zusammengefügt sind. Die Leistenziegel stammen vermutlich aus den Ruinen einer benachbarten römischen Villa.

Ähnliche Fenster sind, allerdings in einer sorgfältigeren Ausführung, aus St. Arbogast in Oberwinterthur bekannt. Auch sie kamen bei der Untersuchung noch stehender Mauern zum Vorschein. Im Kircheninnern konzentrierte sich die Arbeit an den Mauern jedoch auf die Reinigung und Erhaltung der Wandmalereien aus dem ersten Viertel des 14. Jahrhunderts. In diesem Fall waren die Bilder schon bekannt und anlässlich einer früheren Renovation freigelegt worden; in vielen anderen Kirchen sind ähnliche Kunstwerke vielleicht noch unter Farbe oder Verputz verborgen.

Wandmalereien gehörten zum bildlichen Schmuck einer mittelalterlichen Kirche wie Heiligenfiguren im Innern oder Steinmetzarbeiten an den Fassaden. Viele Kirchen verloren diesen Bilderschmuck jedoch in der Reformation: Da sich diese allein auf die Bibel berief, wo nirgends von Heiligen als Fürbitter im Himmel geschrieben wird, verlangten die Verfechter des neuen Glaubens die Entfernung aller Heiligenbilder aus der Kirche. Standbilder aus Holz und Stein wurden verbrannt und zerschlagen und sind für immer verloren. Wandmalereien hingegen, die ebenfalls gegen das neue Gebot der Bilderlosigkeit verstiessen, wurden oft mit weisser Farbe übertüncht. Sie sind deshalb nicht zerstört und können meist wieder freigelegt werden.

Für das richtige Verständnis dieser Malereien müssen wir wissen, dass sie nicht einfach als Schmuck gedacht waren, sondern wie die bereits erwähnten Figuren an der Galluspforte des Basler Münsters als sogenannte «Biblia pauperum», das heisst die «Bibel der Armen». Die meisten Menschen konnten ja nicht lesen; die anschaulichen Malereien dienten den Priestern in den Predigten als Bildergeschichten, mit deren Hilfe sie Bibel und Heiligenlegenden erzählen und auslegen konnten. Meist stellten die Maler auf diesen Bildern Figuren ihrer Zeit dar; Kleider, Haartracht und Ausrüstungsgegenstände geben einen Einblick ins Alltagsleben.

In Oberwinterthur ist in einer Bilderfolge – ähnlich wie bei den heute beliebten Comics – ein Ereignis aus dem

Oberwinterthur, St. Arbogast. Der Ausschnitt aus den Wandmalereien von 1310/20 zeigt eine Begebenheit aus dem Leben des heiligen Arbogast: Siegbert, der Sohn König Dagoberts, befindet sich auf der Jagd. Sein Begleiter bläst das Jagdhorn. Plötzlich scheut das Pferd des Königssohns, als ein von Hunden gehetztes Wildschwein aus dem Gebüsch hervorbricht. Siegbert stürzt; er bleibt im Steigbügel hängen und wird vom Pferd zu Tode geschleift. Arbogast wird von den verzweifelten Eltern herbeigerufen und erweckt den Toten wieder zum Leben; er richtet sich auf dem Bild eben von seinem Bett auf. Der Bischof will keinen Lohn dafür; deshalb schenken die Eltern des wieder gesunden Siegbert der Strassburger Domkirche die Stadt Rufenach und das Schloss Isenheim.

Vergleich zwischen den Kirchen Oberwinterthur, St. Arbogast (links) und Bennwil BL, St. Martin (um 800; rechts). Beides sind einfache Saalkirchen. Eine weitere Gemeinsamkeit ist die Ausgestaltung der Fenster: Auch in Bennwil wurden neben einheimischem Kalkstein römische Baukeramik – in diesem Falle Leistenziegel – verwendet (schwarz ausgemalt).

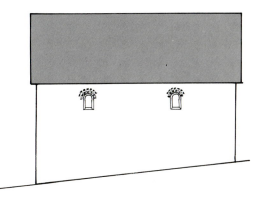

Das Kirchenkastell Jörgenberg in Waltensburg GR steht auf einem schroffen Felssporn. Die Georgskirche geht auf karolingische Zeit zurück. Zu erkennen sind der um 1200 erbaute Wohnturm und links davon, über den Baumwipfeln, der aus der Zeit um 1100 stammende Turm der Kirche.

Leben des Heiligen Arbogast dargestellt. Dieser Heilige war im 6. Jahrhundert Bischof von Strassburg. Dass er später der Namenspatron der Kirche in Oberwinterthur geworden ist, ist kein Zufall: Ein Strassburger Domherr aus dem 11. Jahrhundert war Hunfried, der mütterlicherseits aus dem nahen Wülflingen/Embrach (ZH) stammte! Die dargestellten Trachten und Gegenstände sind nicht jene, die im 6. Jahrhundert gebräuchlich waren, sondern jene aus der Entstehungszeit der Malereien.

Natürlich waren nicht alle Kirchen so prächtig ausgemalt wie jene von Oberwinterthur. Vor allem die kleinen Gotteshäuser nicht, die es neben den Pfarrkirchen auch noch gab: die Kapellen an Wegen oder in Weilern, aber auch auf Burgen. Kirchen auf Burgen sind ohnehin ein Kapitel für sich, das noch kurz erwähnt werden soll. Zum einen gibt es sogenannte Kirchenburgen, wo die Kirche der Hauptbestandteil und meistens auch der ursprüngliche Kern der Anlage ist. Beispiele dafür finden wir vor allem im Kanton Graubünden, etwa in Solavers bei Seewis im Prättigau oder Jörgenberg bei Waltensburg.

Anders verhält es sich aber mit den kleinen Kapellen, die sich auf Burgen befinden. Nur selten sind sie als eigenständiges Gebäude zu erkennen wie im Falle von Burghalden bei Liestal. Meist waren sie wohl in einem Raum eines Wohngebäudes untergebracht und können deshalb bei Ruinen nicht mehr erkannt werden. Die Archäologie muss sich dann auf die geringsten Anzeichen stützen: Möglicherweise gehören einige bemalte Glasfragmente von der Frohburg bei Olten zu einem Kirchenfenster. Dass eine Kapelle auf dieser Burg bestanden hat, können wir aus der Erwähnung eines Kaplans in einer Urkunde erschliessen. Sicherer sind wir auf Bischofstein bei Sissach, wo nicht nur Fragmente von bemaltem Glas und Bleiruten der Fassung gefunden wurden, sondern auch in einen Fensterpfosten eingemeisselte Weihekreuze; diese Zeichen sollten von aussen kenntlich machen, wo sich die Kapelle befand.

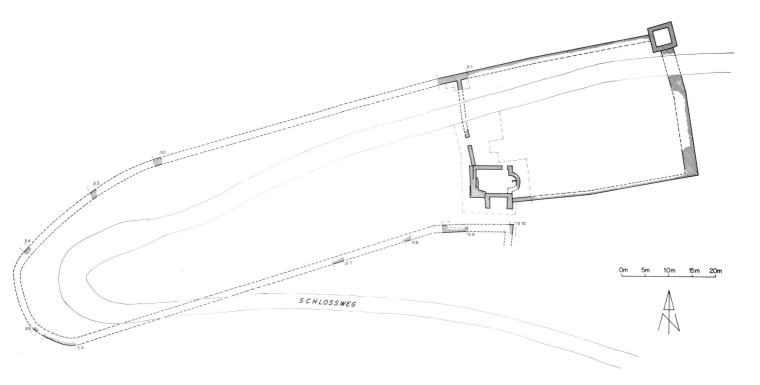

Liestal BL, Burghalden, 10. Jh. Rechteckige, mit einem Doppelgraben geschützte Hauptburg mit Eckturm und Kapelle, weit ausgreifende Vorburg, die den ganzen Sporn umschliesst. Eine Toranlage unbekannter Form befand sich unmittelbar unterhalb der Kapelle.

Sissach BL, Bischofstein. Im Schutt der durch das Erdbeben von Basel 1356 zerstörten Burg fanden sich zahlreiche Reste von Bleiruten, die auf das Vorhandensein eines farbigen Glasfensters schliessen lassen.

Für eine Kapelle auf Bischofstein spricht auch der Fund eines Sandsteinfenster-Fragments mit eingemeisselten Kreuzzeichen sowie Sonne und Mond.

Reste dieses Fensters aus rotem, grünem, blauem und andersfarbigem Glas wurden ebenfalls gefunden. Auf wenigen Stücken kann man noch Reste der Bemalung erkennen: neben Ornamenten vor allem Hände und Gesichter, aber auch Falten von Gewändern.

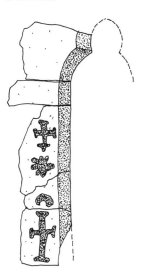

# Rauchfässer und Reliquien – das Zubehör der Kirche

Der Begriff «Kirche» wird vor allem in zwei Bedeutungen verwendet: zum einen ist damit die Organisation mit Papst, Bischöfen, Klöstern usw. gemeint, zum anderen aber das Gebäude, in dem Gottesdienste abgehalten wurden.

Mittelalterliche Gottesdienste fanden nicht in kahlen, nüchternen Kirchenräumen statt; die reichen Verzierungen der Portale oder die Wandmalereien im Inneren zeigen, dass die Geistlichen und ihre «Schäfchen», die Gläubigen, Wert auf künstlerische Ausgestaltung und einen feierlichen Rahmen legten.

Für den Ablauf eines solchen Gottesdienstes – oder einer Prozession – war eine grosse Zahl weiterer Gegenstände und Geräte nötig. Die einen gehörten mehr oder weniger zur Ausstattung der Kirche, etwa die Altäre mit Kreuzen, die Heiligenfiguren aus Holz und Stein, der Taufstein und die Glocken. Andere waren beweglich und konnten wie beispielsweise Vortragskreuze, Rauchfässer zum Verbrennen des Weihrauchs, aber auch bestimmte Heiligenfiguren und Reliquienschreine sowohl innerhalb als auch ausserhalb der Kirche bei Prozessionen und Bestattungen verwendet werden. Was man bei der Ausstattung von Kirchen nicht vergessen darf, sind die Textilien, vor allem die kostbaren Altardecken und die Gewänder der Priester.

Nur in den seltensten Fällen stossen die Archäologen bei ihren Grabungen auf solche Dinge. Gegenstände aus Gold und Silber sowie Priestergewänder und Altardecken aus kostbaren Stoffen sind in Kirchenschätzen und Museen erhalten – falls sie nicht schon längst umgearbeitet bzw. eingeschmolzen oder sonstwie zweckentfremdet worden sind. Die wenigen Ausnahmen sollen in den folgenden Abschnitten gestreift werden.

Zunächst werden die Gegenstände betrachtet, die mehr oder weniger fest zur Ausstattung der Kirche gehören.

St. Maurice VS, Sigismundschrein, 2. Hälfte 12. Jh. Der heilige Mauritius als Ritter der Zeit um 1150: Stachelsporen, mandelförmiger Schild, spitzer Helm mit «Halsberge» (am Helm befestiger Halsschutz aus Kettengeflecht) sowie fahnengeschmückte Stosslanze gehören zur Ausrüstung eines Ritters um 1150. Zu beachten sind die halbmondförmigen Verzierungen am Brustriemen des Pferdegeschirrs; solche Anhänger aus Bronze – oft vergoldet – werden manchmal auf Burgen gefunden.

Das «Heinrichskreuz» aus dem Basler Münsterschatz. Es gilt als Stiftung Kaiser Heinrichs II., wurde aber später – unter Verwendung der ursprünglichen Teile – umgearbeitet. Unter den vier Bergkristallen auf den Kreuzarmen befinden sich die Reliquien: links und rechts von Heinrich II., oben und unten Kreuzreliquien. Das Kreuz ist erhalten, weil es von 1529 bis 1827 zusammen mit dem gesamten Münsterschatz in einem Gewölbe eingemauert war. Was die Jahrhunderte nicht geschafft hatten, brachte man dann in kurzer Zeit zustande: Nach der Trennung von Basel-Stadt und Basel-Land wurde 1836 in Liestal fast der gesamte Schatz versteigert und in alle Winde zerstreut. Das Heinrichskreuz befindet sich heute in Berlin.

# Wie eine Glocke entsteht

Das Giessen von Glocken war im Mittelalter eine wichtige Angelegenheit. Die Glocken waren nämlich nicht nur ein Kirchenzubehör für feierliche Augenblicke, sondern sie teilten mit ihrem Läuten auch den Tag für die Bewohner der Umgebung ein.

Sollte eine Kirche neue Glocken erhalten – meist geschah dies im Zusammenhang mit einem Neu- oder Umbau –, so musste ein geeigneter Glockengiesser gefunden werden. Nicht jedermann verstand dieses Handwerk, das ein grosses Mass an Kenntnissen und Erfahrung voraussetzte. War ein solcher Mann gefunden, konnten die Vorarbeiten beginnen. Für eine grössere Glocke mussten grosse Mengen «Glockenspeise», wie die Bronze genannt wurde, beschafft werden.

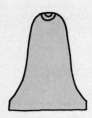

Dann konnte der Giesser mit dem Aufbau der Form beginnen. Zunächst hob er mit seinen Gehilfen eine Grube aus. Auf ihrer Sohle formte er aus Mauerwerk, Lehm und Gips eine Form, die der inneren Wandung der Glocke entsprach.

Auf diesem Kern modellierte er ein genaues Ebenbild der Glocke in Wachs. Sämtliche Ösen für die Aufhängung, ja auch Aufschriften und Verzierungen wurden in diesem Material modelliert. Auch an eine Eingussöffnung und an Kanäle, aus denen die Luft entweichen konnte, musste man denken.

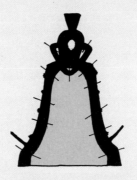

Durch die Wachsglocke wurden Bronzestifte in den Kern hineingesteckt.

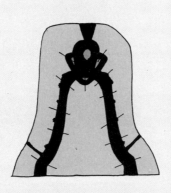

Über diese Wachsglocke und die wie Stacheln herausstehenden Bronzestifte kam ein Mantel aus Lehm. Nur die Eingussöffnung und die Luftkanäle zum Entweichen der Luft blieben offen.

Die Glocke von Susch GR ist eine der wenigen noch aus dem Mittelalter stammenden Glocken; sie wurde im 13. Jh. gegossen.

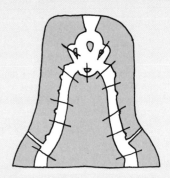

Die Form mit der Wachsglocke ist fertig. Sie wird erhitzt, das Wachs beginnt zu schmelzen und läuft aus. Zurück bleibt ein Hohlraum mit der Form der Glocke. Die Bronzestifte verhindern, dass sich der schwere Aussenmantel senkt oder verschiebt.

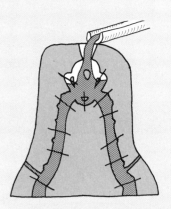

Die Glockenspeise kann nun vorbereitet werden; in einem Ofen wird sie geschmolzen. Ist sie flüssig genug, lässt sie der Giesser durch einen Kanal in den Hohlraum der Glockenform fliessen. Jetzt stellt sich heraus, ob die Form sorgfältig genug gebaut worden ist: Beim geringsten Fehler würde sie springen oder auseinanderfallen. Die ganze Arbeit müsste dann nochmals von vorn begonnen werden.

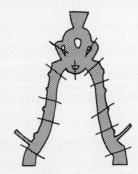

Die Form ist erkaltet. Der Aussenmantel wird weggebrochen. Die Glocke muss nun noch überarbeitet werden: die überstehenden Stifte werden abgefeilt, ebenso die Bronzepfropfen, die sich in den Luftkanälen gebildet haben. Auch die Innenseite wird überarbeitet, in die Öse ein Klöppel eingehängt. Nach all dieser Arbeit ist verständlich, dass der Aufzug der Glocken in den Turm meist ein richtiges Volksfest war.

Recht häufig sind bei Grabungen Spuren, die mit Glockengiesserei in Zusammenhang zu bringen sind. Allerdings handelt es sich nicht um die Glocken selbst – es sind nur sehr wenige mittelalterliche Exemplare erhalten –, sondern um Reste sogenannter «Glockengussgruben». Die Glocken wurden nämlich nicht in einer Giesserei hergestellt und dann als Fertigprodukt zur Kirche geliefert, sondern an Ort und Stelle gegossen. Tagelang dauerten die Vorbereitungen und die Ausführung des Gusses; das Hochziehen der fertigen Glocken in den Glockenstuhl war meist eine Angelegenheit des ganzen Dorfes und wurde entsprechend gefeiert. Was allerdings nach dem Guss übrigblieb, ist meist sehr unscheinbar: Im günstigsten Fall kann man im rot und schwarz verbrannten Bett der Grube noch den Abdruck vom unteren Rand der Glocke erkennen. Meist sind aber nur von der Hitze verfärbte Lehmbrocken zu finden.

Bestimmte Gegenstände einstiger Kirchenausstattungen wollte oder konnte man nicht einfach wegwerfen, wenn sie ersetzt wurden. Was geschah zum Beispiel, wenn eine Kirche in einer Zeit umgebaut wurde, in der das Mittelalter als Zeit des kulturellen Abstiegs galt? Sie entsprach in ihrer ursprünglichen Gestalt nicht mehr den «modernen» Ansprüchen etwa des 17. Jahrhunderts. Ein Architekt wird beigezogen; er empfiehlt grössere und anders angeordnete Fenster, damit mehr Licht in den Kirchenraum einfallen kann. Er wird mit Bestimmtheit den Ersatz der alten Ausstattung verlangen. Dazu gehören die alten Heiligenfiguren, der Taufstein, die Kanzel und vieles mehr. Vielleicht ist das eine oder andere in einer benachbarten Kirche wieder verwendbar; hölzerne Gegenstände könnte man zuletzt gar verbrennen. Aber was tun mit einem steinernen Taufbecken? Einfach wegschmeissen darf man es nicht, denn immerhin ist es mit dem Wasser der Heiligen Taufe in Berührung gekommen und deshalb etwas Besonderes. Also bleibt nichts anderes übrig, als es in der Kirche zu vergraben. So ist es etwa 1627 in der St. Arbogast-Kirche in Oberwinterthur geschehen: In einer Grube, die sich bereits in den oberen Schichten abgezeichnet hatte, fanden die Ausgräber beim vorsichtigen Graben ein grosses steinernes Taufbecken aus dem 14. Jahrhundert mit dem zugehörigen Sockel. Es wurde gehoben und in der frisch renovierten Kirche wieder aufgestellt.

Ähnlich konnte es auch Heiligenfiguren ergehen. Sie wie Abfall zu behandeln

Oberwinterthur, St. Arbogast. Das Taufbecken aus dem frühen 14. Jh. und sein Sockel in Fundlage. Beide waren bei einem Umbau der Kirche im Jahre 1627 «begraben» worden.

Das gehobene Taufbecken unmittelbar nach der Bergung. Die Ausgestaltung mit dem Spitzbogenfries weist es in die Stilepoche der Gotik.

Beinkästchen aus dem Dommuseum Chur, 11. Jh. Die Gestalt dieses Kästchens entspricht einer gängigeren Form von Reliquien- und Schmuckkästchen. Auch hier sind geschnitzte und verzierte Beinplättchen auf einen Holzkern aufgenagelt.

Aus verzierten Beinplättchen, die im Altar der Schlosskapelle von Chillon VD zum Vorschein kamen, versuchten die Finder ein Reliquienkästchen zu rekonstruieren. Die so entstandene Form ist allerdings so aussergewöhnlich, dass daran gezweifelt werden darf, ob sie das ursprüngliche Aussehen des Kästchens wiedergibt.

kam nicht in Frage! In Leuk ersetzte man bei einem Umbau die aus mehreren Jahrhunderten stammenden Heiligen durch neue. Die alten behandelte man wie die Gebeine aus den Gräbern, die bei den Umbauarbeiten aufgedeckt wurden: Man schichtete sie in einem Beinhaus auf! Dort wurden sie erst vor einigen Jahren bei neuerlichen Bauarbeiten wieder entdeckt.

Schliesslich soll noch von den in Altären eingemauerten Reliquien oder vielmehr ihren Behältern die Rede sein. Der Reliquienkult spielte im Mittelalter eine grosse Rolle. Knochen von Heiligen oder wenigstens Teile ihrer Kleidung, ein Span vom Kreuz Christi und andere Gegenstände musste jede Kirche besitzen. Je bedeutender der Reliquienschatz, desto eher – so jedenfalls war der gängige Glaube – würden die in der entsprechenden Kirche gesprochenen Gebete erhört. Niemand kam auf die Idee, an der Echtheit der Kostbarkeiten zu zweifeln.

Nicht alle Reliquien wurden in ihren Behältern bei besonderen Gelegenheiten auf den Altären zur Schau gestellt oder an Prozessionen mitgetragen. Viele waren in Altären vermauert, meist versorgt in einem kleinen Kästchen oder einem anderen Behältnis, das dann bei Ausgrabungen zuweilen zum Vorschein kommt.

Als etwa im Oktober 1897 in der ältesten Schlosskapelle von Chillon der im Spätmittelalter eingefüllte Schutt entfernt wurde, stiessen die Ausgräber in einer Aussparung des Altars auf einige verzierte Knochenplättchen. Es waren Beschläge eines Holzkästchens aus dem 12. Jahrhundert; die Holzteile waren längst vermodert, und die Entdecker versuchten die Kästchenform anhand der Beschläge zu rekonstruieren. Da man ähnliche Kästchen von anderen Orten kennt und vergleichen kann, weiss man heute, dass dieser Versuch nicht ganz geglückt ist. Beliebt für die Aufbewahrung solcher Altarreliquien waren neben den mit verzierten Beinplättchen beschlagenen Holzkästchen offenbar auch Gläser. Diese müssen im Mittelalter sehr kostbar gewesen sein. Deshalb waren sie als Behältnis für Reliquien auch angemessen. Es ist ein erfreulicher Zufall, dass die wichtigsten Funde dieser Art alle aus der Zeit um 1300 stammen und gleich drei ganz unterschiedliche Gläsertypen zeigen: Ein Nuppenbecher kam in der Kirche von Meiringen zum Vorschein, als 1915 das Bachgeschiebe entfernt wurde, das die ältere Kirche im Spätmittelalter verschüttet hatte. Auch im Altar der Kirche von Flums war ein solches Stück eingemauert. Bei Grabungen in der Kirche von Walenstadt fand man einen Rippenbecher, in jener von Sevgein eines der seltenen, emailbemalten Gläser. Es ist wohl unnötig zu betonen, dass diese praktisch unversehrten Gläser in der Archäologie als grosser Glücksfall gelten, denn normalerweise findet man Reste von Gläsern als kleine und kleinste Fragmente, die sich nicht mit Sicherheit zu einer Gesamtform ergänzen lassen. Um so wichtiger ist es dann, als Beispiele solche ganze Exemplare zu kennen.

Wesentlich seltener erhalten sind die «beweglichen» Gegenstände der Kirchen-Ausstattung. Sie hat man mitgenommen, wenn eine Kirche nicht mehr benutzt wurde, oder an andere Kirchen verschenkt, wenn man sie nicht mehr brauchte. Da Leuchterfüsse, Altar- und Vortragkreuze, Rauchfässer sehr oft aus Bronze oder Messing, wenn nicht gar aus Edelmetall waren, wurden sie auch häufig eingeschmolzen und zu moderneren Geräten umgegossen. Als Bodenfunde sind sie deshalb nur ausnahmsweise zu erwarten. Eine solche Ausnahme ist zum Beispiel ein Rauchfass aus der bereits erwähnten Kirche von Meiringen. Es lag auf dem Kirchenboden und war von Bachgeröll überdeckt: wohl ein Zeichen dafür, wie rasch seinerzeit die Katastrophe über das Gotteshaus hereingebrochen ist.

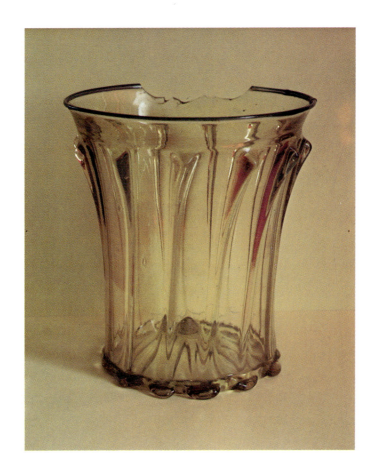

Walenstadt SG, Kirche St. Lucius und St. Florinus. Rippenbecher, um 1300. Das Glas diente als Reliquienbehälter; es enthielt Knochen- und Stoffpartikel und war durch einen lose aufliegenden Wachsdeckel mit dem Siegel Bischofs Siegfried von Gelnhausen (1298–1321) verschlossen. Die Niederlegung es Glases mit den Reliquien erfolgte anlässlich der Weihe eines Neubaus im Jahre 1306.

Sevgein GR, Kirche St. Thomas. Emailbemalter Becher, 2. Hälfte 13./frühes 14. Jh. Der Becher wurde im Antoniusaltar gefunden, wo er ebenfalls als Reliquienbecher diente. Das farblose Glas ist mit leuchtenden Emailfarben bemalt; dargestellt sind Heiligenfiguren.

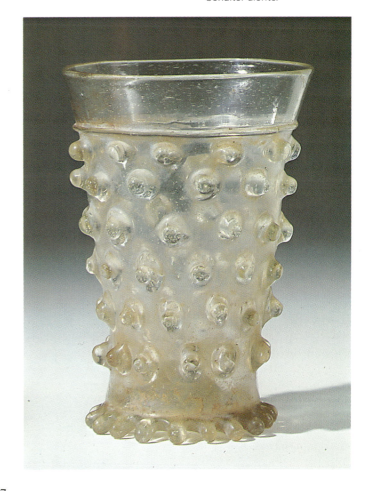

Flums SG, Kirche St. Justus. Nuppenbecher, 13./14. Jh. Die Verwendung als Reliquienglas ist nur für die Zeit nach 1636 gesichert. Das Glas ist aber wesentlich älter; sein guter Erhaltungszustand lässt darauf schliessen, dass es auch schon vorher als Reliquienbehälter diente.

Weitere Beispiele stammen aus der Ruine des 1374 gegründeten Lukmanierhospizes: In der Kapelle fand man bei den Grabungen zwischen dem Mauerblock des Altars und der Rückwand der Kirche ein Altarkreuz aus Messing und Bronze, das vermutlich bei einem Brand vom Altar hinuntergestürzt war. In einem Nebengebäude stiess man auf ein vergrabenes Rauchfass. Der darüberliegende Plattenboden war sorgsam repariert worden. Das Stück ist wesentlich älter als die Kapelle selbst; es handelt sich also um eines jener Geräte, die an ihrem ursprünglichen Verwendungsort – hier das Kloster Disentis – nicht mehr gebraucht und dann an eine kleinere, abhängige Kirche weitergegeben wurden. Was der Anlass war, es zu vergraben, ist unbekannt. Wollte man es «begraben» statt wegwerfen, wie es im Falle des Taufsteins von Oberwinterthur geschehen ist, oder hat man es aus Angst vor einem Diebstahl verborgen? Vielleicht war es aber auch üblich, in den Wintermonaten den «Betrieb zu schliessen» und das doch noch kostbare Gerät so zu überwintern? Wir wissen es nicht!

Rauchfass, um 1200. Gefunden in den Ruinen des 1374 erstmals erwähnten Lukmanierhospizes. Das Gerät war ursprünglich im Besitz des Kosters Disentis.

Kreuzfragment aus Hermance GE, spätes 13. Jh. Das Bronzekreuz war vergoldet und trug auf seinen Armen die Symbole der Evangelisten (Adler, Löwe, Engel, Rind), im Zentrum den Gekreuzigten. Erhalten ist lediglich der unterste Teil mit dem Engel des Matthäus.

Altarkreuz, spätes 14. Jh. Das Kreuz kam hinter dem Altar der 1374 geweihten Kapelle St. Maria im ehemaligen Lukmanierhospiz zum Vorschein, wohin es nach einem Brand gestürzt war.

### Worterklärungen

**Kaplan:** Geistlicher.

**Beinhaus:** Nebengebäude einer Kirche, in dem Gebeine aufbewahrt werden, die bei der Anlage von Gräbern oder Bauarbeiten zum Vorschein kommen.

**Reliquien:** Der Glaube, dass die Heiligen im Himmel Fürbitte leisten können, führte auch zur Verehrung all jener Gegenstände und menschlicher Überreste, die mit den Heiligen in Zusammenhang gebracht werden konnten. Jede Kirche besass Knochen von bestimmten Heiligen, aber auch Kleider und andere heilbringende Gegenstände. In einer Urkunde vor 1409, die aber auf eine Fassung des 12. Jahrhunderts zurückgeht, sind die in der Kirche des Klosters Schöntal bei Langenbruck in den Altären aufbewahrten Reliquien aufgezählt: «Stücke von den Kleidern der Maria, vom Arm der heiligen Christina, vom Arm und vom Haupt der heiligen Magdalena, von den Überresten der elftausend Jungfrauen, vom Arm der heiligen Ursula, ein Stück Fels vom Geburtsort Christi, von den Kleidern des Evangelisten Johannes, von der Hand, die im Grab des Johannes gefunden worden war, Erde aus dem Paradies, vom Stab und vom Mantel des heiligen Bischofs Ulrich, von den Kleidern des heiligen Lampertus, von der Stola des heiligen Bischofs Gotthard, ein Stück vom Kreuz, von der Wiege des Herrn, vom Fels, auf dem Christus Blut schwitzte, vom Stein, auf dem Christus stand, als er am Jordan zu Johannes dem Täufer redete, vom Stein, auf dem Christus sass, als er fastete, vom Fels, auf dem das Kreuz stand, vom Heiligen Grab, Erde vom Jordan, vom Grab des Lazarus, vom Stab des Aaron, Erde vom Geburtsort Christi, ein Stück Palmwedel, dem man Christus (beim Einzug in Jerusalem) vor die Füsse gelegt hatte.» Die Beschreibung der Dinge, von denen man Besonderes erwartete, deutet auch darauf hin, was im 12. Jahrhundert zu einem Aufschwung des Reliquienwesens geführt hatte: es waren die Kreuzzüge, auf denen der mittel- und westeuropäische Adel an die heiligen Stätten und zu den Gräbern der ersten Märtyrer gelangt waren. Die Aufzählung der Reliquien des Klosters Schöntal mutet denn auch über weite Strecken wie die Souvenirsammlung eines Palästinafahrers an.

**Wallfahrt:** Reisen zu besonders heiligen Orten. Oft werden Wallfahrten in Augenblicken der Not oder Bedrängnis versprochen, wenn man Heilige um Hilfe anruft.

**Radkreuz:** Kreuz in einem Kreis.

# Kirche und Glaube im Volk

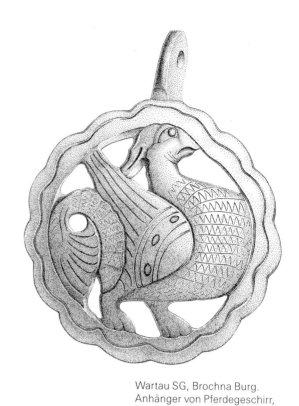

Die christliche Kirche oder besser der christliche Glaube ist für die mittelalterlichen Menschen der wichtigste Lebensinhalt: Sie nahmen die Welt als Gottes Schöpfung an, wie sie eben war; in Freud und Leid, guten und schlechten Ernten, Gesundheit und Krankheit sah man Gottes Wille, gegen den sich aufzulehnen niemandem in den Sinn kam.

Das Ziel mittelalterlichen Glaubens und mittelalterlicher Religiosität war in erster Linie, das Seelenheil zu erlangen, das heisst in den Himmel und nicht in die Hölle zu kommen. Aus diesem Grund wurden Kirchen und Klöster gestiftet oder bestehende reich beschenkt. Aus eben diesem Grund unternahmen die Menschen auch Wallfahrten, verrichteten ihre Gebete nach den Vorschriften und machten bei Prozessionen mit. Überdies beteiligten sich Tausende von Rittern an den Kreuzzügen, die die Eroberung und den ewigen Besitz der heiligen Stätten in Palästina zum Ziel hatten.

Der Glaube an Gottes Gerechtigkeit und der ständige Blick auf die Ewigkeit bestimmte das Leben von arm und reich gleichermassen. Erstaunlicherweise konnte dieser Glaube nicht verhindern, dass zum Beispiel Urkunden in einem Ausmass gefälscht wurden, wie man sich das heute kaum vorstellen kann. Kaiser Otto der Grosse bestimmte 967 in Kenntnis dieser Tatsache, die Echtheit einer Urkunde sei durch ein Gottesurteil in einem Zweikampf zu entscheiden. Dahinter stand die Vorstellung, dass Gott jenem den Sieg schenken würde, der die echte Urkunde vorweise – eine Form von «Gerechtigkeit», die für das ganze Mittelalter immer wieder erwähnt und auch anerkannt wurde!

Vieles, was heute als Märchen und Aberglaube verlacht und abgetan wird, gehörte im Mittelalter noch zum «rechten Glauben». So hatten in der christlichen Vorstellungswelt Fabelwesen wie Greif, Basilisk, Drache, Sirene und Einhorn durchaus ihren Platz.

Wartau SG, Brochna Burg. Anhänger von Pferdegeschirr, Kupfer vergoldet, um 1200. Der Anhänger zeigt einen Basilisken (Mischwesen aus Vogel und Schlange oder Drache). Derartige Fabelwesen wurden in der mittelalterlichen Kunst häufig dargestellt.

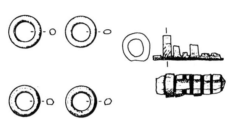

Trimbach SO, Frohburg. Im 12. Jh. wurden auf der Frohburg Knochenringe für Paternosterschnüre hergestellt: Ein Röhrenknochen wurde in Scheiben gesägt, die Ringlein überarbeitet. Der Querschnitt dieser Ringe (unten) wird kantig, während der ovale Querschnitt (Ringe oben) bei einer anderen Herstellungsweise entsteht.

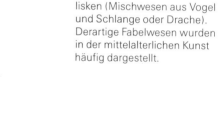

Basel, Barfüsserkirche. In den Siedlungsschichten unter der heute noch stehenden Kirche fanden sich Reste einer «Paternosterer»-Werkstatt des 13. Jh. Die einzelnen Ringe wurden mit Hohlbohrern aus plattigen Knochen ausgesägt. Der Querschnitt dieser Ringe wird oval.

Cazis GR, Niederrealta. Pilgerzeichen, 12. Jh. Solche Plättchen, aus Zinn oder Blei, konnten an den Wallfahrtsorten erstanden und auf Hut oder Kleider aufgenäht werden. Sie waren sichtbare Zeichen einer durchgeführten Wallfahrt und galten auch als Amulette.

# Tage auf dem Septimer

*Vor gut einer Woche war Regula mit ihrem Vater auf einem Schiff von Zürich losgefahren. Die Ladung bestand aus Leinwand der besseren Sorte. Vater hatte einem Geschäftsfreund versprochen, die Ware bis zu einem bestimmten Tag in Genua abzuliefern. Eigentlich wollte er diesmal die ganze Familie mitnehmen und zusammen mit seinem Ulmer Geschäftspartner reisen. Doch Rupert, der einen grösseren Posten Sicheln hatte mitbringen wollen, war unterwegs wohl aufgehalten worden. Jedenfalls waren Regula und ihr Vater schon vorausgefahren; die Mutter und der kleine Bruder Felix würden mit Rupert sobald als möglich nachkommen.*

*Die Fahrt auf dem Zürichsee war angenehm. Ein kräftiger Wind liess sie gut vorwärts kommen. Nach einiger Zeit kamen rechter Hand spärliche, schwarze Mauerreste einer einst stattlichen Burg ins Blickfeld.*
*«Die haben wir vor drei Jahren zerstört!» freuten sich die Schiffsleute: Es war die Ruine der Burg Alt-Rapperswil. Sie erzählten Regula, wie damals die Besatzung nach kurzer Belagerung aufgegeben hatte und nach der Zusicherung des freien Geleits abgezogen sei. «Wir haben die Burg nicht nur gebrandschatzt, wir haben auch die Mauern untergraben und zum Einsturz gebracht!»*
*Nach der Überquerung des Tuggener Sees fuhren sie gegen Abend in den Walensee ein. Erst bei Dunkelheit konnten sie in Walenstadt anlegen. Alle waren froh, dass sie nach dem langen Tag in der Herberge einkehren konnten.*

*Am folgenden Morgen wurden die Waren umgeladen und vom Zoll begutachtet. Regula sah, wie eben ein Schmuggler ertappt wurde; er hatte als Ladung zwei Kisten mit Zinngeschirr angegeben. Die Zöllner, die es diesmal genau wissen wollten, hatten rasch herausgefunden, dass unter den oberen Zinntellern Silbergeschirr lag. Dem Schmuggler drohte nun eine empfindliche Strafe. Die Gruppe, in der Regula und ihr Vater mitreisten, kam ungeschoren davon.*
*Zwischen Walenstadt und Landquart hatte sich der Himmel verdüstert, es war kälter geworden und hatte zu regnen begonnen. Alle Reiter waren bald nass bis auf die Haut. Regula sass auf einem Wagen unter einer dicken Decke; sie wurde zwar nicht nass, fror aber trotzdem. Erst am Abend konnten die Reisenden ihre kalten Glieder in der warmen Stube der Herberge aufwärmen.*

*Auch am folgenden Tag hatte sich das Wetter nicht gebessert. Der Vater hatte zuerst zwar noch über «das bisschen Regen» gelacht. Er liess aber die Leinwandballen bereits hier auf Maultiere umladen. «Wenn das Wetter nicht besser wird, bleiben wir mit unseren Wagen doch nur im Schlamm stecken», meinte er. Und er sollte recht behalten: Auch der nächste und der übernächste Tag waren nicht besser. Die nassen Wege hinderten sie am raschen Vorwärtskommen, und Vaters gute Laune verschlechterte sich zusehends.*
*Während der letzten Etappe vor dem Septimer wurde er immer wortkarger, und als die Saumtierkolonne schliesslich auf der Passhöhe ankam, konnte er sich kaum noch auf seinem Pferd halten: er hatte hohes Fieber! Die Mönche, die das Hospiz betreuten, machten ihm rasch klar, dass er so nicht weiter könne und mindestens zwei oder drei Tage Ruhe brauche. Sie machten ihm Umschläge und gaben ihm Kräutertee zu trinken. Regula bekam es mit der Angst zu tun. Aber die Mönche beruhigten sie und erklärten, sie würden ihren Vater schon wieder auf die Beine bringen. In einigen Tagen werde er wieder wohlauf sein.*
*Also hatte sie einige Tage «frei», das heisst, sie konnte nach Lust und Laune in der Umgebung umherstreifen. Ortskundige hatten sie zwar davor gewarnt, sich allzu weit zu entfernen, da man sich hier leicht verirren konnte. Als erstes hatte sie sich mit dem grossen Hund angefreundet; mit ihm zusammen konnte ihr nichts passieren, denn er fand den Heimweg auch bei Nebel und Dunkelheit. Aber nicht nur die Umgebung des Hospizes war für Regula neu, auch die Leute, die Tag für Tag einkehrten oder vorbeizogen, beobachtete sie mit Interesse. Manche legten nur eine kurze Rast ein, um gleich weiterzuziehen, andere blieben über Nacht. Zahlreiche Kaufleute waren darunter, aber ihre besondere Aufmerksamkeit weckten die Pilgersleute, die von ihren Reisen erzählten, von Schiffsfahrten und gar von Begegnungen mit Piraten. Mehr als einmal hörte sie erzählen, man sei auf dem langen Weg ein- oder mehrmals von Räubern überfallen und ausgeraubt worden.*
*Heute morgen ist der Vater zum erstenmal wieder von seinem Krankenlager aufgestanden; noch etwas schwach auf den Beinen, beabsichtigt er dennoch, morgen weiterzuziehen. Der Betrieb auf dem Septimer ist heute besonders gross. Als erstes ist die Versorgungskolonne für das Hospiz eingetroffen. Eben werden die Lebensmittel abgeladen und in die Vorratsräume getragen oder gerollt. Ein Maultier ist durch eine vorbeifliegende Dohle erschreckt worden und will sich losreissen. Nur mit Mühe kann der Säumer das Tier bändigen. Eine Kiste mit kleinen Käslaiben fällt zu Boden, ebenso ein Ballen, dessen Inhalt nicht ersichtlich ist. Als nächstes ist dann ein Kaufmann aus Zürich erschienen, der in Italien kostbare Dinge wie Gewürze und Seidenstoffe eingekauft hat und auf dem Heimweg ist. Als er Regula im Hof des Hospizes stehen sieht und erfährt, dass ihr Vater krank sei, lässt er sein Maultier stehen und eilt ins Innere, um zu sehen, wie es ihm geht.*

*Unterdessen stellt sich Regula neben eine Pilgergruppe, die an einem Lagerfeuer eine Rast eingeschaltet hat. In ihrer ärmlichen, schmutzigen Kleidung und den zerfetzten Mänteln sehen sie zum Fürchten aus. Drei von ihnen haben den langen Weg nach Santiago de Compostela und zurück hinter sich. Dies ist an den Muschelschalen zu erkennen, die sie am Hut oder am Mantel befestigt haben. Eben erzählt der eine, sie hätten auf dem Hinweg einen anderen Weg eingeschlagen: jenen über den Grossen St. Bernhard.*
*«Dort hast du nichts als Schwierigkeiten mit den Leuten. Einem in unserer Gruppe haben sie sogar den Pilgerstab geklaut. Und überhaupt: sämtliche Preise sind völlig überrissen. Für ein kleines Brot mussten wir doppelt soviel bezahlen wie am Genfersee. Deshalb haben wir jetzt eine andere Route gewählt.»*

*Der alte Mann und die Frau mit ihrem Kind sind auf der Rückreise von Rom. Der Alte gibt sich als Adeliger aus dem Bodenseeraum zu erkennen und erzählt, er fühle sich dem Ende seines Lebens nahe, habe nochmals die Heilige Stadt sehen wollen und dies eben mit einer Wallfahrt verbunden. Er habe sie zum erstenmal vor vielen Jahren kennengelernt, als er im Gefolge König Ludwigs des Bayern zu dessen Kaiserkrönung über die Alpen gezogen sei. Die Frau hatte die Wallfahrt letztes Jahr versprochen, als ihr Kind sterbenskrank darniederlag: Sie war überzeugt gewe-*

sen, dass nur noch die Fürbitte der Heiligen ihrem Sohn wieder zur Gesundheit verhelfen könne. Nun hat sie ihr Versprechen eingelöst und ist zusammen mit dem Kind in Rom gewesen.

Schliesslich ist da noch ein junger Mann, der erst auf mehrmaliges Drängen der anderen Pilger mit seiner Geschichte herausrückt: Er hatte vor einiger Zeit in einem Wirtshaus in Notwehr einen Angreifer erschlagen und war verurteilt worden, für sein Opfer in Rom anlässlich einer Wallfahrt einige Messen lesen zu lassen. Nun kehrt er wieder nach Hause zurück, aber es ist ihm nicht ganz geheuer; er weiss nicht, wie ihn seine Dorfgenossen aufnehmen werden.

Doch da wird Regula beim Zuhören unterbrochen. Der Kaufmann aus Zürich tritt eben mit ihrem Vater aus dem Haus. «Regula, komm herein, du wirst dich sonst noch erkälten!» ruft der Vater. Schade, denkt sie, jetzt ist die Zeit meiner Freiheit wieder vorbei. Sie weiss, dass der Vater keinen Widerspruch duldet.

Malvaglia TI, Casa dei pagani. Amulettkapsel aus Bronze, zum Aufklappen, 13./14. Jh. Im Innern fanden sich Spuren von Textilfasern, Kohle und Holz. Solche Kapseln enthielten ein heilbringendes Amulett; sie wurden an einer Schnur oder einem Lederriemen um den Hals getragen.

Sagens GR, Schiedberg. Auch dieser Bärenzahn-Anhänger (8.–10. Jh.) diente als Amulett. Man glaubte an die Übertragung der grossen Kräfte des Bären auf den Träger; Tierzähne als Amulette wurden auch gegen Zahnschmerzen eingesetzt.

---

**Worterklärung**

**Pentagramm:** Fünfstern, d.h. fünfzackiger Stern, der in einer einzigen Linie durchgezogen wird. Das Pentagramm soll gegen Dämonen und unheilbringende Kräfte wirken.

---

Wer die Wallfahrt nach Santiago de Compostela in Spanien hinter sich gebracht hatte, war an der Pilgermuschel am Hut oder am Mantel zu erkennen. Das abgebildete Beispiel stammt aus der Kathedrale von Genf.

Spuren des mittelalterlichen Glaubens sind unter den archäologischen Funden häufig sehr unscheinbar: Oft sind es kleine Ringlein, meist aus Knochen, die fast überall gefunden werden. Es sind Einzelteile sogenannter «Paternoster»: Diese Gebetsschnüre dienten, ähnlich wie Rosenkränze, zum Abzählen der Gebete. Die Beinringlein waren an Schnüren oder Lederriemchen aufgereiht. Meist finden wir sie einzeln, in Ausnahmefällen aber gehäuft. In der Zisterne der Burgruine Alt-Wartburg bei Olten lagen insgesamt achtundfünfzig Ringlein, davon sechs schwarze. Allzu gern wüssten wir, wem hier die Gebetsschnur in den Brunnen gefallen ist. In der Kirche von Walenstadt entdeckte man die Ringe eines Paternosters aus der Zeit um 1300 im Ablauf des romanischen Taufsteins.

Manchmal zeigen auch Halbfabrikate und Abfälle, wie solche Ringe hergestellt wurden. Auf der Frohburg hat man einen Röhrenknochen in Scheiben gesägt und diese dann überschliffen, während in der Basler Barfüsserkirche mit einem Hohlbohrer Ringe aus flachen Knochen herausgetrennt und dann ebenfalls überarbeitet wurden. Ob es sich bei den Bleiringen, die bei den Grabungen auf der Ödenburg (Wenslingen BL) zum Vorschein gekommen sind, ebenfalls um die Reste eines Paternosters handelt, können wir wiederum nicht mit Sicherheit sagen. Eine andere Funktion kann man sich aber kaum vorstellen.

Der häufigste Reisegrund für die meisten mittelalterlichen Menschen war die Wallfahrt. Als Beweis für die Erreichung des Zieles erwarb man an den Wallfahrtsorten sogenannte Pilgerzeichen, die an der Kleidung angeheftet wurden. Häufig waren es kleine Zinnplaketten; ein Beispiel aus der Burg Niederrealta weist etwa auf eine Wallfahrt in das nahgelegene Chur hin.

Für die beliebte Fernwallfahrt nach Santiago de Compostela war das Kennzeichen die Schale der «Pilgermuschel». Diese trug man aber nicht nur auf dem Rückweg an den Kleidern; oft wurden

Walenstadt SG, Kirche St. Lucius und St. Florinus. Die Ringe dieses Paternosters kamen im Abfluss des romanischen Taufsteins zum Vorschein.

Die Oberseite der Amulettkapsel von Riedfluh ist mit Rankenwerk verziert, auf dem Deckel stehen sich zwei Vögel gegenüber. Die Öse für die Schnur ist als Raubtierkopf ausgestaltet.

Eptingen BL, Grottenburg Riedfluh, 12. Jh. In der Zisterne dieser Burg fanden die Ausgräber eine aus Hirschgeweih geschnitzte und vergoldete Amulettkapsel; der Inhalt bestand aus einem Glasplättchen, unter dem sich ursprünglich wohl ein Amulett oder eine Reliquie befunden hatte.

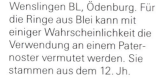

Wenslingen BL, Ödenburg. Für die Ringe aus Blei kann mit einiger Wahrscheinlichkeit die Verwendung an einem Paternoster vermutet werden. Sie stammen aus dem 12. Jh.

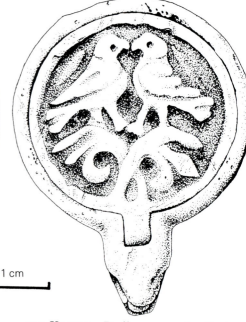

sie den Toten mit ins Grab gegeben. Vor allem die Pilgermuscheln sind ziemlich häufig in Gräbern zu finden. Besonders gut erhaltene Exemplare stammen etwa aus der Genfer Kathedrale. Manchmal tauchen sie aber auch im Fundgut von Burgen oder gar dörflichen Siedlungen auf, was darauf hinweist, dass man sie als Zeichen der eigenen Frömmigkeit lange Zeit aufbewahrt hat.

Ein Pilgerzeichen wird wohl nicht nur als reines Erkennungszeichen gedient haben, sondern auch als Amulett. Der Glaube an die magische Kraft bestimmter Gegenstände war im Mittelalter weit verbreitet. Deshalb kann es nicht verwundern, dass auch eigentliche Amulettkapseln und Amulette gefunden werden. Ein Stück aus Bronze stammt aus Malvaglia (TI), ein besonders schönes, ja einmaliges Exemplar aus vergoldetem Hirschgeweih von der Riedfluh (Eptingen BL). Ebenfalls als Amulette dienten durchbohrte Bärenzähne, die an einer Schnur am Hals getragen wurden. In einer Zeit, in der in jedem Ereignis Gottes Wille gesehen wurde, in der man an Fabelwesen und an die Heil- oder glückbringende Wirkung von Amuletten oder von bestimmten Zeichen und Symbolen glaubte, kann es nicht verwundern, dass auch im Alltag auf Dinge geachtet wurde, die uns heute eher als Aberglaube vorkommen. In den archäologischen Funden finden solche Äusserungen des «Volksglaubens» kaum einen Niederschlag.

Eine Ausnahme sind die sogenannten «Bodenzeichen»: Bei einzelnen Kochtöpfen und Ofenkacheln (vor allem aus der Zeit vor 1200) finden sich auf der Bodenunterseite Erhebungen in Form von Kreuzen, Radkreuzen oder Pentagrammen. Oft werden diese Zeichen von Archäologen als Marken der Hersteller bezeichnet. Die wenig abwechslungsreichen Formen machen diese Erklärung aber eher unwahrscheinlich. Zudem gelten Kreuz und Pentagramm («Drudenfuss») als magische Zeichen, die gegen Unheil und Dämonen nützen. Sie sind im Zusammenhang mit Herdfeuer oder Ofen wohl ein Abwehrzauber gegen die schädlichen Eigenschaften des Feuers, die gerade von mittelalterlichen Menschen sehr gefürchtet wurden: Einerseits konnte dieses Element die Existenz, ja das Leben in kurzer Zeit zerstören, andererseits war es auch ein Sinnbild für die Hölle. Aus dieser Sicht ist das Anbringen von Heilszeichen auf Ofenkacheln und Topfböden zu verstehen.

Rodungsszene aus dem Sachsenspiegel, 1. Drittel 13. Jh. Der Sachsenspiegel ist eine Sammlung des sächsischen Stammesrechts, wie es der Verfasser vorfand. Der Ausschnitt zeigt Bauern, die mit Reuthaue (links) und Axt (rechts) den Wald roden und mit dem gefällten Holz Häuser errichten. Der Grundherr überreicht dem Anführer der Bauern eine Urkunde mit bestimmten Vorzugsbestimmungen.

# Bauen und Wohnen

## Mensch und Umwelt

Wer die heutige Schweizer Landschaft betrachtet, kann sich nur schwer vorstellen, wie sie im Mittelalter ausgesehen hat. Die grosse Bevölkerungsdichte, die vielen Fabriken und Lagerhallen, Wohnblöcke und Einfamilienhäuser, Bahnlinien und Autobahnen sowie die intensive landwirtschaftliche Nutzung lassen kaum einen unberührten Fleck übrig; selbst in abgelegensten Bergtälern machen sich die Menschen und ihre Tätigkeit bemerkbar – und wenn es «nur» in Form des Baumsterbens ist, das durch unsere in den letzten Jahrzehnten selbstgemachte Luftverschmutzung zumindest mitverursacht wird.

Die auffallendsten Elemente der mittelalterlichen Landschaft waren Wälder und Wasserläufe. Die Waldfläche war vor allem im ersten Jahrtausend noch wesentlich grösser als heute. Es waren dichte, unbegangene, zum Teil gar unbegehbare Wälder; Unterholz und umgestürzte Bäume machten ein Vorwärtskommen fast unmöglich.

Auch Bäche und Flüsse sahen damals anders aus: Wilde Bergbäche schwemmten bei jedem Regen grosse Massen von Geröll ins Tal und bildeten mächtige Schuttkegel; manchmal wurden – wie in Meiringen – auch ganze Teile von Ortschaften verschüttet. In den breiteren, flachen Tälern suchten sich die Flüsse in einem sich ständig ändernden Bett den Weg durch weite Schotterebenen oder dichte Auenwälder. Ausgedehnte Sumpfgebiete machten die Sohlen breiter Flusstäler unbenutzbar, zu Ödland, so dass die Strassen wie etwa im Rhonetal den Hängen entlang geführt werden mussten.

Die Seen waren im allgemeinen grösser als heute. Zwischen Zürich- und Walensee zum Beispiel bestand im Mittelalter noch der «Tuggener See»; er machte es möglich, dass man Waren per Schiff von Walenstadt nach Zürich führen konnte, ohne sie umzuladen. Die Uferzonen der meisten Seen waren Sümpfe, die nicht nur unbegehbar, sondern – als Brutstätte von Schnaken und Mücken – auch Herd mancher Krankheit waren.

Die dichten Wälder und die natürlichen Gewässer waren von einer reichhaltigen Tierwelt bevölkert. Neben den heute noch bekannten Hasen, Rehen, Hirschen und Wildschweinen, Gemsen und Steinböcken, Dachsen und Murmeltieren gab es auch Bären, Wölfe, Ur und Wisent. In den Flusstälern traf man auf Fischotter und Biber; in den Gewässern schwammen zahlreiche Fische, und in der Luft flogen viele Vögel, darunter nicht selten auch Greifvögel, die bei uns heute ganz oder nahezu ausgestorben sind – wie Geier und Adler.

Gegen diese durch die Natur bestimmte Welt mussten sich die Menschen ständig behaupten: Immer wieder drohte das bebaubare Land zu verwalden, weshalb es jährlich mindestens einmal von Sträuchern und Büschen befreit werden musste. Regelmässig waren auch die Steine auszulesen und zu Haufen aufzuschichten; diese «Lesesteinhaufen» sind heute oft der einzige Fingerzeig darauf, dass das umliegende Land einst kultiviert war.

Das mittelalterliche Dorf lag mit dem unmittelbar dazugehörigen Umland wie eine Insel in dieser Wildnis. Der Dorfzaun («Etter») zeigte an, wo das Dorf begann und hielt Wildtiere von den Hühnern und von den Gemüsebeeten fern. Wege zu den benachbarten Orten waren nicht oder kaum ausgebaut und bestanden aus einfachen Naturstrassen oder gar nur aus Fusspfaden. Lediglich die wichtigen Durchgangsstrassen wurden etwas besser instand gehalten, so dass auch bei Regen die Karren und Wagen nicht sofort im Morast steckenblieben.

Das um das Dorf angelegte Ackerland ging allmählich in Wald über. Die Waldsäume zeichneten sich durch einen lichten Baumbestand aus, der gegen das Waldinnere an Dichte zunahm: eine Folge der Sitte, Schweine, aber auch Ziegen und Schafe in den Wäldern weiden zu lassen. Für die Schweine waren vor allem die Eicheln ein beliebtes Futter, während die anderen Tiere sich an Knospen und jungen Trieben gütlich taten und so das natürliche Nachwachsen des Waldes verhinderten. Auch für die Rinder war der Wald oft Nahrungsquelle: Anstelle von Gras und Heu erhielten sie Laub zu fressen.

Den Menschen wurde ihre Abhängigkeit von der Natur täglich bewusst. Zu viel und zu wenig Regen führte regelmässig zu Missernten; Hungersnöte waren die Folge, auch wenn wenige Tagesreisen entfernt genügend Lebensmittel vorhanden gewesen wären. Das Fehlen leistungsfähiger Transportmittel machte lokale Missernten zur Katastrophe für die betroffene Bevölkerung.

Schon früh versuchten deshalb die Menschen, diese Abhängigkeit etwas zu vermindern und die Versorgung mit Lebensmitteln zu verbessern. Zunächst säten sie mehr Getreide an und verkleinerten gleichzeitig die Weideflächen; die Viehzucht verlor ihre bisherige Bedeutung – nicht so in den Alpentälern, wo sie die hauptsächliche Wirtschaftsform blieb. Aber auch dieser höhere Getreideertrag reichte nicht aus, die wachsende Bevölkerung satt zu machen. Neues Ackerland musste her! Deshalb wurden Wälder gerodet und Sümpfe trockengelegt.

Eine wichtige Rolle bei der Gewinnung von Neuland spielten die Klöster. Der benediktinische Wahlspruch «Bete und arbeite» wurde an vielen Orten handfest in die Tat umgesetzt. Als Beispiel mag uns das Kloster St. Gallen dienen: Von hier aus wurde das Appenzellerland gerodet und urbar gemacht. Der Abt des Klosters gab auch dem Ort Appenzell seinen Namen: Er bedeutet «Abbatis cella», das heisst «Zelle des Abtes».

Die Rodung von Wäldern hatte aber nicht nur für Klöster ihren Reiz: Wer Wildnis zu Kulturland machte, durfte das Neuland als «Allod» oder «Eigengut» betrachten, für das er niemandem Zins schuldete. Deshalb kann es nicht verwundern, dass sich schon früh Geschlechter des hohen Adels, also Grafen und Freiherren, an den Rodungen beteiligten, die in der Regel auch mit dem Bau von Burgen verbunden waren. Solche «Rodungsburgen» finden wir vor allem im Jura und in den Hügelzonen des Alpenvorlandes sowie im Alpenraum selbst.

Eines unter vielen Beispielen von Rodungsburgen ist die Burg Grenchen. Wenn man eine Karte betrachtet, so sieht man deutlich, wie dort offensichtlich von der altbesiedelten Ebene her ein Streifen Wald in die Talflanke hinaufgerodet und dort auf einem Felsen eine Burg errichtet worden war. «Unternehmer» dieser Aktion waren die Herren von Grenchen, ein nicht sehr bekanntes, aber doch bedeutendes Geschlecht, das bereits um 1000 die Mittel für ein solches Unterfangen hatte.

Eine etwas andere Form der Rodung ist aus den Alpentälern bekannt: Grabungen haben gezeigt, dass die ältesten «Alpstafel» – so nennt man die nur im Sommer bewohnten «Dörfer» der Hirten – höher liegen als jüngere. Dies kommt daher, dass man ursprünglich nur Weiden nutzte, die über der natürlichen Waldgrenze lagen. Im Laufe der Zeit wurde aber die Waldgrenze allmählich von oben nach unten gedrängt: eine Folge des Brenn- und Bauholzbedarfs; aber man benötigte wohl auch grössere Weideflächen für immer mehr Vieh.

Eine grosse «Rodungswelle» prägt schliesslich das spätere 12. und das 13. Jahrhundert: Diesmal beteiligte sich nicht nur der hohe, sondern auch der niedere, ritterliche Adel daran. In dieser Zeit entstanden die überaus zahlreichen kleinen «Rodungsburgen» mit eher bescheidenem Umschwung, die in manchen Gegenden der Schweiz in einer fast unglaublichen Dichte stehen. Oft nahm man dabei aber auch Böden unter den Pflug, die sich für den Ackerbau nicht sonderlich eigneten und bald wieder verlassen wurden.

Wie aber gingen diese Rodungen vor sich? Die gründlichste, aber auch aufwendigste Art besteht im Umhauen der Bäume mit Äxten und dem Ausgraben der Wurzelstöcke mit Reuthauen oder das Angraben der Wurzeln und das Umziehen der Bäume mit Seilen und Ochsengespannen. Das Holz kann weggeführt und als Bau- und Brennholz genutzt werden; die Wurzelstöcke dienen als Rohmaterial für Holzkohle. Diese Art der Rodung hat den Vorteil, dass das Land sofort bebaut werden kann; sie benötigt aber eine grosse Zahl von Arbeitskräften.

Weniger aufwendig ist das «Schwenden», das heisst das Abschälen der Rinde: Der Baum stirbt ab und verdorrt. Ist der «behandelte» Wald trocken genug, wird er angezündet. Das Holz geht so zwar verloren, die Asche wirkt aber als Dünger auf dem neu gewonnenen Land. Das Schwenden und Anzünden dauert etwas länger als das

Bubendorf BL, Gutenfels. Axt mit Schlagmarken (Herstellerzeichen) aus der Zeit um 1300.

Sagens GR, Schiedberg. Reuthaue aus dem 12. Jh.

Zürich, Münsterhof. Aus karolingischer Zeit stammen Entwässerungsgräben, die später mit dunkler Erde zugeschüttet wurden. So zeichnen sie sich im helleren Untergrund deutlich ab.

Bei der Anlage von St. Johannsen in Erlach BE wurde um 1100 ein Astteppich kreuzweise ausgelegt, der die Bauarbeiten in diesem sumpfigen Gelände erst ermöglichte.

Damit die Mauern von St. Johannsen nicht im sumpfigen Boden versanken, wurden sie auf Pfähle und Balken errichtet. Im Vordergrund Fundamentbalken, die ebenso auf Pfählen liegen wie die Fundamentsteine einer älteren, halbrunden Apsis im Mittelgrund.

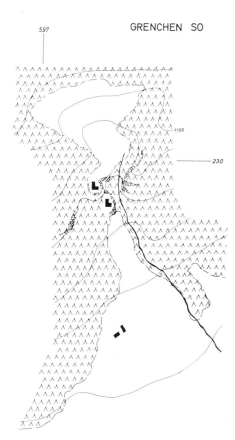

Die Karte zeigt die obere und die untere Burg Grenchen (10.–13. Jh.) im Zentrum des zugehörigen Rodungsgebietes.

Umhauen und Ausgraben, weil man das Verdorren der Bäume abwarten muss; es kostet aber wesentlich weniger Mühe.
Noch einfacher ist das Weidenlassen von Ziegen und Schafen: Mit ihrer Vorliebe für junge Pflanzen und Knospen verhindern sie ein Nachwachsen des Waldes. Diese Art der «Rodung» nahm allerdings eine bis zwei Generationen in Anspruch und wird vielerorts das bebaubare Ackerland fast unmerklich, aber stetig vergrössert haben.
Rodungen können mit Hilfe archäologischer Funde und Befunde kaum nachgewiesen werden. Äxte und Reuthauen sind ganz allgemein für Arbeiten im Wald verwendet worden, müssen also nicht unbedingt mit einem Kahlschlag in Verbindung gebracht werden. Aussagekräftiger sind etwa die abseitige Lage der Burgen sowie die Flurnamen: «Rüti», «Schwand» und ähnliches sind typische Namen für Rodungen.
Das Trockenlegen von Sümpfen ist archäologisch noch schwieriger nachzuweisen als die Rodung. Auch hier ist es vor allem die Lage der Siedlung, die diese Tätigkeit verrät: Das Kloster St. Johannsen bei Erlach (BE) liegt nicht umsonst in der Zihlebene; die Mönche werden ihre Tage damit verbracht haben, den das Kloster umgebenden Sumpf Stück für Stück trockenzulegen. Auch die heute verschwundenen Burgen Mülenen oder Bibiton, die am Ufer des ehemaligen Tuggener Sees standen, gehören in diese Gruppe von Siedlungen. Das Wasser im feuchten, sumpfigen Untergrund wurde mittels Entwässerungsgräben abgeleitet, wie sie auf dem Münsterhof in Zürich zum Vorschein kamen.
Rodungen und das Trockenlegen von Sümpfen brachte den Menschen viele Vorteile, vor allem aber mehr Nahrung. Die Bevölkerung wuchs prompt noch mehr! Mit der Zeit musste auch Land bebaut werden, das nicht sehr fruchtbar war. Der vermehrte Anbau von Getreide und der Rückgang der Viehzucht führte ausserdem dazu, dass zu wenig Düngemittel in Form von Mist auf die Äcker kam. Dies wiederum verursachte das Sinken der Erträge. Weiteres Roden half also nur kurzfristig.
Die umfangreichen Rodungen nicht nur in der Ebene, sondern auch an den Hängen hatte jedoch unliebsame Folgen! Nach einer Rodung beginnen schon die ersten grösseren Regenfälle, Erde ins Tal hinunterzuschwemmen. Diese wird dann an nicht unbedingt erwünschten

Stellen abgelagert. Innerhalb eines einzigen Menschenalters können so ganze Landschaften verändert werden. Mit der Anlage von Terrassen und hangparallelem Pflügen versuchte man den Schaden zu begrenzen. Schlammlawinen und Erdrutsche dürften jedoch den meisten Menschen des Mittelalters bekannt gewesen sein. Besonders schlimm traf es 1295 das Dorf Onoldswil im Tal der Frenke: Dort löste sich die Flanke des Berges und verschüttete das Dorf unter gewaltigen Fels- und Erdmassen. Das Wasser des Baches soll sich hinter dem Schuttkegel so hoch gestaut haben, dass man selbst die Spitze des Kirchturms von St. Peter nicht mehr gesehen habe! Heute steht diese Kirche einsam an der Strasse zwischen den Orten Niederdorf und Oberdorf (BL), die als Nachfolger oder besser als Rest des alten Onoldswil gelten. Wer genau hinsieht, kann im unruhigen Gelände die Reste des Bergsturzes noch erkennen.

Auf Burgen kam es vor, dass Teile der Umfassungsmauern einstürzten, weil die kahlgeholzten Hänge in Bewegung waren. Das wurde beim Westtrakt der Frohburg beobachtet. Die neue Westmauer zog man sicherheitshalber etwas weiter innen wieder auf und bezog dabei die Mauerstummel der noch stehenden Gebäude ein.

Besonders schlimm waren die Umweltschäden dort, wo Holz für gewerbliche Zwecke benötigt wurde. Das Ausschmelzen von Eisen brauchte soviel Holz, dass ganze Gegenden kahlgeschlagen wurden. Die Weiterverarbeitung des Roheisens durch den Schmied erforderte ebenfalls Unmengen von Energie. Diese wärmeerzeugende Energie – auch für das alltägliche Kochen und Heizen – lieferte einzig und allein das Holz. Ein grosser Holzmangel muss sich deshalb schon im Mittelalter in Gegenden bemerkbar gemacht haben, in denen neben den Rodungen zur Gewinnung von Land auch noch der enorme Holzverbrauch für die Eisenverhüttung den Wald in atemberaubender Geschwindigkeit zum Verschwinden brachte.

Oberdorf BL, St. Peter. Die Kirche liegt in der Talsohle. Die Bäume dahinter und rechts der Strasse sowie das moderne Gebäude am rechten Bildrand stehen auf dem Schuttkegel des Bergsturzes.

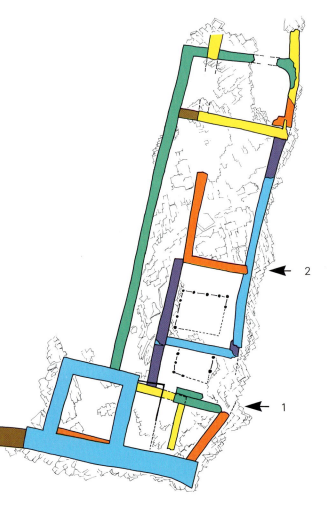

Trimbach SO, Frohburg. Plan des «Nordwesttraktes». Zur vielfältigen Baugeschichte gehört auch ein Absturz einer älteren Umfassungsmauer (1); ein Stummel einer noch aufrechtstehenden Mauer wurde in die neue Umfassungsmauer eingebaut (2).

# Der Adel und seine Burgen

Beispiel für ein Pfostenloch von der Burg Salbüel (Hergiswil b. Willisau LU), die vom 10. bis zum 13. Jh. besiedelt war. Ähnliche Spuren führten in Bümpliz zur Entdeckung des burgundischen Königshofs.

Wer von «Mittelalter» redet, denkt meist an Burgen. Diese oft als malerische Ruinen an vielen Orten sichtbaren Reste der Geschichte sind geradezu ein Inbegriff für diese Epoche, selbst wenn man sich bewusst ist, dass nur ein sehr kleiner Teil der Bevölkerung in den Burgen gewohnt hat.

Vor allem zu Beginn des Mittelalters, in karolingischer Zeit, sind es lediglich einige Bischofssitze oder königliche Pfalzen, die sich aus der Masse der kleinen, oft nur wenige Häuser umfassenden Dörfer abheben. Mehrere dieser «normalen» Siedlungen waren einem «Fronhof» unterstellt (in den Quellen lateinisch als «curtis» bezeichnet). Der Verwalter eines solchen Fronhofes vertrat den Grundherrn; für die Landbevölkerung war er der Bezugspunkt zur Herrschaft: Im Fronhof mussten die Abgaben abgeliefert werden, von dort aus wurde bestimmt, wann zu säen und wann zu ernten war, und dort wurde auch die niedere Gerichtsbarkeit ausgeübt. Im Fronhof wohnte der Grundherr mit seinem Gefolge, wenn er in der Gegend war; auch Gäste, vielleicht ein Graf oder gar der König, wurden hier bewirtet, wenn sie auf der Durchreise waren.

Einen Fron- oder Herrenhof oder im Falle von Königsgut einen Königshof zu finden ist nicht einfach. Die Bauweise seiner Häuser unterscheidet sich nämlich kaum von jener der Dörfer. In Bümpliz hatten die Archäologen Glück: Im Hof des «Alten Schlosses» fanden sie unter den Ruinen eines Rundturms aus der Zeit um 1260/70 Spuren eines älteren Holzgebäudes. Dunkle Verfärbungen im helleren Untergrund zeigten an, wo einst die tragenden Wandpfosten gestanden hatten. Das Haus mit zwei Feuerstellen aus Lehm war für mittelalterliche Verhältnisse gross: Es mass 4 mal 11 Meter und stand ursprünglich auf einer künstlich leicht erhöhten Insel in einem Tümpel. Eine Holzbefestigung, eine sogenannte «Palisade», umgab das ganze. Einzelne Reste dieser in den Boden gerammten Pfähle konnten noch festgestellt werden.

Dieser Bau ist mit grösster Wahrscheinlichkeit ein Vorläufer der 1306 erwähnten «curtis imperii» («Hof des Reiches»), Funde aus dem Holzbau datieren ihn ins 10. Jahrhundert. Er reicht somit in jene Zeit zurück, als die Gegend von Bern noch zum Königreich Burgund gehörte. Und tatsächlich kann man nachweisen, dass König Rudolf II. von Hochburgund in Bümpliz Urkunden ausgestellt hat.

Auch der Adel wohnte ursprünglich in den Dörfern. Seine Häuser sind nicht bekannt. Es können aber bereits befestigte Anlagen gewesen sein, wobei als Befestigung schon ein besonders starker Zaun oder ähnlich wie in Bümpliz eine Palisade diente.

Schon im 10. Jahrhundert begann der Adel jedoch, sich auch ausserhalb der Dörfer Wohnsitze zu bauen. Als standesgemäss galten Burgen auf Hügeln und Bergen, auf Inseln oder am Rande von Seen und Sümpfen, manchmal auch auf künstlich aufgeschütteten Erdhügeln, sogenannten «Motten». Diese frühen Anlagen bestanden oft aus Holz; bereits vom frühen 11. Jahrhundert an sind aber auch Steinbauten bezeugt, vor allem wohl in jenen Gegenden, wo brauchbare Steine in grossen Mengen vorhanden waren oder gebrochen werden konnten. Vorbilder für solche Burgen könnten einerseits die karolingischen Königspfalzen, andererseits auch die sogenannten «Fluchtburgen» gewesen sein. Ein Geschichtsschreiber des Klosters St. Gallen, Ekkehard IV., berichtet, dass im 10. Jahrhundert, zur Zeit der Ungarn-Einfälle, die Mönche eine solche Fluchtburg angelegt haben; sie brachten den Kirchenschatz und sich selbst dort in Sicherheit, als das Kloster von einer Horde dieser wilden Reiterkrieger überfallen wurde. Man nimmt an, dass diese Fluchtburg in der «Waldburg» bei Häggenschwil (SG) zu sehen ist.

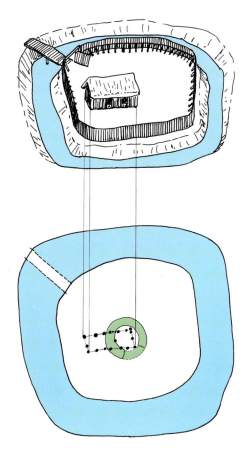

Bümpliz BE, altes Schloss. Grundriss und Rekonstruktion des aufgefundenen Pfostenhauses, das zum hochburgundischen Königshof des 10. Jh. gehörte. Grün eingezeichnet ist im Plan auch der Turm aus den sechziger Jahren des 13. Jh., den Peter von Savoyen erbauen liess.

Herrain bei Schupfart AG. Beispiel für eine Motte, einen künstlich aufgeschütteten Erdhügel, der ursprünglich eine Burg trug. Zeitstellung unbekannt.

Sissach BL, Fluh. Modell der «Fluchtburg» auf dem markanten Felskopf oberhalb von Sissach. Obwohl der letzte Beweis fehlt, nimmt man eine Datierung ins frühe Mittelalter an.

In die gleiche Zeit gehört auch Burghalden bei Liestal (BL); offen bleibt jedoch, ob die Kirchenkastelle des Bündnerlandes, etwa Jörgenberg und Hohentrins, ebenfalls in diesen Zusammenhang gestellt werden können.

Neben den grossflächigen, oft mit einer Kirche oder Kapelle versehenen Anlagen kannte das 10. und dann vor allem das 11. Jahrhundert bereits auch Burgen eines anderen Typs: Sie waren ständige Wohnsitze einer Adelsfamilie. Manchmal wurde eine bereits bestehende Befestigung allmählich zu einer solchen Anlage ausgebaut wie auf Schiedberg (GR). Oft waren es Neubauten in abgelegener Wildnis wie die Frohburg oberhalb von Olten, die Burg Grenchen und die Löwenburg bei Pleigne im Jura. Burgen bauten in dieser frühen Zeit vor allem Familien des Hochadels, der Grafen und Freiherren; erst im Verlauf des 12. Jahrhunderts gesellte sich auch der niedere Adel dazu, der nach 1200 von einer regelrechten Bauwut erfasst worden zu sein scheint.

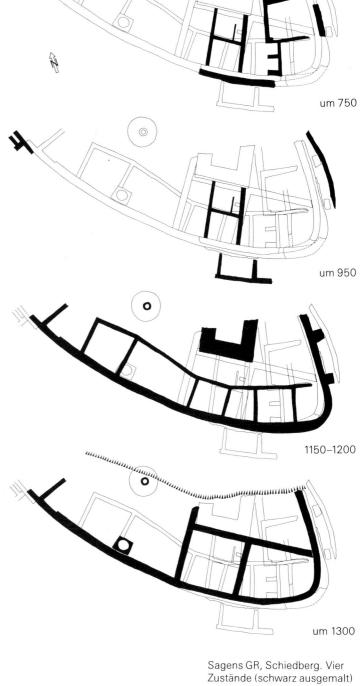

Sagens GR, Schiedberg. Vier Zustände (schwarz ausgemalt) der Bebauung. Von einer typischen Adelsburg mit Turm und mehreren grösseren Gebäuden kann erst in der Zeit von 1150–1200 gesprochen werden.

**Worterklärung**

**Fronhof:** Herrenhof; von althochdeutsch «frô», der Herr.

# Wozu wurden Burgen gebaut?

Mächtige Türme mit Wehrplattform und Zinnen, Ringmauern mit Schiessscharten und Zugbrücken werden sofort mit einer Burg in Zusammenhang gebracht; sie sind die sichtbaren Kennzeichen ihrer wehrhaften, «militärischen» Seite. Sicher ist die Wehrhaftigkeit wichtig. Sie sollte aber nicht überbewertet werden, denn eine Burg hatte auch noch weitere ebenso wichtige Aufgaben.

Die Burg war Wohnsitz einer adligen Familie, und als solcher musste sie eben befestigt sein. Denn der Adel führte damals ein Leben, in welchem der «Krieg» allgegenwärtig war. «Krieg» bedeutete aber nicht riesige Heere und grosse Schlachten; in seiner alltäglichen Form waren es Fehden, die zwischen kleinen Gruppen ausgefochten wurden. Die Kampfmittel waren handstreichartige Überfälle auf Burgen und Dörfer des Gegners und vor allem das «Schadentrachten»; dabei wurden Dörfer ausgeraubt, Ernten verbrannt und Vieh weggetrieben. Das Ziel war, dem Gegner die wirtschaftliche Grundlage zu entziehen. Die Hauptleidtragenden waren dabei natürlich die «kleinen Leute» auf den Bauernhöfen und in den Städten. Die Fehden waren es denn auch, die im Spätmittelalter dem Adel den Vorwurf des «Raubrittertums» eintrugen.

Zur Adelsfamilie gehörte nicht nur die engste Verwandtschaft. Je nach Bedeutung des Burgherrn und Grösse der Anlage umfasste sie auch eine Anzahl von Mägden und Knechten. Wie viele Leute es insgesamt waren, lässt sich schwer schätzen. Auf kleineren Burgen darf man – die Kinder eingerechnet – wohl zwischen 15 und 20 Personen als Mindestzahl vermuten. Grössere Anlagen boten entsprechend mehr Leuten Platz.

Der Schutz der Menschen vor Überfällen war die eine Aufgabe der Burg. Ebenso wichtig war für den Besitzer aber das hohe Ansehen, das ihm sein Bauwerk eintrug: In einer Gesellschaft, in der Umgangsformen und Benehmen

Das Minnekästchen von Konstanz ist mit ähnlichen Beschlägen versehen. Da in diesen Kästchen oft wertvolle Dinge verwahrt wurden, waren sie abschliessbar. Auf der Vorderseite ist eine Jagdszene dargestellt, auf dem Deckel ein Gastmahl.

### Worterklärungen

**Fehde:** Da es im Mittelalter keine für alle gültigen Gesetze und schon gar keine Polizei gab, war man bei der Suche nach seinem Recht auf Selbsthilfe angewiesen. Die Fehde lief nach bestimmten Bräuchen ab; so musste sie zum Beispiel in einem Fehdebrief erklärt werden, sonst war sie unrechtmässig und galt als Landfriedensbruch, der von allen Bewaffneten gemeinsam gerächt werden musste.

**Raubritter:** So wurden im Spätmittelalter die verarmten Ritter genannt, die teils wirklich auf Raubzüge gingen, teils aber lediglich auf ihre alten Rechte – etwa Zölle – pochten, die von den Städten nicht mehr ernstgenommen wurden, da sie an einem möglichst freien Handel interessiert waren. Der Begriff stammt denn auch aus städtischer Umgebung.

Manessische Liederhandschrift, Anfang 14. Jh. Die Szene zeigt den Überfall auf eine Burg. Die Angreifer sind mit Armbrüsten bewaffnet, der vorderste trägt ein Beil zum Einschlagen des Tores, der zweite eine brennende Fackel, um damit Feuer zu legen. Die Burgbewohner – und -bewohnerinnen – wehren sich mit Armbrust und Steinbrocken, die sie auf die Feinde werfen.

nach strengen Massstäben geregelt waren, war es eben nicht unwichtig, wie eine Burg aussah. Deshalb wurde sie nach der neuesten Mode und nach gewissen Vorbildern erbaut. Der Rundturm von Bümpliz ist noch mehr: Er ist erkennbares Zeichen des Machtanspruchs seines Erbauers Peter von Savoyen, der durch die in dieser Gegend ungewöhnliche Form unterstrichen wurde. Die Wahl des Standortes auf hohen Bergen erfolgte oft ebenfalls in der Absicht, eine schon von weitem sichtbare Burg zu bauen.

Die Burg war aber auch der Mittelpunkt einer Herrschaft und der Sitz ihrer Verwaltung. Vor allem in den Rodungsherrschaften übernahm sie zudem die Funktionen der Fronhöfe. Güter und Rechte, die eine Herrschaft ausmachten, waren an die Burg und nicht an ihren Besitzer gebunden.

Oft werden Burgen auch als «Hüterinnen der Strassen und Pässe» bezeichnet. In den meisten Fällen ist aber dieser Zusammenhang nicht gegeben. Zwar trifft er hin und wieder zu: Angenstein bei Aesch (BL) steht an einem schmalen Durchbruch der Birs durch die Kette des Juras, einer «Klus», Freudenau bei Brugg (AG) an einer Brücke über die Aare; Castelmur (GR) sperrt mit einem ganzen System von Mauern ein Tal ab. Oft waren solche Engpässe mit einer Zollstelle verbunden, denn hier konnte niemand ohne grössere Anstrengung ausweichen.

Burgen waren neben Wohnsitzen auch sichtbare Zeichen der Herrschaft. Der Turm von Saxon VS wurde um 1280 von Philipp, dem Bruder Peters von Savoyen erbaut, der seine Gegnerschaft zum Bischof von Sitten in der Landschaft sichtbar machte.

Bei Fehden wurden oft Gegner gefangengenommen, um von den Angehörigen ein Lösegeld zu erpressen. Diese Gefangenschaft war sicher nicht angenehm, wie die auf Burg Madeln (Pratteln BL; Mitte 14. Jh.) gefundenen Fussfesseln mit einer zwei Meter langen, schweren Kette vermuten lassen.

# Gastmahl auf Burg Schönenfels

Die Burg Schönenfels ist nicht Mittelpunkt eines glänzenden höfischen Zentrums, sondern liegt etwas abseits inmitten grosser Wälder. Sie ist aber auch nicht eine jener kleinen Burgen, die samt ihrem Umschwung dem Wald durch Rodungen abgerungen werden mussten und deren Bewohner knapp von den Einkünften der so entstandenen Äcker und Wiesen leben können. Zu Schönenfels gehören grosse Ländereien mit fruchtbarem Ackerland und Weidegebieten, Rebbergen und fischreichen Gewässern. Auch Mühlen und Erzgruben sind im Besitz des Burgherrn, und in den ausgedehnten Wäldern der Umgebung ist er allein zum Jagen berechtigt. Dies alles macht die Burg zum Zentrum einer ziemlich wohlhabenden Herrschaft.

Der Reichtum versetzt den Burgherrn Eberhard und seine Frau Mathilde in die Lage, ein Leben zu führen, wie es die Standesregeln erfordern: Sie sind besonders gastfreundlich und grosszügig und laden häufig zu grösseren Gelagen ein. Auch heute ist wieder eine zahlreiche Gesellschaft zusammengekommen, das Essen ist in vollem Gang. Auf dem Tisch ist ein leinenes Tischtuch ausgebreitet. Kerzen sorgen zusammen mit Talglampen in einer Mauernische und mit an den Wänden befestigten Kienspänen für die Erleuchtung des Raumes. Dienerinnen und Diener tragen die verschiedenen Speisen auf, die meist sehr kunstvoll auf grossen Holzplatten angerichtet sind. Die Tischgenossen essen mit den Händen, die sie vor dem Essen sorgfältig gewaschen haben. Alle bedienen sich aus den gemeinsamen Schüsseln. Die von den verschiedenen Saucen beschmutzten Finger dürfen sie am Tischtuch abwischen. Sie nehmen Stück für Stück aus der Schüssel und legen die Brocken auf halbierte Brotfladen oder führen sie direkt zum Mund. Zum Zerkleinern grösserer Stücke werden einige Messer benützt, die auf dem Tisch bereitliegen. Breiartige Speisen und Suppen löffeln sie mit Holzlöffeln aus Holzschalen. Zum Trinken stehen einige Daubenbecher auf dem Tisch, und auch die Weinkanne ist aus Holz; ausser Wein gibt es auch Wasser, und die Kinder bekommen sogar frische Milch.

*Das Essen ist sehr reichhaltig: Zu Beginn gibt es Pasteten mit einer Füllung aus Lammfleisch, Kohl und Rosinen, die mit Essig und Zimt gewürzt sind. Dann folgte eine Suppe mit Kohl, Erbsen und Mandeln. Auch Geflügel wird aufgetragen: Zum einen eine gebratene Ente mit einer Garnitur aus Pflaumen und Trauben, zum andern ein Ragout aus Hühnerfleisch. Alle Speisen sind reichlich gewürzt; dies tut man nicht nur wegen des guten Geruchs und Geschmacks, sondern auch, um zu zeigen, wie vermögend man ist: Pfeffer, Zimt und Safran kommen von weither. Da sie auf Schiffen, Wagen und Maultieren mehrere Wochen oder gar Monate unterwegs sind, kosten sie entsprechend viel. Der nächste Gang ist ein gebratenes Lamm, das bereits in der Küche zerlegt wird; die Köchin hat es dann aber wieder so zusammengefügt, dass es wie ganz aussieht. Mit Gemüse und Blumen ist es besonders schön garniert worden. Als Dessert schliesslich sind Kuchen mit Früchtebelag sowie gewürzter Wein vorgesehen; auf die Kuchen freuen sich vor allem die Kinder, die diesmal nach langem Betteln die Erlaubnis erhalten haben, ebenfalls dabei zu sein.*

*Allerdings haben Eberhard und Mathilde diesen Entschluss schon längst bereut: Nicht die Kinder sind es, die sich schlecht benehmen! Es ist einer der Gäste, der jeden Anstand vergessen zu haben scheint und sich völlig danebenbenimmt. Werner von Schweinsberg tut nämlich genau das, was man bei Tisch nicht tun dürfte. Das Tischtuch vor seinem Platz ist völlig verschmiert, man kann an den Flecken ohne weiteres ablesen, welche Speisen bereits aufgetragen worden sind. Eben greift er ohne jede Hemmung quer über den Tisch, um aus einer entfernten Schüssel ein Hühnerbein zu angeln. «Her mit dem Hühnerbein», ruft er mit vollem Mund, «Hühnerbeine sind meine Leibspeise, ich könnte Dutzende davon verschlingen!» Dass er bei seinem gierigen Griff über den Tisch den neben ihm stehenden Becher umwirft und mit dem verschütteten Rotwein Mathildes Kleid ruiniert, entlockt ihm nur ein trockenes «Hoppla!». Das Missgeschick hindert ihn jedenfalls nicht daran, sofort seinen leeren Becher wieder füllen zu lassen. Die anderen Gäste sind entsetzt. Zu Beginn haben sie zwar wegen der dummen Sprüche und der groben Reden noch gelacht; nun haben sie aber genug davon. Ein normales Gespräch ist nicht mehr möglich, da Werner alle übertönt. Zudem haben auch die Kinder, die man immer zur Sauberkeit anhält, gesehen, dass er trotz der schwarzen Ränder unter den Fingernägeln seine Hände beim Waschen kaum benetzt hat. Dann hat er Unmengen von Pasteten verschlungen und dabei ständig laut und mit vollem Mund geredet. Die Suppe hat er aus der Schale geschlürft, ohne sich die Mühe zu nehmen, einen Löffel zu benutzen. Mit seinen schmutzigen Fingern hat er immer wieder angebissene Brotbrocken in die gemeinsame Saucenschüssel getaucht.*

*Seit Beginn der Mahlzeit schüttet er zudem einen Becher Wein nach dem anderen in sich hinein. Dass er nicht zu den vornehmsten und feinsten ihrer Bekannten gehört, haben Eberhard und Mathilde ja gewusst, aber auf dieses Schauspiel sind sie nicht gefasst. Die einzige Hoffnung, die ihnen zur Rettung dieses Abends noch bleibt, ist die Aussicht, dass Werner möglichst rasch so betrunken ist, dass man ihn ins Bett legen kann. Am meisten fürchten sie jedoch, dass die Kinder genau aufpassen und ab morgen versuchen, die «Sitten» dieses Gastes nachzuahmen. Um ihnen diese Flausen wieder auszutreiben, wird es Wochen dauern.*

## Gerstensuppe mit Früchten

Zutaten
1 Tasse Gerste
zwei Drittel Tasse feingeschnittene Schnitze von säuerlichen Äpfeln
eine halbe Tasse feingehackte, getrocknete Aprikosen
8 Tassen Hühnerbrühe
1 Teelöffel Ingwerpulver
1 Prise Salz
1 Prise Pfeffer
1 Tasse frische (oder tiefgefrorene) Erbsen

In einem grossen Topf alle Zutaten ausser den Erbsen 45 Minuten bei kleinem Feuer köcheln lassen. Erbsen zufügen, weitere 15 Minuten kochen. Heiss servieren.

## Kalbfleischkugeln mit Dill

Zutaten
500 g gehacktes Kalbfleisch
250 g getrocknete, fein gehackte Feigen
2 Esslöffel getrockneter Dill
1 halber Teelöffel Zimt
1 Prise geriebene Muskatnuss
1 Prise Salz
eine halbe Tasse geröstetes Paniermehl
3 Eier
Öl oder Butter zum Braten
Zum Garnieren etwas Himbeerkonfitüre

Alle Zutaten gut vermischen, damit eine einheitliche, gut formbare Masse entsteht. Aus diesem Teig kleine Fleischbällchen formen und in Öl oder Butter unter mehrmaligem Wenden so lange braten, bis sie knusprig sind. Abtropfen und mit einem Klecks Himbeerkonfitüre auf jedem Bällchen servieren.

## Süsser Hirsebrei

**Z**utaten (für 4 Personen)
1 l Milch
1 Löffel Butter
1 Prise Salz
200 g Hirse
etwa 100 g Honig
Zimt nach Belieben

Milch mit Butter, Honig und Salz aufkochen. Dann Hirse zugeben und etwa eine Stunde bei schwacher Hitze ziehen lassen.
Am Schluss Zimt in den Brei hineinrühren.

# Eine Burg wird gebaut

Nicht alle Burgen stehen auf einem möglichst hohen und steilen Berg. Ebensogut sind auch andere Standorte möglich: auf einer Insel, an einem See- oder Flussufer, in einem Sumpf und selbst in einer überhängenden Felswand. Die Wahl des Bauplatzes hing von verschiedenen Dingen ab: Die Möglichkeit, sich gut vor Angriffen zu schützen, spielte ebenso ein Rolle wie zum Beispiel die Frage, ob in der näheren Umgebung oder auf dem Platz selbst Trinkwasser vorhanden war. Geeignetes Baumaterial sollte wenn möglich ebenfalls an Ort und Stelle vorhanden sein. Denn der Burgenbau kostete viel Geld und man musste deshalb darauf achten, die Mittel möglichst sparsam einzusetzen.

Die Zeichnungen auf dieser und der nächsten Seite zeigen Szenen aus dem mittelalterlichen Baubetrieb. Dargestellt sind der Baumeister mit Latte und Messschnur sowie Steinmetzen, die mit verschiedenen Werkzeugen die Quader zuhauen und überarbeiten.

Nehmen wir an, ein Bauplatz sei gefunden. Beim Beispiel der Burg Scheidegg ist es eine leicht abfallende Felsrippe. Zuerst entwarfen Baumeister oder Architekt und Bauherr zusammen den Bauplan. Dabei waren Erfahrungen und Kenntnisse des Architekten ebenso wichtig wie die Wünsche des Auftraggebers. Nach diesem Plan wurde dann der Bauplatz vorbereitet: Er musste vollständig vom Pflanzenwuchs, also Bäumen und Sträuchern befreit sein. Auch die Erde auf dem Felsen musste weg, damit die Mauern auf festen Untergrund aufgesetzt werden konnten. Wo der Fels stark abfällt, meisselten die Bauleute «Fundamentbänke» hinein, das heisst ebene Streifen, auf denen die Mauersteine nicht abrutschen konnten.

Zur gleichen Zeit waren andere damit beschäftigt, Baumaterial zu beschaffen: Steine wurden gleich nebenan gebrochen und zugehauen; das ersparte lange Transportwege, und gleichzeitig entstand ein Annäherungshindernis in Form eines tiefen Grabens. Für die Zubereitung des Mörtels bauten einige Spezialisten einen Kalkbrennofen in der Nähe. Holzfäller waren damit beschäftigt, im Wald geeignete Stämme auszusuchen, zu fällen und zum Verbauen vorzubereiten: Sie mussten die richtige Stärke und Länge haben.

War alles vorbereitet, konnte der Bau beginnen. Zuerst wurde ein Fundament gelegt; auf der Innenseite füllte man häufig Erde und Bauabfälle ein, damit man einen ebenen Hof erhielt.

So einfach ging es aber nicht überall: In sumpfigem Gelände musste man Pfähle in den Boden einschlagen, damit die schweren Mauern sich nicht senkten und das neue Gebäude zum Einsturz bringen konnten. Auf die Gehhorizonte verlegte man oft «Teppiche» aus Ästen, die einerseits den Boden etwas erhöhten, andererseits eine tragfähige Unterlage für geeignetes Auffüllmaterial bildeten.

Beim Hochziehen der Mauer benötigten die Arbeiter bald Gerüste. Am häufigsten waren sogenannte «Fluggerüste»: War die Mauer etwa bis auf Brusthöhe gewachsen, wurden quer zum

Bei der Wasserburg Pfäffikon ZH, einer Anlage der Herren von Landenberg-Werdegg aus dem 14. Jh., mussten Pfähle in den sumpfigen Untergrund eingeschlagen werden, damit die Gebäude nicht einsanken.

Trimbach SO, Frohburg. Auf dem markanten Felskopf, der die weitläufige Anlage überragt, mussten zum Abstellen der Mauern Fundamentlager in den abschüssigen Fels eingehauen werden. Besonders gut erkennbar sind sie links vom unteren Ende des Geländers sowie in der rechten unteren Bildecke.

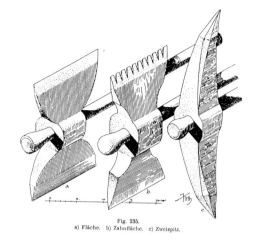

Die Abbildung aus einem handwerklichen Fachbuch von 1896 zeigt Steinhauerwerkzeuge, wie sie auch schon im Mittelalter in ähnlicher Form verwendet wurden.

Mauerverlauf Balken eingelegt und mit 2 bis 3 Lagen Mauersteinen überdeckt. Auf diese Balken verlegte man Bretter, die als neue Arbeitsebene dienten. Der Vorgang wiederholte sich, bis die endgültige Höhe erreicht war. Die vorstehenden Balken wurden am Schluss abgesägt. Der zurückbleibende Balkenrest verfaulte mit der Zeit und hinterliess ein «Gerüstloch»; solche Lochreihen sind in mittelalterlichen Mauern oft noch zu sehen.

Der Transport des Baumaterials erfolgte über Rampen und Leitern durch Träger: Sie trugen Mörtelwannen und Steine auf den Schultern oder mit Hilfe eines über die Stirn gelegten Bandes; aber auch einfache Kräne waren vorhanden. Neben den Maurern waren auch die Zimmerleute auf dem Bau nicht untätig; sie bauten gleich die Balken für die Geschossböden ein. Ausser steinernen Gebäuden entstanden auch solche aus Fachwerk. Bei dieser Bauweise wird ein Holzgerüst aufgestellt, in die Zwischenräume zwischen den Balken setzt man Flechtwerk aus Hasel- und Weidenruten ein. Auf diese Flechtwände kommt innen und aussen eine dicke Schicht Lehm.

All diese Arbeiten verrichteten ausgebildete Bauhandwerker. Oft waren dies Leute, die nirgends lange blieben und sich einmal hier, einmal dort nach Arbeit umsahen. Auch Baumeister und Architekten waren nicht an einen Ort gebunden; so kann es vorkommen, dass sich bei uns – wie im Falle der Scheidegg – Burgenformen finden, wie sie etwa auch in Westfrankreich üblich waren.

Oft kann man lesen, dass Burgen durch die geknechteten Untertanen errichtet werden mussten. In dieser Form stimmt dies ganz sicher nicht. Gewiss werden sie für verschiedene Hilfsarbeiten und Transporte als Fronarbeiter eingesetzt worden sein. Und ebenso sicher hat ihnen dies nicht immer behagt. Wir müssen jedoch davon ausgehen, dass kein Bauherr daran interessiert war, seine Untertanen zu schinden; denn letztlich lebte er ja von dem, was sie das Jahr hindurch auf ihren Äckern anbauten und ernteten. Hätten sie wegen seines Bauvorhabens keine Zeit und Kraft mehr gehabt, die Arbeiten in der Landwirtschaft zu erledigen, wäre ja letztlich auch der Grundherr selbst zu Schaden gekommen.

Viele Ausgrabungen haben gezeigt, dass mit der Fertigstellung der Burg die Bauarbeiten meist nicht zu Ende waren. Vielmehr scheinen vor allem grössere Anlagen ununterbrochen ergänzt, neu- oder umgebaut worden zu sein.

Nicht alle Burgen sehen gleich aus. Zu unterschiedlich sind Grösse und Lage, Absicht und Zweck ihrer Erbauung. Schon vom Grundriss her sind unzählige verschiedene Spielarten möglich. Einige Elemente sind jedoch überall oder doch mindestens sehr häufig zu finden. Dazu gehören eine Befestigung, meist ein Graben mit oder ohne Wasser, und eine «Ringmauer» (auch «Bering» genannt), die den ganzen Burgbezirk gegen aussen abschirmt. Das Tor kann besonders geschützt sein, etwa durch einen Torturm oder vorgelagerte Bauten, ein sogenanntes «Vorwerk». Häufig führt der Weg nicht geradlinig auf den Eingang zu, sondern von der Seite einer Mauer entlang, um dann unmittelbar vor dem Eingang zu enden. Nur mit einer scharfen Drehung gelangt man in die Burg. Mit diesem einfachen «Trick» wird das Einrennen des Tores mit einem «Rammbock» verunmöglicht.

Der Maurer sitzt auf dem Fluggerüst und verputzt eine Mauer in der «rasapietra-Technik», d. h. die Steine bleiben sichtbar, während die Fugen breit mit Mörtel verputzt werden.

Wenslingen BL, Ödenburg. Blick auf die Aussenseite des Haupttores. Das Tor mündet in einen Steilhang, die Schwellenhöhe ist ausserdem um mehr als einen Meter erhöht. Der Zugang muss von links her über eine hölzerne Rampe geführt haben.

Paspels GR, Canova oder Neu-Süns. Der runde, viergeschossige Hauptturm ist bis zum Zinnenkranz erhalten, allerdings nur zur Hälfte; die andere Hälfte wurde wie bei Alt-Süns (s. Seite 100) abgebrochen. Erkennbar sind die Löcher der Balken für die Zwischenböden, ein Fenster des 2. Geschosses (ganz unten zwischen den Bäumen), darüber im 3. Geschoss die Nische der nach oben spitz zulaufenden Kaminhaube mit Rauchabzug, im 4. Geschoss schliesslich der Rauchabzug eines Ofens und rechts daneben ein Fenster mit Sitznische.

Innerhalb der Ringmauer stehen die verschiedenen Gebäude der Burg. Oft ist eines davon grösser und höher als alle anderen, so dass man es als Hauptbau bezeichnet. Meist wird ein solches Gebäude «Turm» genannt, auch wenn sich hinter diesem Wort die unterschiedlichsten Bauformen verbergen. Kennzeichnend ist neben der Mehrgeschossigkeit der «Hocheingang»: Der Zutritt erfolgte nicht zu ebener Erde, sondern in einem oberen Geschoss, oft sogar im 2. oder 3. Stockwerk. Die Tür erreichte man über hölzerne Leitern oder steile Treppen. Diese Türme waren oft auch die Wohnbauten der adligen Familie. Die Grundfläche war manchmal so klein, dass die Wohn- und die Schlafräume sowie die Küche übereinander in den obersten Geschossen angelegt und mit leiterartigen Treppen miteinander verbunden waren. Auf Canova (Domleschg) lässt sich diese Anordnung in den Spuren der Feuerstellen erkennen. Im 3. Geschoss lag die Küche: der Herd war überdeckt von einer mächtigen Kaminhaube, die sich an der Wand noch abzeichnet. Im darüberliegenden 4. Stock zeigt der Rauchabzug eines Ofens die Wohnräume an.

Auch in anderen Gebäuden waren oft Wohnräume untergebracht. Sowohl in Rickenbach (SO; 11. Jahrhundert) als auch auf der Scheidegg (um 1300) lagen sie zum Beispiel über dem Pferdestall. Bei der Bedeutung, die Pferde für die ritterliche Lebensweise hatten, kann nicht verwundern, dass man diese Tiere wenn immer möglich in die Burg hineinnahm. Selbst in sehr engen Anlagen wie der Grottenburg Riedfluh bei Eptingen (BL) beweisen die Funde von Hufeisen und Hufnägeln die Anwesenheit von Pferden.

Neben den Wohnbauten gehörten zu jeder Burg auch sogenannte «Wirtschaftsbauten», in denen handwerkliche und häusliche Arbeiten verrichtet und Vorräte sowie Geräte eingelagert wurden. Da diese Bauten untergeordnete Bedeutung hatten, waren sie oft auch aus Holz oder Fachwerk und nicht aus dem teureren Stein. Manchmal stösst man bei Ausgrabungen auch auf sogenannte «Grubenhäuser», die leicht in den Boden eingetieft sind und meist als Webkeller benutzt wurden.

Wichtig war für jede Burg auch eine Anlage für die Wasserversorgung, die vor allem auf Höhenburgen ein grosses Problem darstellte. Manchmal wurde es durch das Abtiefen eines Sodbrunnens auf eine wasserführende Schicht gelöst; häufiger sind jedoch Regenwassersammler, sogenannte «Zisternen». Die übliche Form war die Filterzisterne, bei der das Regenwasser durch eine Packung aus Steinen und Sand hindurch geleitet wurde und einigermassen sauber aus dem Schacht geschöpft werden konnte. Die normale Dachbedeckung aus Schindeln oder Stroh verursachte nämlich eine zu starke Verschmutzung des abfliessenden Regenwassers, als dass man es hätte ungefiltert in eine Tankzisterne einleiten können. Wie die Wasserversorgung auf jenen Burgen möglich war, die weder Sod noch Zisterne hatten, weiss man nicht. Möglicherweise wurde dort das Regenwasser in Fässern gesammelt.

Wer heute ein Haus baut, kommt nicht darum herum, sich mit dem Problem von Abwasser und Abfall auseinanderzusetzen. Ihre Beseitigung ist durch zahlreiche Vorschriften und Gesetze geregelt. Auf mittelalterlichen Burgen machte man sich allerdings noch keine solchen Gedanken! Abfälle wurden kurzerhand zum Fenster hinausgeworfen und verteilten sich rasch auf den Abhängen; in den steilen Halden bei der Burg Scheidegg konnten nicht einmal entsprechende Schichten beobachtet werden. Oft scheint man sich aber nicht einmal diese Mühe genommen zu haben; Scherben und Essabfälle in Form von Tierknochen finden wir bei den Ausgrabungen oft auch auf dem Burghof. In der Archäologie nennt man solche Abfallhaufen «Kulturschichten»!

Für die «menschlichen Bedürfnisse» baute man als Latrinen in der Nähe der Wohnräume kleine, über die Mauerflucht hinausgebaute Erker; als Toilettensitz diente ein rund ausgeschnittenes Brett. Die darunterliegenden Mauern müssen einen wenig appetitlichen Anblick geboten haben.

Paspels GR, Alt-Süns. Aborterker im 3. und 4. Geschoss des Wohnturms, der obere vollständig erhalten, vom unteren ist nur noch die Maueröffnung vorhanden. Man beachte, wie unterhalb der Erker der sonst gut erhaltene Verputz zersetzt ist.

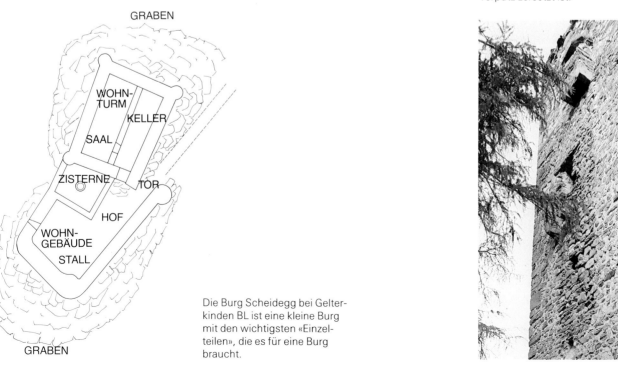

Die Burg Scheidegg bei Gelterkinden BL ist eine kleine Burg mit den wichtigsten «Einzelteilen», die es für eine Burg braucht.

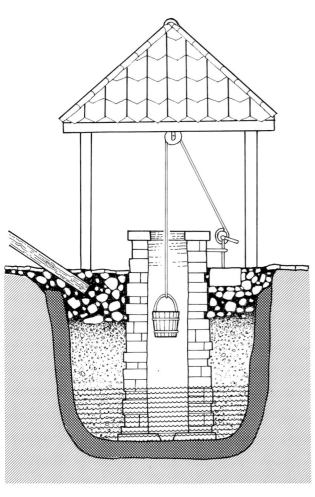

Schematischer Schnitt durch eine Zisterne. Eine in den Untergrund gegrabene Grube wird mit einer dicken Schicht wasserundurchlässigem Lehm abgedichtet (dunkel gerastert). In diesem wasserdichten Behälter steht der ohne Mörtel gemauerte Brunnenschacht in einem Filter aus Sand und Steinen. Das verschmutzte Regenwasser wird in diesen Filter geleitet und sickert als sauberes Wasser in den Schacht, wo es mit Kesseln und Eimern geschöpft werden kann.

Im Sodbrunnen von Friedberg bei Meilen konnten zwei vollständig erhaltene, innen verzinnte Kupferkessel geborgen werden. Der eine war noch mit einer rund ein Meter siebzig langen Eisenkette verbunden.

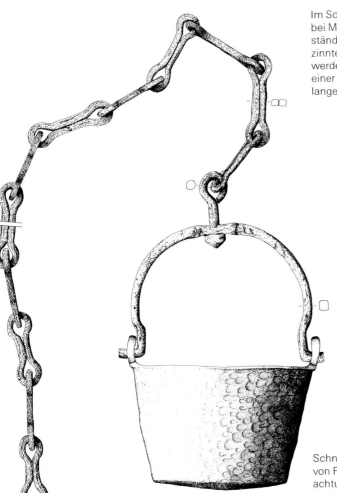

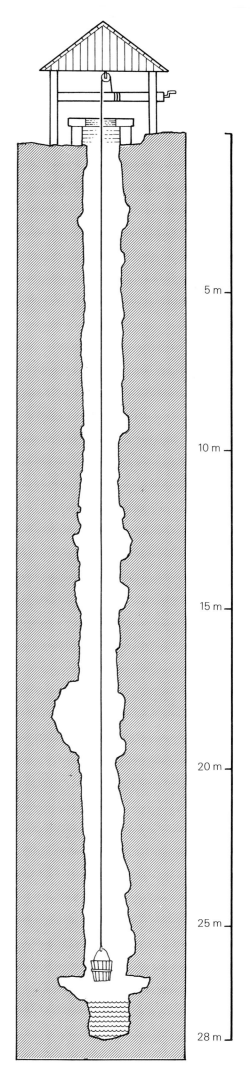

Schnitt durch den Sodbrunnen von Friedberg bei Meilen. Über achtundzwanzig Meter tief mussten die Erbauer der Burg einen Schacht in den Sandstein meisseln, bis sie auf eine genügend Wasser führende Schicht stiessen.

# Das «Innenleben» der Burgen

Der Burgturm von Hospental UR sieht abweisend und ungastlich aus. Dennoch war er bewohnt: Seit dem Ende des 12. Jh. sassen darin die Vertreter der Grundherrschaft, die das Kloster Disentis innehatte. Wer genau hinsieht, kann die kleinen Schartenfenster erkennen.

Die Inneneinrichtung einer Burg war denkbar einfach. Die verputzten Wände waren manchmal mit Teppichen und Fellen behängt oder gar bemalt. Gemütlich war es aber vor allem in der kalten Jahreszeit kaum, denn man konnte die Fenster nicht dicht verschliessen. Verglasungen mit Butzenscheiben kommen erst im 14. Jahrhundert auf; vorher musste man sich mit ölgetränkten Kalbshäuten oder Pergament begnügen, oder man verschloss die Öffnungen mit Holzläden. Deshalb hielt man die Fenster nach Möglichkeit sehr klein. Die häufigste Form ist das «Schartenfenster», ein einfacher Lichtschlitz, der sich gegen das Rauminnere verbreitert. Daneben gab es aber zahlreiche andere Fensterformen: Einfache oder doppelte Rund- oder Spitzbogenfenster sind recht häufig. Grosse Fenster besassen oft jene Räume, die nur im Sommer bewohnt wurden. Dies trifft vermutlich auch für den Wohnturm der Scheidegg zu. Im Erdgeschoss, das seiner Lage auf einem Felskopf wegen nur über eine Treppe durch den Hocheingang zu betreten war, befand sich eine Küche. Die einzige erhaltene Maueröffnung besteht aus einer Scharte. Anhand verstürzter Trümmer von Fenstereinfassungen aus rotem Sandstein kann jedoch erschlossen werden, dass der darüberliegende Raum ein einfaches und zwei doppelte Spitzbogenfenster gehabt haben muss. Diese doch ziemlich grossen Öffnungen könnten darauf hinweisen, dass der vermutlich besonders schön ausgestattete Saal im Winter nicht bewohnt war. Für die kalte Jahreszeit hatte man einen anderen Wohnraum, der mit einem Kachelofen beheizt war. Funde von Spinnwirteln in der Umgebung der Ofentrümmer zeigen, dass häusliche Arbeiten wie das Spinnen gerne in geheizten Räumen verrichtet wurden. Auch eine Kochstelle muss aufgrund der Funde (Scherben von Kochtöpfen und ein Herdkettenhaken)

# Herd und Ofen

Seit den Menschen der Gebrauch des Feuers geläufig war, bedeutet das Feuer, die Feuerstelle – oder eben der Herd – mehr als nur eine Anzahl brennender Holzscheite. Gewiss findet das Feuer hauptsächlich beim Kochen Verwendung; darüber hinaus gibt es aber auch Licht und Wärme ab.

Der vielgestaltige Gebrauch des Feuers, den die Römer noch kannten, ging im Frühmittelalter weitgehend verloren.

Bis ins 11. Jahrhundert scheint die «Allzweckfeuerstelle» das Übliche gewesen zu sein. Man kochte, sass um das Feuer herum und «wohnte» gleichzeitig im selben Raum. Der Rauch stieg ins Dach hinauf und suchte sich dort den Ausgang ins Freie.

Im 11. Jahrhundert sind erstmals andere Feuerstellen nachweisbar: in Rickenbach SO und auf der Frohburg (Trimbach SO). Es sind zweiteilige Anlagen, die an der Trennwand eines zweiräumigen Gebäudes liegen. Der eine Raum wird durch die Feuerstelle als Küche ausgewiesen.

Im anderen Raum, nur durch eine dünne Wand abgetrennt, deuteten die Reste von Öfen seine Funktion an: Es sind Stuben. Diese Räume waren allseitig, also auch gegen den Dachstuhl, geschlossen. Der Ofen wurde meist von der Küche aus beheizt; so wurde in der Stube niemand mehr vom Rauch belästigt!

Während in Rickenbach der Ofen aus gesägten Tuffplatten bestand, handelte es sich auf der Frohburg um einen Kachelofen. Die Kacheln waren mit dem Boden gegen das Feuer in einen geschlossenen Feuerkasten aus Lehm eingesetzt.

Der Kachelofen entwickelte sich innerhalb von zweihundert Jahren zu einem Schmuckstück des Wohnraumes. Um 1300 wandelt er sich vom Ofen mit Becher- oder Napfkacheln zum Prunkstück mit rechteckigen «Blattkacheln», die eine modelgepresste, meist figürliche Verzierung aufweisen.

Der Kachelofen in der Stube, der in älteren Häusern auch heute noch zu bewundern ist und der im Winter eine angenehme Wärme ausstrahlt, besitzt also eine mehrhundertjährige Geschichte.

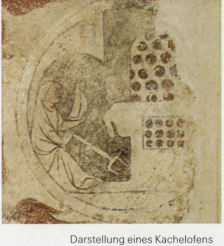

Darstellung eines Kachelofens aus dem Haus zum Langen Keller in Zürich, 1. Drittel 14. Jahrhundert; Bild zum Monat Dezember. Ein Mann sitzt vor einem Kachelofen und schürt mit einer Feuergabel das Feuer.

Becherkachel (rechts; Renggen bei Diegten BL; 3. Viertel 13. Jh.) und Napfkacheln (die linke unglasiert; Alt-Schauenburg bei Frenkendorf BL; um 1300 und Scheidegg bei Gelterkinden BL, um 1300). Die Höhe der linken Kachel beträgt zehn Zentimeter.

«Pilzkacheln» aus dem 2. Viertel des 14. Jh. von der Burgruine Bischofstein bei Sissach BL. Die Höhe der mittleren Kachel beträgt zwölf Zentimeter.

Kranzkachel, als Nische ausgestaltet und gotische Architektur imitierend. Scheidegg bei Gelterkinden BL, Anfang 14. Jh. Breite zwölf Zentimeter.

Blattkachel von Bischofstein bei Sissach BL. Das Bild zeigt einen Adler, wie er auf dem Wappen der Burgbewohner, der Herren von Eptingen zu sehen ist. Die Grösse entspricht jener der Ritterkachel.

Blattkachel, 2. Viertel 14. Jh., mit der Darstellung eines schwertschwingenden Ritters. Bischofstein bei Sissach BL. Seitenlänge vierzehn Zentimeter.

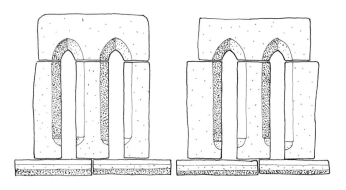

Im Schutt der Ruine Scheidegg bei Gelterkinden BL (1220–1320) kamen eine Anzahl behauener Sandsteine zum Vorschein, die zu drei Spitzbogenfenstern ergänzt werden konnten. Sie zeugen von einem Saal, der überdurchschnittlich ausgestattet war.

vorhanden gewesen sein. Dass diese «Winterwohnung» über dem Pferdestall lag, zeigt, wie klug die damaligen Architekten bauten: Der Stall diente nicht nur als Isolation gegen die aufsteigende Bodenfeuchtigkeit, auch die Wärme der Tiere half mit, den Wohnraum nicht allzu sehr auskühlen zu lassen.

Öfen gab es in Wohnräumen seit dem 11. Jahrhundert. Manchmal waren sie aus geeignetem Gestein, manchmal auch aus Lehm erbaut. Noch vor 1100 sind die ersten Kachelöfen nachgewiesen; bei dieser neuen Form werden in die Wände des Ofens «Kacheln» aus Keramik eingebaut. Der Vorteil der Neuerung besteht darin, dass einerseits die Wärmespeicherung der massiven Bauweise erhalten bleibt; andererseits aber dauert es nicht mehr Stunden, bis die Wärme des Feuers spürbar wird, denn wo die Böden der becherförmigen Kacheln dem Feuer zugewandt sind, kann ein rascherer Wärmeaustausch erfolgen. Kleine Fenster waren aber auch in ofengeheizten Stuben nötig, wollte man die Wärme nicht gleich wieder entweichen lassen. Entsprechend dunkel muss es deshalb in diesen Räumen gewesen sein. Ohne künstliche Beleuchtung kam man nicht aus: Auf Scheidegg sind zahlreiche Schalen aus Keramik erhalten, in denen wohl Rindertalg verbrannt wurde. Eine «bessere» Ausführung waren Schalen aus Eisenblech; bei den erhaltenen Stücken ist oft auch noch die Aufhängevorrichtung vorhanden. In wohlhabenden Haushalten wird man statt des Talgs Öl verbrannt haben; ausserdem benutzte man Kienspäne und bei besonderen Gelegenheiten Kerzen aus Bienenwachs.

Über das Mobiliar ist aufgrund der Ausgrabungen recht wenig bekannt, da nur in ganz seltenen Fällen entsprechende Holzteile erhalten sind. Sicher vorhanden waren Tische aus zwei Böcken und einer darübergelegten Platte, Bettstellen aus Brettern und – als «Universalmöbel» – Truhen. In ihnen versorgte man den ganzen Hausrat, die Vorräte und die Kleider. Von diesen Truhen, die in allen Grössen bis hin zu kleinen Schmuckschatullen vorkamen, sind nur

Zur Erleuchtung der oft dunklen Räume in den Burgen wurden häufig mit Öl oder Talg gefüllte Lampenschalen verwendet, in denen ein Docht brannte. Das Beispiel stammt von Scheidegg.

Eine teurere und bessere Ausführung von Lampenschalen sind solche aus Metall wie die beiden Beispiele von der Burg Freudenau bei Brugg AG (13./14. Jh.). Die Aufhängevorrichtung zeigt, dass sie vermutlich an der Decke hingen.

Das Minnekästchen von Konstanz ist ein kleines Holzkästchen, das geschnitzte und gemalte Verzierungen trägt. Die Szenen stammen aus dem ritterlich-höfischen Leben. Auf der hier sichtbaren Rückseite ist dargestellt, wie Berittene bei einer Fehde Vieh wegtreiben.

Im Fundmaterial von Alt-Schauenburg (Frenkendorf BL) fanden sich Eisenbeschläge, die zu einem kleinen Kästchen gehören. Auch der Deckelgriff ist vorhanden.

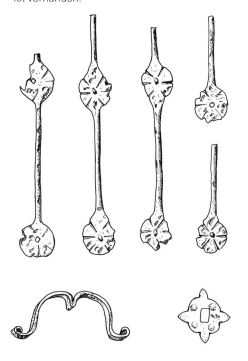

### Worterklärungen

**Lavez:** Speckstein, der in den Alpen an gewissen Stellen vorkommt. Besonders bekannt für sein Lavez ist das Val Malenco.
**Bronze:** Legierung, d. h. Mischung von Kupfer (70 bis 95 %) und Zinn.
**Messing:** Legierung von Kupfer und Zink

Beschläge und Schlösser unter den archäologischen Funden.

Etwas reicher ist das Wissen über die Einrichtung der Küche. Viele Geräte bestanden aus Eisen oder Keramik und sind deshalb noch zu finden.
Die wichtigste Einrichtung in der Küche war der Herd. Meist bestand er aus einer einfachen Brandfläche aus Lehm. Noch im 12. Jahrhundert war er höchstens leicht vom Boden abgehoben. Im Laufe der Zeit nahm die Höhe des Unterbaus immer mehr zu, bis das Feuer auf einer zum Arbeiten bequemen Höhe brannte. Um 1100 ist eine besondere Art von Feuerstellen nachgewiesen. Ofen und Herd lagen unmittelbar nebeneinander an der Wand, die das Gebäude in Küche und Wohnraum unterteilte. Man muss annehmen, der Ofen sei von der Küche aus beheizt worden; die «Stube», wie solche Wohnräume genannt werden, war also heizbar, ohne dass störender Rauch sich darin unangenehm bemerkbar machte. Solche Beobachtungen können in späteren Befunden kaum mehr gemacht werden. Dies heisst aber nicht, dass es keine solchen Doppelfeuerstellen mehr gegeben hat. Es ist vielmehr eine Folge davon, dass die Wohnräume auf den Burgen sich vom 12. Jahrhundert an nicht mehr zu ebener Erde, sondern im «vornehmeren» Obergeschoss befanden. Spuren von Feuerungsanlagen in den Wohnräumen finden Archäologen in diesen Fällen nur noch, wenn sie aus dem ersten oder zweiten Stock heruntergestürzt sind und sich somit nicht mehr in der ursprünglichen Lage befinden. Ihre Deutung wird dann entsprechend schwieriger oder gar unmöglich.
Vom 13. Jahrhundert an waren in vielen Burgküchen – so auch auf Scheidegg – gegossene oder getriebene Bronze- oder Messinggefässe in Gebrauch, meist in der Form des Grapens, eines dreibeinigen kugeligen Topfes mit zwei Henkeln, oder des annähernd halbkugeligen Kessels mit einem Bügel. Mindestens die frühen Beispiele der Grapen könnten importiert gewesen sein, denn in Norddeutschland kannte man diese Form schon länger. Interessant ist, dass sie bei uns ab etwa 1250 von Töpfern in Keramik nachgeahmt wurde. Ein seltenes, ja einzigartiges Stück ist eine Messingpfanne mit eisernem Stiel von Bischofstein bei Sissach (BL).
Für das Mobiliar der Küche gilt dasselbe wie für die Wohnräume: einfache Gestelle und Truhen enthielten die Vorräte. Von der Decke hingen Bündel von Kräutern, allenfalls auch getrocknete Fische. Im Rauchfang des Herdfeuers hingen Würste, Speckseiten und die begehrten Schinken oder «Schüfeli». An den Wänden lagen kleinere und grössere Fässer für Wein und Essig auf eigens konstruierten Fasslagern. Erhalten sind jedoch meist nur noch die Fasshahnen aus Bronze. Zur Küche gehören auch Backöfen. Man muss sie sich als Kuppeln aus Lehm oder Stein mit einem Lehmboden vorstellen. Da sie aber in den engen Burgküchen nicht immer Platz fanden, sind sie oft in einem Winkel des Burghofes untergebracht.
Zum Herd gehören eine Herdkette mit in der Höhe verstellbarem Haken, ein Bratspiess sowie Kochgeschirr. Am häufigsten bestand dieses aus Keramik; bis ins 13. Jahrhundert existierte in weiten Teilen der heutigen Schweiz nur der einfache Topf, mit der Ausnahme seltener Ausgussgefässe. Erst um 1250 kamen weitere Formen dazu, die oft nur für bestimmte Zwecke benutzt wurden. Im Alpenraum hingegen war Keramik eher selten; dort herrschten aus Lavez gedrehte steilwandige Kochtöpfe vor.

Im Sodbrunnen von Friedberg bei Meilen ZH hat sich dank der Feuchtigkeit auch Holz erhalten. Darunter befand sich auch das Bein einer Truhe, das siebzehn Zentimeter hoch ist.

Eine der wenigen mittelalterlichen Truhen, die noch erhalten sind, ist diese grosse Arvenholztruhe aus Sitten. Sie stammt aus dem 12. Jh.

Das Kästchen von Attinghausen UR (1. Hälfte 13. Jh.), aus Elfenbein und Holz, ist wie andere in einer Kirche erhalten geblieben. Ursprünglich diente es aber wohl zur Aufbewahrung von Schriftstücken oder Schmuck; die Truhenbeine sind vermutlich erst etwas später angebracht worden.

# Die Küche

Ähnlich wie bei der Entwicklung der Ofenkacheln lassen sich auch bei der Ausrüstung der Küche im Laufe des Mittelalters zahlreiche Veränderungen feststellen. Vorauszuschicken ist jedoch, dass ein grosser Teil des Küchengerätes zu allen Zeiten aus Holz oder anderem vergänglichem Material bestanden hat. Vor allem die Behälter zur Aufbewahrung von Vorräten, also ein sehr wichtiger Teil der Küchengeräte, waren aus diesem Material: Fässer für Flüssigkeiten, aber auch für eingesalzenes Fleisch oder Fische; Holzschüsseln und -näpfe für kleinere Mengen an Spezereien, Salz usw.; Säcke und Körbe für Getreide, getrocknete Bohnen, Erbsen, Früchte und Beeren.

Zum Kochen jedoch brauchte man Keramiktöpfe. Während langer Zeit unterscheiden sich Kochtöpfe auf Burgen nicht von solchen in Dörfern. Man darf also annehmen, dass auch in adligen Haushalten die Küche eher ärmlich ausgesehen hat.

Dies ändert sich jedoch um die Mitte des 13. Jahrhunderts. Jetzt beginnt sich die Anzahl der Gefässformen plötzlich zu vermehren. Zu den einfachen Topfformen kommen nun Schüsseln in verschiedenen Grössen, mit und ohne Henkel, ausserdem Bügelkannen, verschiedene Arten von Ausgusskännchen und Flaschen, dreibeinige Kochtöpfe mit zwei Henkeln (sogenannte «Grapen»), ebenfalls dreibeinige Pfannen mit Stiel oder Ösengriff, tellerartige flache Schalen und vor allem die meist tiergestaltigen Giessgefässe oder Aquamanilien. Dass es sich nicht um alltägliche Gefässe handelt, erkennt man daran, dass in dieser Zeit auch die ersten grün glasierten Gefässe auftauchen.

Dieser Wandel entspricht nicht dem, was man als «normale» Entwicklung bei der Geschirrkeramik bezeichnen kann. Angesichts der Tatsache, dass sich die Menschen vorher im wesentlichen mehrere hundert Jahre mit einer einzigen Form, dem bauchigen Topf, begnügt haben, muss für den raschen Wandel im späten 13. Jahrhundert ein ganz bestimmter Grund vorliegen. Am ehesten ist er wohl in der Entwicklung der ritterlich-höfischen Gesellschaft zu sehen: Die Ritter, die zu dieser Zeit in ganz Europa eine wichtige Rolle spielten, blieben nicht mehr auf ihren Burgen sitzen, sondern reisten viel, auch in entfernte Gegenden. Dabei lernten sie andere Länder und andere Sitten kennen. Da sie ausserdem ihre Vorbilder vor allem in den Fürstenhöfen sahen, kann nicht verwundern, wenn sie sich bei Tisch und selbst in der Küche um verfeinerte, elegantere Umgangsformen bemühten. Und zu diesen Umgangsformen gehörte eben auch, dass man mehr Tischgeschirr hatte als nur die üblichen und ärmlichen Holzschüsseln, dass man in der Küche mehr Geräte, ja selbst Pfannen und Töpfe aus Metall besass.

Bügelkanne oder «Verenakrug», um 1300 (Vorderer Wartenberg).

Kochtopf und Schüssel aus der Zeit um 1300 (Scheidegg bei Gelterkinden BL und Vorderer Wartenberg bei Muttenz BL).

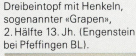

Glasiertes Kännchen mit Ausguss, 1. Hälfte 14. Jh. (Madeln bei Pratteln BL).

Dreibeintopf mit Henkeln, sogenannter «Grapen», 2. Hälfte 13. Jh. (Engenstein bei Pfeffingen BL).

Messingpfanne mit eisernem Stiel, 1. Hälfte 14. Jh. (Bischofstein bei Sissach BL).

Doppelfeuerstelle von der Frohburg, Ende 11. Jh.; links das Fundament eines Kachelofens, rechts eine mit Steinen umgebene und gepflästerte Herdfeuerstelle.

# Das Ende der Burgen

Die meisten Burgen sind heute nur noch Ruinen; meist knüpft sich an ihren Untergang eine Sage von machthungrigen und hartherzigen Raubrittern und Bauernschindern, deren Raubschlösser die Leute der Umgebung zerstört haben. Solche Fälle sind in der Wirklichkeit kaum vorgekommen. Zwar wurden viele Burgen gewaltsam zerstört, aber nicht durch spontane Volkserhebungen, sondern in richtigen Kriegszügen. Alt-Rapperswil beispielsweise wurde 1350 durch ein Zürcher Heer zerstört, die Burg Clanx 1402 durch die Landleute von Appenzell. Ebenso oft waren aber auch Standesgenossen der Burgbewohner Urheber der Zerstörung. Im sogenannten Blutrachefeldzug, den Herzog Leopold von Österreich gegen die Mörder seines Bruders, König Albrecht, 1308 führte, fanden etliche Burgen der Königsmörder ihr gewaltsames Ende. Aber auch geringfügigere Vergehen genügten, dass eine Burg zerstört wurde: Die Grafen von Frohburg etwa schleiften 1248 die Burg der Herren von Kienberg, weil diese ohne gräfliche Erlaubnis eine Erzgrube in der Gegend von Herznach ausgebeutet hatten.

Der Zerstörung ging oft eine Eroberung voraus; die Burg wurde zuerst geplündert. Alles, was nicht niet- und nagelfest war, nahmen die Eroberer mit. Was fest mit dem Gebäude verbunden war, etwa ein Kachelofen, wurde hingegen schonungslos zertrümmert. So blieben von den Kachelöfen auf Alt-Rapperswil und Alt-Wartburg nur kleine Scherben der prächtigen Kacheln übrig. Oft zündeten die Eroberer die Burg nach Plünderung und Verwüstung auch noch an, und manchmal brachten sie gar die Mauern zum Einsturz.

Neben kriegerischen Auseinandersetzungen trugen auch Naturkatastrophen zur Verminderung der Burgenzahl bei. Ein Erdbeben zum Beispiel soll 1117 für die Burg Fenis zwischen Bieler- und Neuenburgersee das Ende gewesen sein. Viel bekannter ist jedoch das grosse Erdbeben von Basel von 1356. Am St. Lukastag (18. Oktober), um zehn Uhr abends, erschütterte ein mächtiges Beben die Stadt. Es wird berichtet, dass zahlreiche Häuser und Kirchen einstürzten (unter anderem auch ein Teil des Münsters) und danach in der Stadt ein Brand ausbrach, der mehrere Tage wütete. In der Umgebung seien zahlreiche Kirchen und Kirchtürme sowie viele Burgen zerfallen.

Alt-Süns (Paspels GR) wurde in der Schamser Fehde zerstört und zur Hälfte niedergerissen. Die andere Hälfte liessen die Sieger als Denkmal ihrer Taten stehen. Auf die gleiche Art wurden damals auch andere Burgen zerstört, etwa das benachbarte Neu-Süns (s. Seite 91).

# Das grosse Pferd

Die Burg Scheidegg ist nicht der Wohnsitz einer glänzenden und reichen Grafen- oder Fürstenfamilie. Sie ermöglicht aber das standesgemässe Leben eines Ritters und seiner Angehörigen; die Einkünfte stammen zum grössten Teil aus der zur Burg gehörigen Rodungsherrschaft und reichen gerade aus, den täglichen Bedarf an Lebensmitteln und Ausrüstungsgegenständen eines etwas gehobenen Lebensstils zu decken. Der Burgherr gehört auch nicht zu jener Schicht von Rittern, die sich ständig das Neueste an Rüstungen, Zaumzeug und Inneneinrichtung leisten können. Er ist nicht in der Lage, seine Burg ständig nach dem neuesten architektonischen Geschmack umzugestalten. Er ist jedoch wegen seiner Bescheidenheit und seinen guten Manieren in allen Kreisen sehr beliebt und besitzt zudem die Fähigkeit, in Fehden und Streit zu vermitteln. Deshalb wird er oft von streitenden Parteien als Schiedsrichter angerufen. Auf der Burg wohnen nur wenige Leute. Zunächst natürlich der Burgherr Walter und seine Frau Gertrud mit ihren zwei Söhnen Werner und Walter, dann ihr Vertrauter Bertold mit seiner Familie, das heisst Frau Sophie, der Tochter Hilde und dem Sohn Maximilian. Bertold sieht auf der Burg nach dem Rechten, auch dann, wenn Herr Walter unterwegs ist; er ist also der Burgverwalter. Seine Frau ist verantwortlich für allgemeine Hausarbeiten und die Küche; ihr sind die Mägde unterstellt.

Weitere Mitbewohner sind die Magd Berta, der Pferdeknecht Konrad und der Knecht Hans. Die alte Margarete nimmt eine besondere Stellung ein; sie ist zwar Magd wie Berta, aber sehr alt: Sie hat schon unter Walters Vater auf der Burg gedient. Heute sieht sie nicht mehr sehr gut und kann nur noch leichte Arbeit verrichten. Ihr Rat wird aber von allen sehr geschätzt, und sie ist im ganzen Haushalt hochgeachtet – ausser vielleicht bei den Söhnen des Hausherrn, Werner und Walter, die in den Flegeljahren stecken und selbst vor der sonst so geachteten Margarete keinen Respekt haben.

In den beiden letzten äusserst kalten Wintern hatte die Burg sehr gelitten. Verschiedene Dächer mussten erneuert werden, da die Schindeln nicht mehr dicht waren und die darunterliegenden Balken wegen des eindringenden Wassers zu faulen begannen. Im Verputz vor allem am alten Wohnturm fehlten stellenweise grössere Stücke, die noch nicht ersetzt waren. Mägde und Knechte hatten alle vollauf genug zu tun, die täglichen Arbeiten zu verrichten, und Bauleute waren dieses Jahr rar, da in der weiteren Umgebung an allen Ecken und Enden gebaut wurde.

*Heute ist ein schöner Spätsommertag; nicht zu heiss, aber auch noch nicht herbstlich kühl. Alle gehen ihrer Arbeit nach: Margarete sitzt im Hof und spinnt. Hans hätte eigentlich Holz spalten sollen, denn es geht nun doch auf den Herbst zu. Bald wird wieder vermehrt Brennmaterial benötigt, und man weiss gerne einen grösseren Vorrat an Lager; irgendwie scheint er aber nicht dazu aufgelegt zu sein. Er sitzt im Hof und spielt mit zwei Würfeln, die er ständig mit sich herumträgt. Er will unbedingt herausfinden, welche Augenzahl am häufigsten oben liegt. Walter und Werner treiben ihre Lieblingsbeschäftigung: Nichtstun und Streiche aushecken. Die Magd Anna tauscht mit Margarete die neuesten Nachrichten aus; sie hat sie heute morgen von Heinzmann erfahren, der Lebensmittel aus dem zur Burg gehörenden Burggut gebracht hat.*

*Auch der Pferdeknecht Konrad geht seiner Arbeit nach: Er putzt ein Pferd, das nicht zum Bestand der Burg gehört, sondern einem Gast. Noch vor wenigen Tagen hat er sich nicht getraut, näher als drei Schritte an das riesige Tier heranzugehen. Er hat nicht einmal gewusst, dass es Pferde von solcher Grösse überhaupt gibt.*

*Doch gehen wir drei Wochen zurück:* Da war eines Nachmittags plötzlich Pferdegetrappel zu hören gewesen, und nach kurzer Zeit war ein Reiter im Tor erschienen. Herr Walter stand in Erwartung des Fremden bereits im Hof. Nach einer formellen Begrüssung hatte sich der Fremde als Bote Eberhards von Starkenstein zu erkennen gegeben. «Ich möchte Dir den Besuch meines Herrn Eberhard in zwei Wochen ankündigen. Er ist jetzt noch in Mailand und wird in den nächsten Tagen aufbrechen; es würde ihn freuen, wenn er mit seinen Leuten hier vorbeikommen könnte.» Herr Walter hatte gelacht. Sein Freund Eberhard, den er nun seit längerer Zeit nicht mehr gesehen hatte, war ihm natürlich in bester Erinnerung. Vor etlichen Jahren hatten sie sich bei einem Turnier kennengelernt und sich seither regelmässig Besuche abgestattet. Allerdings lag das letzte Treffen nun schon zwei Jahre zurück, und Walter war gespannt, was ihm Eberhard zu erzählen hätte.

*Die Leute auf Scheidegg hatten die Tage bis zur Ankunft der Gäste genutzt, indem sie die Burg und ihre Umgebung noch etwas in Ordnung brachten, Lebensmittel zusammentrugen und Zimmer vorbereiteten, damit sie die Gäste standesgemäss empfangen und bewirten konnten. Tagelang hatten sie aufmerksam auf jedes Geräusch geachtet, das von ausserhalb der Mauern in den Burghof drang. Endlich hatten sie vernommen, wie von Ferne eine Gesellschaft zu Pferd auf die Burg zukam. Lautes Rufen und Lachen sowie das Getrappel von Pferdehufen zeigten die Ankunft der Gäste an. Herr Walter war den Gästen zu Fuss entgegengegangen. Die Burgbewohner hatten sich unterdessen zur Begrüssung im Hof versammelt.*

*Als Eberhard dann aber als erster in den Hof trat, erschraken sie sehr: Der Gast, der die letzte kurze Strecke gemeinsam mit Walter zu Fuss zurückgelegt hatte, führte ein riesiges Pferd am Zügel. Eberhard hatte den erschreckten Blick der Burgleute natürlich bemerkt und empfand seine helle Freude daran: das passierte ihm überall, wo immer er mit seinem Tier hinkam. Der Pferdeknecht Konrad hatte sich nicht in die Nähe des Tieres getraut, war er doch nur die kleinen Pferde gewohnt, wie sie auch auf Scheidegg gehalten wurden. So musste es ein Knappe aus der Gesellschaft Eberhards versorgen. Im Stall konnte es allerdings keinen Platz finden, denn es hätte seiner Grösse wegen nicht durch die Tür gepasst. So hatte man kurzerhand einen Pfahl in den Boden des Hofes geschlagen und das Tier daran angebunden. Nachdem die Gäste sich nach dem langen Ritt etwas erholt und einigermassen erfrischt hatten, konnte Walter seine Neugier nicht mehr im Zaum halten.*

*«Es geht mich zwar nichts an, aber es würde mich doch interessieren, wo du dieses Pferd her hast», fragte er seinen alten Freund. «Das habe ich auf dem Pferdemarkt in Como gefunden», erklärte ihm dieser. «Es hat mich ein Vermögen gekostet! Aber ich kann es mir ja leisten, denn ich habe vor kurzem einen alten Onkel beerbt. Du kannst dir nicht vorstellen, wie man sich auf einem solchen Reittier fühlt: Immer siehst du über alle anderen hinweg, und die Leute auf den Strassen weichen dir respektvoll*

*aus. Du kommst dir vor wie ein König! Es ist herrlich, etwas zu besitzen, was andere nicht haben!» Walter wunderte sich ein wenig; schon als er Eberhard vorhin entgegengegangen war, war ihm das feine Gewand und das übertrieben kostbare Zaumzeug aufgefallen. So hatte er seinen alten Freund eigentlich nicht in Erinnerung gehabt; früher hatte er sich doch immer bescheiden zurückgehalten.*

*Drei Tage sind nun die Gäste schon hier. Heute sind die Herrschaften unterwegs; zur Feier des Tages sind sie auf die Falkenjagd gegangen. Eberhard hat für diesen Anlass auf sein kostbares Pferd verzichtet und mit einem kleineren aus Walters Stall Vorlieb genommen, da sich diese kleinen, an das steile Gelände gewöhnten Tiere seines Gastgebers für Ausritte und Jagd in dieser Gegend besser eignen. Gegen Abend wollen sie zurück sein. Sophie hat bereits mit der Vorbereitung fürs grosse Abschiedsmahl begonnen und holt Wasser am Brunnen. Morgen wollen die Gäste, die nun für einige Tage Abwechslung in das Leben auf Scheidegg gebracht haben, wieder weiterreisen.*

Beim Brand der Burg Scheidegg (Gelterkinden BL) um 1320 kamen im Pferdestall unter dem Wohntrakt insgesamt sieben Pferde um. Bei den Ausgrabungen fand man die Skelette in einer dicken Brandschicht.

Allerdings sind die langen Listen der Burgnamen, die Chronisten späterer Zeiten überliefern, nicht ganz ernstzunehmen; sie haben wohl ein wenig übertrieben und jede ihnen bekannte Burgruine mitgezählt! Denn wenn man die Funde von manchen dieser Burgen genauer ansieht, kommt man zu einem anderen Schluss: Einige waren sicher schon vor 1356 verlassen, andere hingegen auch nachher noch bewohnt. Lediglich in drei Fällen dürfen wir aufgrund der Funde davon ausgehen, dass das Erdbeben von Basel wirklich die Ursache für die Zerstörung der Burg gewesen ist.

Sehr häufig sind Burgen verbrannt. So segensreich das Feuer zum Kochen und Heizen auch sein mochte, es war eine zerstörerische Kraft, wenn es ausser Kontrolle geriet. Für die Archäologie ist dies natürlich ein Glücksfall, vor allem wenn die Flammen so rasch um sich gegriffen haben, dass kein Hausrat mehr gerettet werden konnte. Auf der Burgruine Scheidegg bei Gelterkinden (BL) – sie fiel um 1320 einer Feuersbrunst zum Opfer – reichte die Zeit nicht einmal, um die Pferde aus dem Stall zu holen. Sieben Tiere sind in diesem Brand umgekommen.

Beim Brand der Grottenburg Riedfluh bei Eptingen (BL) um 1200 blieben neben dem Hausrat noch andere Dinge erhalten: Unter dem glühenden Brandschutt verkohlten die im Erdgeschoss eingelagerten Vorräte an Getreide und Bohnen – in Siedlungen mit trockenem Untergrund sehr seltene Funde. Sie ermöglichen heute zusammen mit den Tierknochen Aussagen über die Ernährung der Burgbewohner.

Neben Eroberungen, Naturkatastrophen und Feuersbrünsten ist aber noch eine andere Ursache für das Verschwinden von Burgen zu nennen: Sie wurden verlassen und dem allmählichen Zerfall preisgegeben. Der Grund für dieses Verhalten der Besitzer und Bewohner ist im wirtschaftlichen Niedergang des Adels im 14. Jahrhundert zu sehen: Die Burgherren hatten kein Geld mehr, um den Unterhalt der Burg und die aufwendige Lebensweise zu bezahlen!

Diese Verarmung hatte verschiedene Ursachen. Jede für sich allein genommen wäre vielleicht nicht so schlimm gewesen, aber zusammen steigerten sie ihre Wirkung. Der Hauptgrund liegt darin, dass im Verlauf des 13. Jahrhunderts der Lebensstil des Adels immer aufwendiger wurde. Die Vorstellungen über ein standesgemässes Leben entwickelten sich an den Höfen mächtiger und reicher Fürsten. Wer nicht ebenfalls reich war, konnte sich die Ausgaben bald nicht mehr leisten, zumal die Menge der Abgaben, die die bäuerli-

# «Altes» und «neues» Wohnen
## Dörfer und Städte

Die Grottenburg Riedfluh bei Eptingen BL brannte ebenfalls aus. In ihrem Erdgeschoss verkohlten unter dem brennenden Oberbau die Vorräte, darunter auch Gerstenkörner.

chen Untertanen zu entrichten hatten (in der Regel Getreide, Eier und Hühner), mehr oder weniger gleich blieb. Der Beginn des Niedergangs bestand meist in der Verpfändung von Burgen und Ländereien an reiche Fürsten oder Städte. Am Schluss blieb oft nichts anderes übrig, als seinen Besitz einem Mächtigeren zu übergeben und als Lehen zurückzubekommen oder in die Städte abzuwandern.

Viele Adelsfamilien konnten zwar ihren Stammbesitz dennoch halten. Um die Mitte des 14. Jahrhunderts traf sie jedoch ein weiterer Schlag: die grosse Pest. Sehr viele Menschen starben. Dies hatte zur Folge, dass plötzlich ein gewaltiger Überschuss an Getreide – bisher stets eine Mangelware – vorhanden war. Die Preise fielen ins Bodenlose; wer sich bisher mit dem Verkauf der Getreideabgaben wirtschaftlich hatte über Wasser halten können, verarmte jetzt endgültig.

Alle diese Tatsachen führten also im 14. und 15. Jahrhundert zu einem grossen «Burgensterben». Wir dürfen aber den Blick in dieser Zeit nicht nur auf die Burgen richten; wir übersehen sonst, dass sich seit dem 13. Jahrhundert eine Siedlungsform entwickelt hatte, die nicht nur auf einfache Leute, sondern auch auf den Adel eine grosse Anziehungskraft ausübte: die Städte. Sie sind am Verschwinden zahlreicher kleiner Burgen aus der Landschaft mitbeteiligt, denn die Möglichkeiten, die diese «moderne» Form des Wohnens und Wirtschaftens bot, war auch für die Adeligen auf ihren abgelegenen, einsamen und engen Burgen eine Verlockung. Die Stadt war im 14. Jahrhundert die Siedlungsform der Zukunft.

Die heutigen Kenntnisse ermöglichten bis vor kurzem fast nur für Burgen und Kirchen eine zuverlässige Darstellung der Entwicklungsgeschichte. Dies liegt an der Tatsache, dass vorab dort archäologische Untersuchungen durchgeführt wurden und werden. Erst seit verhältnismässig kurzer Zeit wird auch in Städten – vor allem in den grösseren – gegraben; die Untersuchungen der vergangenen zwei Jahrzehnte vermögen ein recht deutliches Bild dieser Siedlungen zu vermitteln.

Was aber auch heute noch weitgehend fehlt, sind Vorstellungen darüber, wie der weitaus grösste Teil der Bevölkerung, nämlich jener in den Dörfern, gelebt hat. Woher kommt das? Sicher fehlt nicht das Interesse an ländlichen Siedlungen. Die meisten heutigen Ortschaften gehen jedoch auf früh- und hochmittelalterliche Wurzeln am selben Ort zurück. Was von diesen Vorgängern im Boden zurückgeblieben ist, wurde und wird mit jedem Aushub unwiederbringlich zerstört, ohne dass jemand bemerkt, was hier verschwindet. Wo alte Dörfer aber verlassen wurden und heute nichts mehr von ihnen zu sehen ist, kann man ihre Spuren noch finden – nur muss man die Stellen in der Landschaft zuerst erkennen. Einige wenige Scherben auf einem Feld, eine dunkle Verfärbung in einer etwas helleren Ackererde sind oft die einzigen Hinweise. Und auch hier bedroht der Pflug die archäologischen Reste: Die Reste werden immer wieder umgelagert und nach und nach verschwinden ausser den Scherben alle Spuren im Boden.

Erst an einem einzigen Fall konnte bisher ein mittelalterliches Dorf in der Schweiz untersucht werden: bei Berslingen im Kanton Schaffhausen. Für die Untersuchung stand dort eine grosse Fläche zur Verfügung. Zuerst versuchte man sich mit Sondierschnitten Klarheit über die Abfolge der Siedlungsschichten zu verschaffen. Der Pflug hatte jedoch bereits «ganze Arbeit» geleistet. Erhalten waren nur noch jene Spuren, die in die Erde eingetieft waren; alle Wohn- und Gehhorizonte hingegen waren bereits verschwunden. Die Ackererde konnte man deshalb mit Maschinen entfernen; im hellen Untergrund zeichnete sich ab, was die Archäologen erhofft hatten. Etwa 2000 kleine, runde Verfärbungen aus dunkelbrauner Erde zeigten, wo im Laufe der Besiedlung dieses Dorfes einmal die Pfosten der Häuser gestanden hatten. Die grosse Zahl dieser Pfostenlöcher lässt sich mit der damaligen Bauweise erklären: Weil die das Dach tragenden Pfosten in den Boden eingegraben wurden, verfaulten sie mit der Zeit. Ein Neubau musste errichtet werden; oft geschah dies nicht an derselben Stelle, sondern etwas daneben, und so konnten in vielleicht zwei- oder dreihundert Jahren solche nur noch schwer «lesbare» Spuren entstehen.

Neben den kleinen runden Verfärbungen zeichneten sich aber noch grosse, rechteckige von mehreren Metern Seitenlänge ab: sogenannte Grubenhäuser. Diese leicht in den Boden eingegrabenen kleinen Gebäude sind typisch für ländliche Siedlungen, kommen vereinzelt aber auch auf Burgen vor. Häufig finden sich darin Gegenstände, die auf die Arbeit mit Textilien (Spinnen und Weben) hinweisen, etwa Spinnwirtel und Nähnadeln. In Berslingen konnte vor wenigen Jahren ein Haus freigelegt werden, das verbrannt war. Fast fünfzig Kilogramm Webgewichte am Boden der Hütte zeigten an, dass es sich auch hier um ein Webhaus gehandelt hatte. Andere Grubenhäuser dienten aber auch der Aufbewahrung von Vorräten, als Ställe oder als Werkhütten.

Ausser in Berslingen hat man bisher lediglich dürftige Spuren mittelalterlicher Dörfer gefunden, die nur gerade für eine Datierung reichen, aber nichts über die Anordnung von Wohn- und Wirtschaftsbauten in einem Dorf auszusagen vermögen.

Im Jahre 1984 wurde in Berslingen nördlich der früheren Grabungsfläche (s. Fundort Schweiz Band IV, Seite 118) eine weitere Grabung durchgeführt. Erneut kamen Pfostenlöcher von Holzhäusern zum Vorschein.

In einem Grubenhaus, das einer Feuersbrunst zum Opfer gefallen war, lagen zahlreiche Webgewichte.

Plan der neuesten Grabung in Berslingen. Erkennbar ist unten links der Pfostengrundriss 54 vom Bild oben links sowie das Grubenhaus mit den Webgewichten.

Webgewichte aus Ton dienten beim Weben zum Spannen der Längsfäden. Das Beispiel aus dem 9. oder 10. Jh. stammt aus Lausen BL.

In mittelalterlichen Dörfern gab es nicht nur reine Holzbauten. In Osterfingen SH ist mindestens der Sockel eines Gebäudes aus Stein gemauert.

Das Beispiel Berslingen zeigt aber, dass ein mittelalterliches Dorf aus einer Anzahl von Höfen bestanden hat, vielleicht aus einem halben oder ganzen Dutzend, vielleicht auch aus einigen mehr. Zu einem solchen Hof gehörten ein Hauptgebäude – in Berslingen sind es grosse Pfostenhäuser mit bis zu 8 mal 14 Metern Grundfläche – und mehrere Nebengebäude, die als Stall, Webhaus oder Speicher dienten und locker um den Hauptbau herum gruppiert waren. Das übliche Baumaterial war Holz, nur in ganz seltenen Fällen sind auch steinerne Fundamente vorhanden, etwa im nicht weit von Berslingen entfernten Osterfingen. Dort ist aber nicht zu entscheiden, ob es sich um den Steinsockel eines Holzhauses handelt oder ob es ein vollständig aus Stein errichtetes Haus ist, etwa jenes eines «Meiers», das heisst eines Beamten des Grundherrn. Die Häuser waren mit Schilf oder Stroh, manchmal auch mit Brettschindeln gedeckt. Jedes Grundstück war mit einem Zaun gekennzeichnet, der Gemüsebeete umschloss. Rund ums Dorf schliesslich stand der «Etter», der Dorfzaun, der nicht nur die wilden Tiere abhalten sollte, sondern auch anzeigte, wo das Dorf und der Raum des Dorfrechts begann. Berslingen ist auch deshalb als «komplettes» Dorf zu bezeichnen, weil dort die Kirche und der zugehörige Friedhof ebenfalls ausgegraben werden konnten.

Eine Zuweisung der einzelnen Häuser zu einem bestimmten Zweck ist aufgrund der Funde kaum möglich. Ausnahmen sind lediglich die Webhäuser mit ihren Webgewichten, Spinnwirteln usw. Dabei sind Funde meist in grosser Zahl vorhanden: In «Bettenach», einem um 1200 abgegangenen Dorf in Lausen (BL), sind es Tausende, zum grössten Teil kleine und kleinste Scherben und Tierknochen. Eisenfunde, die uns wichtige Hinweise auf die Funktion eines Gebäudes geben könnten, sind jedoch auffallend selten. Lediglich Hunderte von Hufnägeln erlauben Rückschlüsse auf eine Strasse oder einen Dorfplatz, jedenfalls auf eine von Pferden begangene freie Fläche. Die Zahl der anderen Metallfunde ist hingegen verschwindend gering. Dies macht deutlich, dass Metall sehr kostbar war und die Dorfbewohner defekte Gegenstände nicht einfach wegwarfen. Im Unterschied dazu gingen die Leute auf den Burgen weniger sorgfältig mit Metallgegenständen um.

Ähnlich schwierig zu beantworten wie die Frage nach der Funktion eines Hauses ist jene nach der Art und Weise, wie Balken und Bohlen, Bretter und Latten der Dorfhäuser zusammengefügt waren. Aufgrund der Spuren im Boden von Berslingen allein sind nur allgemeine Aussagen möglich. Um solche Details studieren zu können, braucht man andere Bodenverhältnisse. Dörfer, in denen Reste von Holz erhalten sind, gibt es in der Schweiz bisher nicht. Einzig das Handwerker-Quartier am Petersberg in Basel, in dem Hausreste aus dem 11. und 12. Jahrhundert dank des feuchten Untergrundes noch erhalten waren, erlaubt weitergehende Schlüsse. Da sich die Bauweise mit Holz in den Städten kaum stark von jener auf den Dörfern unterschieden haben dürfte, vermitteln diese «Stadthäuser» eine Vorstellung, wie die «Dorfhäuser» von Berslingen ausgesehen haben könnten.

Die Reste des Handwerker-Quartiers am Petersberg kamen 1937 bis 1939 in einer grossen Baugrube zum Vorschein. Damals gab es in Basel noch keinen archäologischen Dienst; dennoch wurden die aufgedeckten Spuren sorgfältig gezeichnet und fotografiert, die Funde gesammelt und ins Museum gebracht. Der Plan zeigt eine Anzahl von Hausgrundrissen mit Gassen und Strassen. Anders als in Berslingen war hier das Holz der Fundamente erhalten, denn es lag zum Teil unter dem Grundwasserspiegel, zum Teil nur knapp darüber. Die Holzreste zeigen den Stand der mittelalterlichen Zimmermannstechnik: Die Balkenverbindungen sind exakt gearbeitet und von einer Vielfalt, die Erstaunen hervorruft. Ausserdem sind nicht nur «Schwellbalken» vorhanden, auf denen das Holzgerüst des Hauses steht, sondern auch Teile der Wände.

Blick in die Baugrube am Petersberg in Basel. Deutlich zu erkennen ist das gut erhaltene Holz der Handwerkerhäuser aus dem 12. und 13. Jh.

### Worterklärung

**Pfalz (von lat. palatium, Palast):** Ein mittelalterlicher König hatte keinen festen Wohnsitz, sondern reiste von Gegend zu Gegend, um Recht zu sprechen und sich mit seinen Grafen zu treffen. Für diese Reisen gab es unterwegs verschiedene Stützpunkte, die nicht nur in der Lage waren, den König mit seinem Gefolge über Nacht aufzunehmen, sondern über längere Zeit zu beherbergen. Das Hauptgebäude, ein Palast, gab diesen Stützpunkten den Namen «Pfalz».

Der Plan des Handwerkerquartiers am Petersberg zeigt verschiedene Häusergruppen mit Strassen und Gassen dazwischen.

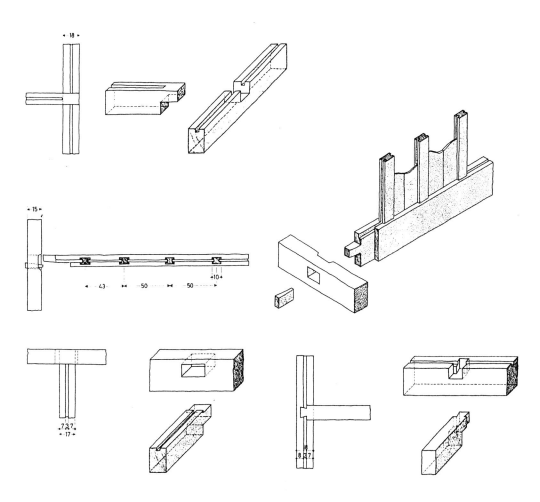

Einige Beispiele von Holzverbindungen, wie sie am Petersberg in Basel gefunden wurden; links jeweils eine Aufsicht auf die verbundenen Hölzer, rechts die Zeichnung der Einzelteile.

Die Grabungen haben gezeigt, dass auch so weit im Süden noch «Stabbauten» existierten, bei denen die Wände aus senkrecht gestellten Brettern oder Bohlen bestanden. Bis dahin hatte man allgemein geglaubt, dass es sich bei dieser Bauweise um eine Spezialität der nordischen Länder handelte.

Zwei Dinge sind auf dem Plan deutlich zu erkennen, die typisch sind für die Bauweise in der mittelalterlichen Stadt. Die hier wohnenden Leute haben offenbar jedesmal, wenn sie mehr Raum brauchten, einen weiteren Anbau hinzugefügt, bis das Grundstück mehr oder weniger vollständig überbaut war. Auf dem Dorf hätte man in einem solchen Fall einfach auf einer freien Fläche ein weiteres, unabhängiges Nebengebäude errichtet. Zudem wurde bei der Grabung am Petersberg deutlich, dass in einer Stadt Holz- und Steinbauten nebeneinander vorkamen. Im allgemeinen gelten Steinhäuser als «bessere» Bauten, denn nicht jedermann konnte sich diese aufwendigeren Häuser leisten.

Wenn in einem Dorf Neubauten immer wieder neben den alten, baufälligen Häusern errichtet wurden, konnte dies im Laufe der Zeit zu einer Verlagerung des ganzen Dorfes führen. In der Stadt fehlte dafür der Platz. Deshalb wurden auf den am Anfang nur locker überbauten Grundstücken immer mehr und höhere Gebäude errichtet. Die starke Bautätigkeit auf engem Raum führte dazu, dass den Stadthäusern ihre Geschichte nicht sofort anzusehen ist. Oft sind mittelalterliche Gebäude im heutigen Bestand «versteckt» und können bei Bauuntersuchungen noch erfasst werden.

Wie sich solche Häuser im Laufe der Zeit verändert haben, zeigen Beispiele aus Zürich gut. Vor allem die Grabungen auf dem Münsterhof haben hier reichhaltige Erkenntnisse ermöglicht. Die ältesten Gebäudereste stammen von Holzbauten aus dem 9. Jahrhundert. Es sind sogenannte «Ständerbauten», bei denen die das Dach tragenden Pfosten nicht in den Boden eingegraben, sondern auf am Boden liegende Hölzer («Schwellbalken») aufgesetzt werden. Die Wände können aus Holz oder Fachwerk (mit Lehm verstrichenes Rutengeflecht in einem Balkengerüst) bestehen. Die Nähe zum Fraumünster lässt die Vermutung zu, dass diese Grundrisse die Reste von Wohnhäusern der Fraumünster-Dienstleute sind. Dieses Beispiel zeigt, mit welch spärlichen Resten die «Holzbau-Archäologie» auch in den Städten rechnen muss.

Der Grundriss des Steinhauses III auf dem Münsterhof zeigt die zahlreichen Veränderungen, die im Laufe der Jahrhunderte im Erdgeschoss vorgenommen worden sind. Das Haus muss noch im 10. Jahrhundert erbaut worden sein und blieb bis ins späte 13. Jahrhundert stehen. Reste von bemaltem Wandputz zeigen, dass in einem Obergeschoss die Wände eines Raumes bemalt waren. Von fünf Umbauten konnten Spuren beobachtet werden; manchmal wurde die Feuerstelle verlegt, manchmal auch die Raumunterteilung verändert.

Neben den Holz- und Steinhäusern gab es in den Städten auch noch richtige Türme aus Stein, die meist den Familien des Stadtadels gehörten. Manchmal versuchten einzelne Familien ihre Nachbarn mit ihrem Turm zu übertreffen. In Basel scheint man dies etwas übertrieben zu haben; jedenfalls ging es dem Stadtherrn, dem Bischof, zu weit: Er veranlasste Kaiser Barbarossa, den Bau von «Wicborgen», d.h. Stadtburgen, ohne Erlaubnis des Bischofs zu verbieten!

Die Beispiele stammen alle aus grossen Städten, die sich aus einem schon früh vorhandenen Kern – einem Bischofssitz oder einer königlichen Pfalz und einem Kloster – entwickelt hatten. Wie aber steht es mit jener Art von Städten, die vor allem für das 12. bis 14. Jahrhundert so typisch ist, den sogenannten «Gründungsstädten»? Im Unterschied zu den

Aufgrund der Spuren von Holzbauten auf dem Münsterhof in Zürich konnte eine Häusergruppe aus karolingischer Zeit rekonstruiert werden.

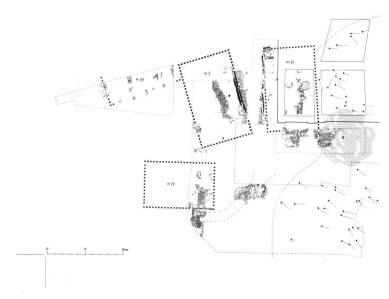

allmählich gewachsenen handelt es sich bei diesen Städten um solche, die durch einen eigentlichen Gründungsakt entstanden sind: Ein Grundherr versah entweder ein ihm gehörendes Dorf mit einem Stadtrecht oder er gründete eine neue Stadt «auf der grünen Wiese». Im zweiten Fall wurde ein bestimmtes Gebiet abgesteckt und in einzelne Grundstücke aufgeteilt. Siedler erhielten je ein solches Grundstück zu bestimmten Bedingungen. Der Herr der neuen Stadt sorgte durch die Verleihung bestimmter Rechte dafür, dass diese zu einem blühenden Gemeinwesen wurde. Zu nennen sind zum Beispiel Zölle, das Recht, Märkte abzuhalten, Münzen zu prägen oder einen Rat für die Regelung innerstädtischer Probleme einzusetzen. Auch eine Stadtmauer gehörte dazu. Solche Städte gab es zu Dutzenden. Sie sind heute entweder verschwunden wie Glanzenberg bei Dietikon oder Fridau bei Olten, oder sie sind immer verhältnismässig klein geblieben, wie Saillon (VS) oder Liestal (BL). Nur ganz wenige dieser Gründungsstädte haben eine grössere Bedeutung erlangt. Es ist wohl kein Zufall, dass dazu Bern und Freiburg gehören, deren Gründer eben nicht aus einem lokalen Adelsgeschlecht stammten, sondern die mächtigen Herzöge von Zähringen waren.

Nach heutigen Kenntnissen der im 12. oder 13. Jahrhundert gegründeten Städte war die Bebauung ähnlich wie in den besser erforschten grösseren: die Grundstücke wurden erst nach und nach überbaut. An ein zunächst einzeln stehendes Haus mit Hofmauer und Einfahrt von der Strasse her wurden im Laufe der Zeit immer mehr Anbauten angefügt, bis das Grundstück vollständig überbaut und gegen Strassen und Gassen hin eine lückenlose Häuserfront entstanden war. Diese Entwicklung fällt aber erst in die nachmittelalterliche Zeit.

# Ein Sonderfall – Alpsiedlungen

Im Alpenraum gibt Siedlungen, die als eigentlicher Sonderfall angesehen werden müssen. Genau wie heute noch gab es auch schon im Mittelalter Hüttendörfer weit oben in den Bergen, die nur für einen Aufenthalt im Sommer geeignet waren. Die Bevölkerung in den Tälern schickte dann sein Vieh in der Obhut erfahrener Hirten auf diese «Alpstafel», wo Ziegen, Schafe und Rinder die saftigen Alpenkräuter abgrasten. Die Milch wurde an Ort und Stelle zu Butter und Käse verarbeitet und spätestens am Ende des Sommers in die Täler hinuntergebracht.

Das Leben in diesen «Sommerdörfern» muss sehr einfach gewesen sein, denn alles ausser Milch und Milchprodukten und vielleicht einmal das Fleisch eines erlegten Wildtieres musste vom Tal heraufgetragen werden. Auch die Häuser waren denkbar einfach: kleine Hütten mit einer Bettstelle und einem Herd, der sowohl zur Zubereitung der Mahlzeiten als auch zum Käsen diente.

Als Standort dieser Siedlungen wählte man oft Geröllhalden aus, denn dort wurde durch die Häuser kein wertvolles Grasland überbaut. Ausserdem nutzte man die natürlichen grossen Felsblöcke aus, die in solchen Schuttkegeln immer wieder vorkommen. Entweder lehnte man eine Hütte daran an, oder man konnte darunter oder daneben mit einfachsten Mitteln einen Milch- und Käsekeller einrichten.

Seit Anfang der siebziger Jahre sind mehrere solcher Alpsiedlungen aus der Zeit zwischen der spätkarolingischen Zeit und dem 14. Jahrhundert ausgegraben worden. Sie haben das Bild, das man sich vom mittelalterlichen Leben im Alpenraum machte, erheblich erweitern und ergänzen können.

Ansicht der Alpsiedlung Bergeten ob Braunwald GL. Die Reste der Alphütten befinden sich am unteren Rand des Geröll- und Schuttkegels.

Das Gelände wurde wo immer möglich mit dem geringstmöglichen Aufwand ausgenutzt. Höhlen unter grossen Felsbrocken wie hier auf Blumenhütte UR sind oft als Unterstand oder Keller hergerichtet.

Grundriss einer Hütte (Spilblätz, Charetalp SZ). Die Wände bestehen aus Trockenmauerwerk; Holz, das in dieser Höhe nicht mehr wächst, war ein sehr kostbares Material und wurde beim Bau nur für das Dachgerüst verwendet.

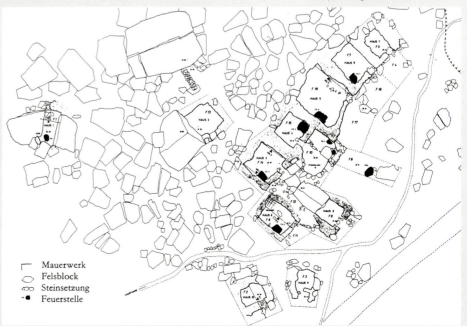

Plan der Alpsiedlung von Bergeten GL. Die aufgefundenen Feuerstellen sind dunkel gerastert.

Zürich, Münsterhof, Haus III. Die spärlichen Reste dieses Hauses ermöglichten die Beobachtung von mehreren Umbauten zwischen der Zeit um 1000 und dem späten 13. Jh.

Die Entwicklung der Überbauung auf der Parzelle Neumarkt 4/Storchengasse 26 in Zürich. Die Gebäude stehen im Laufe der Zeit immer dichter.

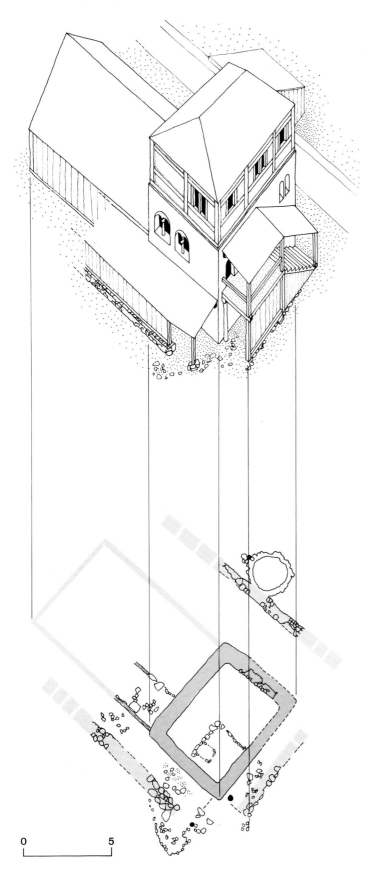

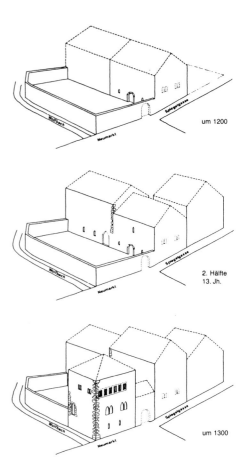

# Ein Tag auf der Alp

*E*ndlich naht der Mittag. Der kleine Werner kann die Mahlzeit kaum erwarten, denn sein Magen knurrt schon längere Zeit. Seit zwei Wochen ist der Bub nun schon auf der Alp, und er hat sich noch nicht daran gewöhnt, dass der Morgen hier viel länger dauert als unten im Tal. Er darf dieses Jahr zum erstenmal während des ganzen Sommers hier oben bleiben; früher war er zwar auch schon hie und da heraufgestiegen, aber höchstens für zwei Tage; dann musste er wieder zur Mutter zurückkehren, die im Tal unten nach dem Rechten sah.

In den vierzehn Tagen hat er viel gelernt. Er kennt auf der weitläufigen Alp schon beinahe jeden Stein und jeden Grasfleck. Auch die Kühe kann er schon gut unterscheiden; allerdings nicht so gut wie andere Sennen, die die Tiere auf grosse Distanzen an Gang und Bewegungen erkennen. Vom Meistersenn hat er gelernt, die einzelnen Gräser- und Kräuterarten zu benennen.

Was ihm aber noch Mühe macht, ist das Aufstehen fast mitten in der Nacht. Als erstes müssen in aller Frühe die Kühe gemolken werden. Werner übernimmt aber eine andere Aufgabe: Während die anderen kesselweise die Milch in die Hütte hereinbringen und in den grossen Käsekessel zu jener des Vorabends schütten, facht er das Feuer an und macht Brennholz bereit.

Nach dem Melken wird die Milch erwärmt; dazu dreht der Senn den schweren Kupferkessel an einem Drehgalgen über die Feuergrube. Der Meistersenn prüft die Temperatur mit dem Handrücken; ist er zufrieden, dreht er den Kessel vom Feuer weg und gibt das «Lab» hinzu, getrocknete und in Molke aufgelöste Kälbermägen. Diese Mischung bringt die Milch zum Gerinnen. Da dies einige Zeit dauert und die Milch jetzt Ruhe braucht, haben die Sennen Zeit für das Morgenessen, das aus Milch, Käse, frischer Butter und Brot besteht. Viel Zeit zum Schwatzen bleibt ihnen aber nicht, denn unterdessen ist die Milch dick geworden; sie wird nun mit einem säbelklingenartigen Holzbrettchen in Stücke «geschnitten» und dann bei möglichst gleichbleibender Temperatur über kleinem Feuer längere Zeit gerührt. Hans, ein geschickter Bastler, hat ein Rührgerät angefertigt: Er hat einen Tannenwipfel in Wasser eingelegt, die Rinde sauber abgeschält, dann die Ästchen zum Stamm zurückgebogen und daran befestigt. Die Milch trennt sich allmählich in gelbliche Molke und körnigen Frischkäse, der mit der Zeit auf den Boden des Kessels sinkt. Von dort wird er dann mit einem Käsetuch herausgefischt: Das eine Ende des Tuches wird um einen elastischen Holzstab herumgewickelt; der Meistersenn führt diesen Stab am Kesselboden entlang, und im so mitgezogenen Tuch sammeln sich die Käsekörner. Ein zweiter Senn hält am anderen Ende des Tuches die Zipfel, und gemeinsam können sie die Käsemasse im Tuch aus dem Kessel herausheben. Nach dem Abtropfen wird sie in eine ebenfalls mit einem Tuch ausgelegte Form gepresst.

Nach dieser Arbeit ist aber der Tag noch nicht zu Ende! Der Meistersenn geht gleich in den Käsekeller, wo die in den letzten Tagen und Wochen gemachten Käse lagern und immer wieder mit Salzwasser abgewaschen werden müssen, damit sie richtig reifen und nicht zu faulen beginnen.

Unterdessen haben jene, die nicht direkt mit der Herstellung und der Pflege der Käse zu tun haben, begonnen, das Melkgeschirr zu reinigen. Werner liebt diese Arbeit gar nicht, aber gerade auf sie scheint der Meistersenn am meisten Wert zu legen: «Alles muss blitzblank sein», pflegt er zu sagen. «Ohne Sauberkeit keinen Käse; schmutziges Melkgeschirr und ein Käsekessel, in dem noch die Reste von gestern kleben, verderben jede Milch und machen das Käsen unmöglich. Die ganze Arbeit wäre für die Katz'!» Also müssen alle an die Arbeit. Die Käsetücher werden ausgewaschen und zum Trocknen aufgehängt, die verschiedenen Holzgefässe mehrmals mit Wasser ausgespült. Für die Reinigung der Kupferkessel ist Asche das beste; es sieht zwar sehr schmutzig aus, hinterlässt aber nach dem Ausspülen eine saubere, rotglänzende Oberfläche. Selbst der Hüttenboden aus Steinplatten wird mit Wasser abgespült, das vom Bach in Eimern herbeigeschleppt werden muss. Fast alle beschäftigen sich mit dem Putzen; ausser Werner, der heute aufpassen muss, dass die Kühe nicht in den Vorplatz der Alphütten hineindrängen, und dem alten Johannes, der das Gerät kontrolliert und wenn nötig ausbessert. Er schnitzt im Augenblick für einen zerbrochenen Löffel einen neuen. Zwei weitere Sennen beschäftigen sich mit Spezialarbeiten: Der eine stösst Butter in einem hohen, hölzernen Butterfass, der andere, Rudolf, ist mit der Zubereitung des Mittagessens beschäftigt: Er hat mit seiner Armbrust ein Murmeltier geschossen, das er nun in der Pfanne kocht. Aus dem Kessel strömt ein verführerischer Duft. Werners Magen knurrt schon wieder: Wenn doch nur schon Essenszeit wäre...

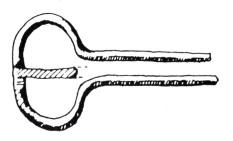

Während der Grabung auf Bergeten ob Braunwald GL wurden Gegenstände gefunden, die typisch für eine Alpsiedlung sind: oben ein «Trümpi», eine Maultrommel, die allgemein als Instrument von Hirten bekannt ist (natürliche Grösse). Unten eine Herdkette mit zwei Haken: am unteren hing der Käsekessel, der obere diente zur Verstellung der Kettenlänge, wenn man ihn in ein Kettenglied einhängte. Die Länge der Hakenstange beträgt 24 Zentimeter.

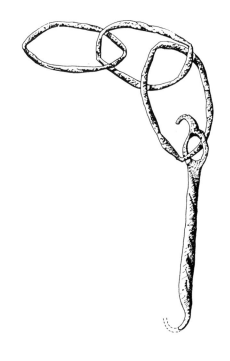

Bei Abbrucharbeiten in Zofingen kam ein Teil der alten Stadtmauer zum Vorschein. Zu erkennen sind im oberen Teil die Löcher für die Balken, auf denen der Wehrgang auflag, sowie – zum Teil zugemauerte – Zinnen. Die Mauerdurchbrüche im unteren Teil sind jüngeren Datums.

Eine mittelalterliche Stadt war nicht ein geschlossenes Häusermeer, sondern bestand aus vielen Freiflächen und einzeln stehenden Häusern. Das Bild zeigt, wie Freiburg i. Ü. im 12. Jh. ausgesehen haben mag.

# Die Burgküche

In der Burgküche ist Hochbetrieb. Die Herrschaften haben Gäste und möchten sie mit einem guten Essen verwöhnen. Die Küche, in der dieses Mahl zubereitet wird, ist nicht besonders gross, aber sehr zweckmässig eingerichtet. Auf einem gemauerten Herdsockel brennt ein Feuer. Darüber hängt ein Kupferkessel an einem Haken, der in der Höhe verstellbar ist. Auch ein Drehspiess ist vorhanden, doch ist dieser nur für kleinere Portionen geeignet, während für grössere, wie zum Beispiel das Schwein, das heute gebraten wird, ein Feuer im Hof angefacht werden muss. Auf Gestellen und Regalen stehen Töpfe und Schüsseln mit Vorräten und Küchengeräten aller Art. Bündel von getrockneten Gewürzkräutern hängen ebenso von der Decke wie getrocknete Fische und geräucherte Würste.
Bereits gestern hat die Köchin Kunigunde mit allerlei Vorbereitungen begonnen. Am Abend hat sie noch den Teig für das frische Brot geknetet und ihn über Nacht gehen lassen. Niemand hat ihr sagen müssen, dass sie nur Weizenmehl verwenden dürfe: Für hohe Gäste wird immer «Herrenbrot» gebacken, das weisse, feine und nicht das graue Roggenbrot für alle Tage und vor allem für Mägde und Knechte. Zur Feier des Tages besteht der Hauptgang aus einem am Spiess gebratenen Schwein. Vier Stunden lang hat es Clewe, der der Köchin helfen muss, draussen auf dem Hof über der Glut gedreht. Nun ist es braun und knusprig und liegt auf dem Küchentisch zum Zerlegen bereit. Clewe ist völlig fertig! Er hat von seiner Arbeit einen Riesendurst und ist kaum dazu gekommen, etwas Wasser zu trinken. Während die Köchin Kunigunde ein grosses Messer wetzt, um das Tier zu zerteilen, schickt sie ihn auch schon wieder los, diesmal in den Vorratsraum, um einen Korb gelbbrauner Lederäpfel zu holen: Es soll Kompott zum Nachtisch geben. Bei seiner Rückkehr stösst er einen Topf um, der dabei in Brüche geht.
«Pass doch auf», schimpft Kunigunde, «ich glaube, die lange Zeit an der Glut hat dein Gehirn noch vollständig ausgetrocknet. Und beeil dich gefälligst mit deiner Arbeit: Das Holz ist noch immer nicht eingeräumt, der Boden ist noch nicht gewischt, und die Körbe stehen auch noch alle in der Küche herum; ich habe dir doch schon am Morgen gesagt, du sollst sie in den Vorratsraum tragen! Auch die Töpfe sind noch nicht gereinigt. Es ist zum Verzweifeln mit dir!» Clewe schimpft vor sich hin: «Was ist denn heute wieder los mit ihr? Immer wenn sie für Gäste kocht, wird sie unausstehlich! Am liebsten würde ich...» Bevor er weiss, was er gerne täte, wird er durch ein verlegenes Hüsteln unterbrochen, das von der Tür herkommt.

Als Kunigunde aufblickt, sieht sie zwei zerlumpte Gestalten in der Tür stehen. «Wir bitten um eine milde Gabe», sagt der eine der Bettler, «die gnädige Frau hat uns hierher geschickt, wir bekämen hier eine Mahlzeit.» Obwohl Kunigunde diese Unterbrechung sehr ungelegen kommt, holt sie zwei Holzschalen hervor und füllt sie aus einem dreibeinigen Bronzetopf mit Suppe: Es ist der letzte Rest einer nahrhaften Gerstensuppe mit Früchten, die als erster Gang der Mahlzeit auf den Tisch gekommen ist.
Kaum hat sie dem Herd den Rücken gekehrt, um den Bettlern die Schalen zu bringen, springt Clewe rasch zum Kupferkessel und angelt sich aus dem darin kochenden Ragout einen schönen Brocken Fleisch heraus. Er kann von Glück reden, dass es Kunigunde nicht sieht, sie hätte ihn sonst zum Teufel gejagt. Vor lauter Hast verbrennt er sich den Mund. «Wenn ihr damit fertig seid», sagt sie den Bettlern beim Aushändigen der Schalen, «könnt ihr noch etwas Linsenmus haben. Und hinterher gebe ich euch eine Wurst zum Mitnehmen.» Die Bettler bedanken sich überschwenglich für diese Gaben, denn nicht überall werden sie so freundlich empfangen. Oft werden sie gerade in den reichsten Häusern mit dünner Wassersuppe abgespeist oder gar mit Fusstritten von der Schwelle verjagt.

Dann geht Kunigunde zum Tisch zurück, um das gebratene Schwein kunstgerecht zu zerlegen. Clewe kauert neben dem Herd und schichtet das Feuerholz in die eigens dafür vorgesehene Nische. Er tut so, als ob er das die ganze Zeit gemacht habe. Kunigunde denkt: Wenn er so ruhig vor sich hin arbeitet, dann hat er etwas ausgefressen. Wenn ich bloss wüsste was?
Das Schwein wird auf einer grossen Holzplatte angerichtet und mit Kräutersträusschen und halben Äpfeln garniert, damit es hübsch aussieht. Danach macht sich Kunigunde an das Rüsten der Äpfel, die mit Zimt und Honig zu einem Kompott verkocht werden sollen. Hinterher wird sie wohl selbst noch mithelfen müssen, die Küche aufzuräumen, denn aus Erfahrung weiss sie, dass Clewe nie fertig wird. Und wenn sie will, dass die Kochtöpfe wirklich sauber sind, muss sie es wohl auch selber machen.

Nüsse (unten) und Haselnüsse (oben) spielten in der mittelalterlichen Küche eine grosse Rolle; sie waren nicht nur willkommener Vorrat, sondern auch die Grundlage für Öl. Die Beispiele stammen von Malvaglia TI, Casa dei pagani.

# Leben und Sterben

## Kinder und Erwachsene

Die vorangehenden Beispiele haben gezeigt, wie die Siedlungen des Mittelalters ausgesehen haben (könnten). Auf den Burgen wohnten die Leute nicht nur in steinernen Türmen, sondern auch in Holzhäusern, die sich kaum von jenen in den Dörfern unterschieden. Die Städte waren in ihrer Frühzeit nicht viel mehr als grosse Dörfer. Erst mit der Zeit entstanden die engen Gassen zwischen lückenlos stehenden Häusern, die als typisch mittelalterlich gelten. Die Beschreibung dieser Bauten und ihres Aussehens gleicht dem Bereitstellen von Kulissen in einem Theater. Diese «Kulissen der Geschichte» sollen nun mit Handlung und vor allem mit Handelnden gefüllt werden. Das «Beleben» der Kulissen ist jedoch nicht ganz einfach; es ist eine Suche nach Spuren der Frauen, Männer und Kinder, die schon seit Jahrhunderten begraben sind.

Sowohl in den schriftlichen als auch in den archäologischen Quellen finden sich fast ausschliesslich Spuren der Erwachsenen. Von Kindern zeugen lediglich einige Spielsachen. So bleiben uns für Aussagen über die Kindheit im Mittelalter oft nur die Skelette.
Der grösste Teil eines menschlichen Lebens gehörte der Zeit des Erwachsenseins an: Erwachsen war man damals bereits mit etwa vierzehn Jahren. Aber schon vorher wurden die Kinder eingespannt; auf dem Land war es selbstverständlich, dass Mädchen und Jungen mithalfen, etwa beim Hüten von Schweinen, Ziegen, Schafen und Gänsen oder bei der Verarbeitung von Wolle oder Flachs zu Garn. Auch bei der Ernte mussten sie mit zupacken. In den Städten, bei den Handwerkern, sah es nicht anders aus. Wo hart und körperlich gearbeitet wurde, waren die Kinder zusätzliche Arbeitskräfte in der Familie.

Ein etwas anderes Bild zeigt sich beim Adel: dort wurden die Kinder schon sehr früh von zu Hause weg auf andere Adelssitze geschickt, wo sie als Knappen und Hoffräuleins ein standesgemässes Benehmen lernen sollten.
Schulen gab es für die wenigsten Kinder, fast nur für jene, die später in ein Kloster eintreten oder eine andere geistliche Laufbahn einschlagen würden. Auch waren es eher mehr Mädchen als Jungen, die lesen und schreiben lernten. Erst vom 13./14. Jahrhundert an änderte sich dies, als in den Städten vermehrt auf die Schulbildung geachtet wurde. Denn wer seinen Lebensunterhalt in einem Handelsberuf verdienen wollte, musste lesen, schreiben und auch rechnen können.

Sissach BL, Bischofstein. Puppenkopf aus glasiertem Ton, um 1350. Dame mit Blumenkranz. Die Höhe beträgt 5 Zentimeter.

# Ernährung, Krankheit, Verletzungen – was Skelette «erzählen»

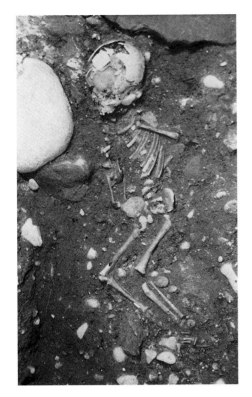

Grab des kleinen Vinzenz aus der Grafenfamilie von Rapperswil, der mit 1260/61 im Alter von etwa drei Jahren verstarb und im Kloster Mariazell in Jona-Wurmbach SG begraben liegt. Die Untersuchung des Skelettes zeigte, dass er an einer schweren Rachitis litt.

Vergleich eines gesunden Oberschenkels (links) mit einem durch Rachitis deformierten.

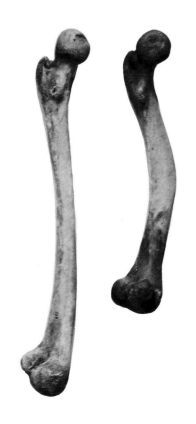

Eine ganze Menge von Auskünften über das Leben im Mittelalter vermitteln besondere archäologische Quellen: die Skelette. Allerdings müssen sie dazu von Spezialisten (Anthropologen und Medizinern) genau untersucht werden. Nur dann können die vielen Einzelheiten erkannt und erklärt werden, die über eine Bestimmung von Geschlecht und Alter hinausgehen. Dazu gehören etwa Ernährungsgewohnheiten und durchgemachte schwere Krankheiten. Aber auch bei den Skeletten gilt, was schon mehrfach erwähnt wurde: Das Leben des Adels ist am besten erforscht, denn nur Angehörige der Oberschicht wurden normalerweise im Kircheninneren bestattet – und nur dieses wird in der Regel bei Ausgrabungen untersucht.
Skelette von Angehörigen des «gemeinen Volks» sind weit weniger zahlreich. Ergrabene mittelalterliche Friedhöfe sind eher selten und an einer Hand abzuzählen: Neben Berslingen vor allem Aesch (BL), Hohenrain (LU) und die nur teilweise erforschten Friedhöfe von Basel-Barfüsserkirche und Zürich-Münsterhof.
Die bisherigen Forschungen erlauben eine allgemeine Aussage zur Lebenserwartung: Dabei fällt vor allem die hohe Kindersterblichkeit auf. Zwanzig von hundert Neugeborenen überlebten das erste Lebensjahr nicht. Nur etwa zwei Drittel wurden älter als sechs Jahre. Hatte ein Mensch jedoch das Erwachsenenalter erreicht, waren seine Chancen gut, noch einige Jahrzehnte zu leben. Die mittlere Lebenserwartung lag für Frauen bei fünfundvierzig bis fünfundfünfzig Jahren, für Männer bei achtundvierzig bis sechzig. Entgegen der auch heute noch weitverbreiteten Vorstellung waren die Leute im Mittelalter nicht besonders klein. Sie waren andrerseits aber auch nicht mehr ganz so gross wie im Frühmittelalter. Die durchschnittliche Grösse der Frauen lag bei 1.60 m, jene der Männer bei 1.70 m. Adlige waren oft noch wesentlich grösser, sie wurden bis 1.80 m gross – eine Folge der besseren Ernährung. Das allmähliche Abnehmen der Körpergrösse erklärt sich einerseits aus der Umstellung der Ernährung auf mehr Getreide, andererseits aus der harten, körperlichen Arbeit in einem Alter, in dem das Knochenwachstum noch nicht abgeschlossen war und deshalb behindert wurde.
An den Skeletten kann man nicht nur das Alter der Menschen bei ihrem Tod ablesen, sondern auch Spuren von mangelnder Ernährung, Verletzungen und Krankheiten. Der Mangel an lebensnotwendigen Vitaminen und Mineralstoffen ist heute in der Schweiz kein Thema mehr; wo er festgestellt wird, kann er mit Pillen sofort behoben werden. Im Mittelalter war dies anders, da vielfach – vor allem im Winter – die vitamin- und mineralstoffreichen Lebensmittel wie Gemüse und frisches Obst gar nicht oder nicht in genügendem Masse vorhanden waren. Manchmal sind deshalb an den Knochen der ausgegrabenen Skelette sogenannte Mangelerscheinungen festzustellen. Kalk- und mineralstoffarme Nahrung führte dazu, dass der Zahnschmelz zu wenig widerstandsfähig war. Auch ein Kalkschwund im Knochen (Osteoporose) kann eine Folge dieses Mangels sein. Eine bestimmte Veränderung des knöchernen Augendaches ist vermutlich unter anderem auf Eisenmangel zurückzuführen. Vitaminmangel äusserte sich als Rachitis (Knochenerweichung und -verformung) oder Skorbut (Knochenveränderungen).
In jüngster Zeit werden die Skelette noch eingehender untersucht und erforscht: Komplizierte chemische Bestimmungen von Stoffen, die sich in winzigen Mengen im Knochen festsetzen, können Auskunft darüber geben, wovon sich die Menschen hauptsächlich ernährt haben, ob von pflanzlicher oder von tierischer Nahrung. Und wenn von tierischer, ob von Fisch oder von Fleisch. Diese Art der Forschung wird allerdings erst seit kurzer Zeit betrieben; und die Methoden werden noch ständig

Manessehandschrift, Anfang 14. Jh. Das Blatt mit dem Schulmeister von Esslingen zeigt, wie man sich eine Schule vorstellen könnte. Links diskutieren zwei ältere Schüler zu Füssen ihres Lehrers über einem aufgeschlagenen Buch, rechts unterrichtet ein anderer Lehrer Kinder aus ärmlichen Verhältnissen, wie uns die einfachen Kleider und die zerrissenen Schuhe des einen Kindes zeigen.

Diese Tonpuppe wurde auf Alt-Schauenburg (Frenkendorf BL) gefunden. Sie zeigt eine Dame in der Tracht, die um 1350 Mode war. Auffallend sind die grosse Haube und die Ärmel, an denen lange Zipfel von den Ellbogen bis fast zum Boden herabhängen.

Ein Ausschnitt aus dem Gräberplan von Aesch BL, Saalbünten (vor 1000) zeigt, wie dicht die Skelette lagen. In der Umgebung des Altarhauses waren besonders viele Kinder begraben.

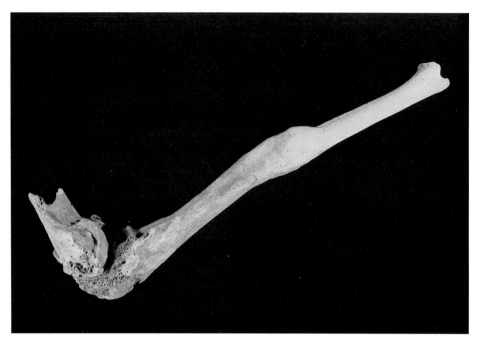

Schiers GR, Beispiel für einen schlecht verheilten Armbruch. Die Elle ist verschoben wieder zusammengewachsen. Die Behinderung beim Gebrauch des Armes führte dazu, dass auch noch das Ellbogengelenk versteifte und zusammenwuchs.

verfeinert. Deshalb gibt es erst wenige Ergebnisse, und gerade für den Raum der Schweiz liegen bisher leider noch keine Resultate vor.

Viel häufiger als die Hinweise auf mangelnde Ernährung finden sich Spuren von Verletzungen; darunter machen die Knochenbrüche den grössten Teil aus. Manche sind, wenn sie verschoben und verkrümmt wieder verwachsen sind, auch für Nichtfachleute sofort erkennbar; bei anderen sehen nur die Fachleute, dass der Knochen einmal gebrochen war – man nimmt an, dass in solchen Fällen die gebrochenen Knochen kunstgerecht geschient worden sind. Um die Art des Bruches genau feststellen zu können, werden Röntgenbilder zu Rate gezogen.

Neben den Arm- und Beinbrüchen fallen die vielen Rippenbrüche auf. Es wird sich in den meisten Fällen um Spuren von «Arbeitsunfällen» gehandelt haben: Stürze von Gerüsten, Bäumen und Pferden, Unfälle bei Holzfällerarbeiten, vielleicht auch die Folge eines ausschlagenden Pferdes.

Nicht ganz so häufig wie Knochenbrüche sind Spuren von Verletzungen aus Krieg oder Raufhändeln. Dazu gehören, oft am Schädel, Hiebverletzungen durch Schwerter. Aussergewöhnlich ist jener Fall, bei dem in der Markhöhle des Oberarms ein eingewachsener Armbrustbolzen gefunden wurde. Dieser muss wenig über dem Ellbogengelenk in den Knochen eingedrungen und in der Markhöhle nach oben bis ins Gelenk gelangt sein. Der Mann hat hinterher weitergelebt, denn die Wunde im Ellbogenbereich ist zugewachsen und war am Knochen kaum zu erkennen.

Auch Krankheiten können an den Knochen Spuren hinterlassen. Am häufigsten sind es jene von Arthrosen, die in der Regel als Abnutzungserscheinungen bei Leuten zu erklären sind, die ein Leben lang hart gearbeitet haben. Betroffen sind oft die Wirbel. In einem fortgeschrittenen Stadium der Krankheit können mehrere zu einer völlig versteiften Säule verwachsen sein. Auch andere Gelenke verändern sich unter dem Einfluss dieser Krankheit schwer.

Karies (Zahnfäule) und Paradontose (Rückbildung des Zahnfleisches und Abbau des Kieferknochens) waren weit verbreitet. Bei fortgeschrittener Paradontose beginnen die Zähne auszufallen. Nicht selten findet man Kiefer, bei denen die leeren Zahnhöhlen längst zugewachsen sind und der Knochen stark zurückgebildet ist. Zu diesen krankhaften Veränderungen kam noch etwas weiteres hinzu: Oft ist eine ausserordentlich starke Abnutzung der Zähne festzustellen. Dies ist vermutlich eine Folge der hauptsächlich aus gemahlenem Getreide bestehenden Ernährung; denn beim Mahlen der Körner auf den Steinmühlen kam immer auch ein feiner Steinstaub mit, dem die Zähne auf die Dauer nicht standhielten. Krankheiten und diese Abnutzung des Knochenmaterials deuten darauf hin, dass den mittelalterlichen Menschen Zahnschmerzen sehr gut bekannt gewesen sein müssen.

Schliesslich weisen mittelalterliche Skelette oft Anzeichen von Krebs auf, und zwar sowohl für die Formen, die im Knochen entstehen, als auch für jene, die sich als Ableger (Metastasen) eines Organkrebses (Niere, Blase, Prostata und Brust) an verschiedenen Knochen

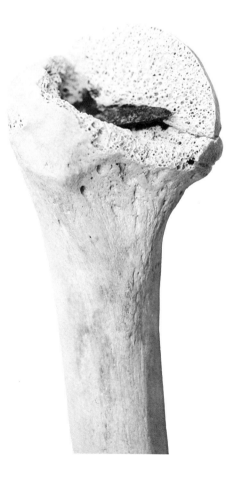

Oberarmknochen aus einem Friedhof in Ferenbalm BE. Beim Aufsägen des Gelenkkopfes stiess der Anthropologe auf eine Pfeilspitze des 12./13. Jh., die im Knochen eingewachsen war.

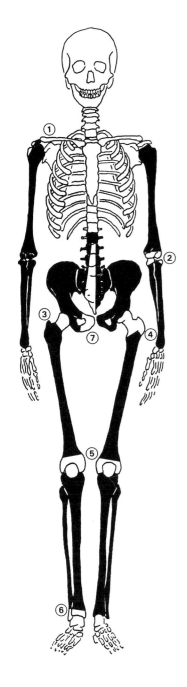

In der Gruft der Grafen von Lenzburg (Stiftskirche von Beromünster LU) fand man Knochen eines Mannes, der regelrecht zerhackt worden ist. Eine genaue Bestimmung der Verletzungen ermöglicht es, die Reihenfolge der Schwerthiebe anzugeben. Sie sind mit 1 bis 7 numeriert. Der erste Hieb traf die rechte Schulter; der Angegriffene versuchte, sich mit dem Schild in der linken Hand zu decken, weshalb der zweite Hieb das Ellbogengelenk des linken Armes traf. Der Angegriffene stürzte zu Boden, denn die folgenden Verletzungen können nur einer liegenden Person zugefügt werden.

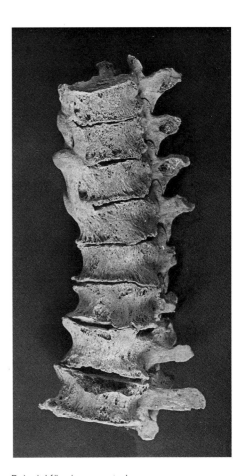

Beispiel für eine von starker Arthrose befallenen Wirbelsäule aus Pieterlen BE. Die einzelnen Wirbel sind vollständig zusammengewachsen, die Ränder sind unregelmässig ausgefranst, an der Vorderseite haben sich Knochenwülste gebildet. Unten zum Vergleich eine gesunde Wirbelsäule. Da hier die Knochen allein (also ohne Sehnen und Muskeln) nicht zusammenhalten, sind sie mit Drähten verbunden.

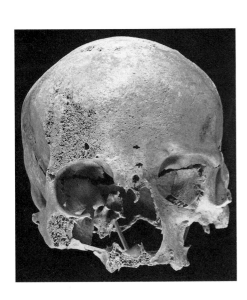

Bei diesem Schädel aus dem frühmittelalterlichen Gräberfeld von Kleinhüningen BS ist über und unter dem rechten Auge sowie am Oberkiefer die äussere Knochenschicht durch ein scharfes Gerät, vermutlich ein Schwert, abgetrennt worden. Der Betroffene hat diesen Hieb nicht überlebt.

feststellen lassen. Erstaunlicherweise – Krebs gilt ja im allgemeinen als eine Krankheit, die vor allem in den letzten Jahrzehnten häufiger wurde – gab es bei jüngeren Menschen im Mittelalter wohl ebensoviele Krebserkrankungen der erwähnten Art wie heute; dass heute insgesamt mehr Krebsfälle bekannt sind, hängt zum Teil damit zusammen, dass diese Krankheit oft eine typische Alterskrankheit ist und im Mittelalter die Leute eben nicht so alt wurden wie heute.

Selbst einzelne Infektionskrankheiten können an Skeletten nachgewiesen werden: Bei der Tuberkulose etwa wachsen Hand- und Fusswurzelknochen zu einem Block zusammen. Die meisten – und die schlimmsten – dieser durch Krankheitserreger übertragenen, ansteckenden Krankheiten sind jedoch am Skelett nicht festzustellen, so dass nur die schriftlichen Quellen Aufschluss darüber geben können. Da die damaligen Menschen nicht wussten, wie solche Krankheiten übertragen wurden, kamen sie auch nicht auf die Idee, die Trinkwasserversorgung und die Behandlung der Abwässer könnten etwas mit den immer wieder ausbrechenden Seuchen zu tun haben. Deshalb standen die Menschen den Epidemien ziemlich hilflos gegenüber.

Besonders schrecklich wütete die grosse Pestepidemie um die Mitte des 14. Jahrhunderts. Wer sich einmal ansteckte, starb meist innerhalb weniger Tage. Da diese Seuche sehr ansteckend war, verbreitete sie sich in rasender Geschwindigkeit über ganz Europa. Fachleute schätzen, dass je nach Gegend zwischen einem Drittel und der Hälfte der Bevölkerung dahingerafft wurde. Heute ist es schwer vorstellbar, was die grosse Pest für die Überlebenden bedeutete, in einer Zeit, in der schon wesentlich weniger schlimme Krankheiten als Strafe Gottes angesehen wurden. Ganz schutzlos standen die Menschen den zahlreichen quälenden Krankheiten

Schädel aus Belfaux FR, St. Maurice. Dieser Schädel wurde «trepaniert», d. h. man schnitt ein Stück aus der Schädeldecke heraus. Die betreffende Person hat diese Operation mindestens eine gewisse Zeit überlebt, da Anzeichen einer Heilung an den Knochenrändern vorhanden sind. Die Trepanation wurde schon in urgeschichtlicher Zeit angewendet; sie diente meist zur Heilung bestimmter Krankheiten oder Verletzungen.

Das untere Ende dieses Oberschenkels aus dem Basler Münster ist von einer durch Knochenkrebs verursachten Wucherung des Knochengewebes völlig verformt und aufgedunsen.

aber dennoch nicht gegenüber. Sie kannten viele Heilmittel aus der Natur. Das Wissen um die heilenden Kräfte von Kräutern und Wurzeln wurde einerseits in den Klöstern gepflegt und weitergegeben, aber auch Einzelpersonen in Stadt und Land, oft ältere Frauen, kannten solche Rezepte. Diesen Frauen begegnete man aber manchmal mit Misstrauen; denn man glaubte, dass sie ihre Kenntnisse nicht nur zum Nutzen, sondern auch zum Schaden ihrer Mitmenschen einsetzten und zum Beispiel das Vieh oder missliebige Nachbarn verhexten.

Aber nicht nur bei Krankheit wurde der Körper gepflegt. Die mittelalterlichen Menschen achteten auch im Alltag auf Sauberkeit. Zur regelmässigen Hygiene – und zur Krankenpflege – gehören die Badstuben. Bäder in Wannen und Schwitzbäder (Sauna) waren sehr beliebt. Der Bader war aber noch mehr: er wirkte als Arzt. Bevorzugte Behandlungsmethoden waren das «Aderlassen» und das «Schröpfen». Reste einer solchen Badstube sind in Chur ausgegraben worden. Der Befund zeigt einige grosse Feuerstellen, die zum Erwärmen des Badewassers gedient haben, während unter den Funden die zahlreichen Schröpfköpfe aus Keramik auffallen.

Für das Alter wurde nichts Besonderes vorgekehrt. Die Leute arbeiteten, bis sie nicht mehr konnten. Im allgemeinen blieben alte Leute, die pflegebedürftig waren, in ihrer Familie und wurden von ihr versorgt. Wohlhabende konnten ihre alten Tage oft in einem Kloster verbringen. Seit dem 13. Jahrhundert gab es noch eine andere Möglichkeit: gegen eine bestimmte Summe erkaufte man sich in einem städtischen Spital die lebenslange Versorgung zu genau festgelegten Bedingungen.

---

**Worterklärungen**

**Aderlassen/Schröpfen:** in der früheren Heilkunde häufige Anwendungen. Beim Aderlassen wird dem Patienten die Armvene angeschnitten; er verliert eine gewisse Menge Blut, was als gesund angesehen wurde. Beim Schröpfen werden erwärmte Gefässe auf die Haut aufgesetzt; da warme Luft mehr Raum braucht als kalte, entsteht beim Abkühlen ein Unterdruck, der Blut ins Gewebe unter der Haut saugt. Auch dies galt als gesund.

**Spital:** Im Mittelalter war das Spital nicht das, was es heute ist, sondern eher eine Zufluchtsstätte für Kranke und Bedürftige ohne Angehörige, die für sie hätten sorgen können. Die Spitäler waren oft private, aber auch städtische Stiftungen.

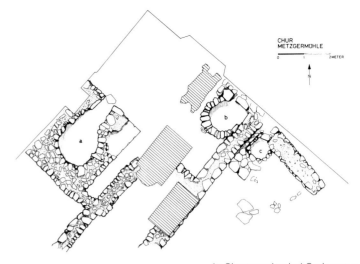

In Chur wurden bei Grabungen in der «Metzgermühle» Reste einer schon im 14. Jh. in den schriftlichen Quellen genannten Badestube entdeckt. Typisch sind die runden Steinsetzungen, bei denen es sich um Feuerstellen zum Erwärmen des Badewassers handelt.

Der Leiter der Badstube, der Bader, war nicht nur ein Bademeister, sondern er übernahm auch medizinische Aufgaben. Wichtig war das Schröpfen, das mittels keramischer «Schröpfköpfe» geschah.

# Tod und Bestattung

Basler Münster, Grab Rudolfs von Tierstein (gest. 1318). Der Graf ist in seiner vollen Bewaffnung dargestellt. Er trägt einen Kettenpanzer – die Handschuhe hat er zum Beten abgestreift – und darüber einen «Waffenrock». Sein Kopf ruht auf dem Topfhelm mit Helmzier; an den Füssen trägt er Sporen. Zu erwähnen sind ferner der Schild mit seinem Wappen sowie das beigelegte Schwert. Der Löwe, auf dem seine Füsse ruhen, ist ein Symbol der Herrschaft.

Im Mittelalter war der Tod immer gegenwärtig. Nicht nur mittelalterliche Gewalttätigkeit, verheerende Seuchenzüge, die hohe Kindersterblichkeit und zahlreiche unheilbare Krankheiten waren der Grund dafür, sondern die Tatsche, dass man zu Hause starb. Für fromme Menschen war der Tod allerdings nichts Schlimmes, da sie ja sicher waren, im Himmel am ewigen Leben teilzuhaben. Diese Gewissheit zeigt sich etwa in den Grabmonumenten des Adels. Darauf sind die Toten als zuversichtliche Gläubige dargestellt, wie wenn sie noch lebten. Erst im 14. Jahrhundert ändert sich diese Einstellung teilweise: der Tod wurde zu etwas Abscheulichem, Grausamem. Der Tote auf der Grabplatte war nicht mehr ein frommer Ritter, sondern ein nackter, von Würmern, Kröten und Schlangen zerfressener Leichnam.

Bestattungssitten können je nach Gegend, sozialer Stellung und Zeit sehr verschieden sein. Adel und hohe Geistliche wurden in steinernen, zum Teil reich verzierten Sarkophagen begraben wie der Lausanner Bischof Kuno von Fenis, weniger berühmte in Särgen aus Holz. Normalerweise wurden die Toten aber in ein Leichentuch eingewickelt oder nackt in die blosse Erde gelegt. Der frühmittelalterliche Brauch, die Toten in aus Steinplatten zusammengefügten Kisten zu begraben, lebte vor allem in jenen Gegenden weiter, wo entsprechende Steine in der richtigen Grösse und Dicke ohnehin schon vorhanden waren.

Über der Erde waren die Gräber unterschiedlich gekennzeichnet: Sarkophage mit Verzierungen und Grabplatten, die den oder die Tote als lebensgrosse Figur darstellen, waren den Vornehmen vorbehalten. In der Frühzeit waren es einfache, in den Boden eingelassene Grabplatten mit eingeritzter Inschrift, Kreuz oder einer Umrisszeichnung der oder des Toten. Später wurden die Bestatteten lebensgross und vollplastisch abgebildet. Ein gutes Beispiel hiefür ist das Grabmal der Königin Anna, die zusammen mit ihrem nur wenige Wochen alt gewordenen Söhnchen Karl im Basler Münster beigesetzt wurde.

Auf den Friedhöfen ausserhalb der Kirche waren die Gräber kaum gekennzeichnet. Die Anordnung der Skelette in Aesch (BL)/Saalbünten lassen vermuten, dass die bei frischen Gräbern noch sichtbaren Erdhügel in kurzer Zeit verschliffen waren und niemand mehr wusste, wo sie sich befanden. So wurden bei neuen Bestattungen ältere Gräber immer wieder gestört; die Skelette lagen dicht an dicht neben- und übereinander. Die Datierung mittelalterlicher Skelettfunde ist nicht einfach, denn die im Frühmittelalter üblichen Beigaben fehlen fast vollständig. Manchmal kann bei der zeitlichen Bestimmung die Haltung der Arme weiterhelfen. Liegen sie gestreckt neben dem Körper, so ist das Grab mit einiger Wahrscheinlichkeit karolingisch. Schon damals setzte aber die Sitte ein, den Toten die Hände über dem Becken zusammenzulegen. Bis etwa um 1200 «rutschen» dann die Hände bis etwa auf Brusthöhe hinauf. In Gegenden, wo auch im Mittelalter noch ein grosser Prozentsatz «Romanen», das heisst Nachkommen der gallo-römischen Bevölkerung vermutet wird, gilt diese Regel allerdings weniger. Es sprechen jedoch Anzeichen dafür, dass dort die anderswo längst aufgegebene Beigabensitte mindestens in einzelnen Fällen noch beibehalten worden ist: Bei etlichen der Toten in Aesch waren «Speisebeigaben» in Form von Tierknochen zu beobachten, und auf dem Basler Münsterplatz enthielten Kindergräber des 10. Jahrhunderts römische Münzen!

In bestimmten Fällen war aber auch im Mittelalter die Beigabensitte durchaus üblich: Mitgegeben wurden Teile der Tracht oder aber Zeichen eines zu Lebzeiten innegehabten Amtes. Vor allem hohe Geistliche wurden in ihren Gewändern bestattet. Ausserdem bekamen sie oft einen Kelch – häufig aus Holz – mit

Franz I. von La Sarraz (gest. 1363) ist auf seinem Grabmal nicht mehr als der fromme, edle Ritter dargestellt, sondern als nackter Leichnam, der von Würmern und Kröten zerfressen wird. In dieser völlig anderen Sicht spiegelt sich das Grauen vor dem Tod wieder, das im spätmittelalterlichen Frankreich weit verbreitet war.

Hochgestellte Persönlichkeiten wurden in prunkvoll verzierten Steinsärgen (Sarkophagen) bestattet. In St. Johannsen bei Erlach BE fand man diesen Sarkophagdeckel aus dem 11. Jh., der vermutlich zum Grabmal des Stifters (und Lausanner Bischofs) Kuno von Fenis gehörte.

Basler Münster, Grabmal des Burkard von Massmünster (gest. 1383). Die Unterschiede zum Grab Rudolfs von Tierstein sind klein; sie bestehen vor allem im Harnisch, dem Panzer aus Eisenplatten, der in den paar Jahrzehnten seit 1318 an die Stelle des vollständigen Kettenpanzers getreten ist. Ausserdem fehlt der Wappenrock, und das Schwert ist nicht beigelegt, sondern umgegürtet.

Oberwinterthur, St. Arbogast. Wandmalerei mit dem Begräbnis des Heiligen. Die Totengräber sind mit Schaufel und Hacke bei der Arbeit, Arbogast liegt – in ein Leichentuch eingewickelt – in der Grabgrube. Der Priester steht mit den notwendigen Geräten wie Bibel und Vortragkreuz beim Grab.

Das Grabdenkmal der Grafen von Neuenburg ist ein einzigartiges Kunstwerk aus dem 14. Jh. Es handelt sich dabei nicht um die eigentliche Grablege der Familie, sondern um ein sogenanntes Kenotaph, d. h. ein Denkmal zum Andenken an die Verstorbenen.

Basler Münster, Grabmal Königin Annas. Die Gattin König Rudolfs von Habsburg verstarb 1281 in Wien und wurde mit grossem Prunk nach Basel überführt. Dort fand sie ihre letzte Ruhe zusammen mit ihrem ein paar Jahre vorher im Alter von wenigen Wochen vestorbenen Söhnchen Karl, das bereits im Basler Münster bestattet worden war.

ins Grab. Bischöfe erhielten ausserdem ihren Ring und den ebenfalls meist hölzernen Bischofsstab. Aber auch der Adel gab seinen Toten mitunter die wichtigste Ausrüstung mit. In Confignon (GE) etwa wurden neben einer Schuhsohle auch die Reste eines Gürtels und als grosse Ausnahme ein vergoldetes Sporenpaar geborgen.

Ausser Geistlichen und Adligen wurden nur wenige Menschen bei den Bestattungen besonders behandelt. Dazu gehören Kleinkinder. Ihre Gräber finden sich dann an ganz bestimmten Stellen eines Friedhofs. Besonders typisch ist die Lage unmittelbar ausserhalb des Chores einer Kirche – sie liegen damit dem Altar am nächsten – oder nahe der Kirchenmauern: So waren sie dem Wasser ausgesetzt, das vom Dach heruntertropfte. Da dieses vom Dach einer geweihten Kirche kam, hielt man es für ebenso wirksam und heilbringend wie Weihwasser und deshalb für die Berieselung der Gräber unschuldiger Kinder geeignet.

Ein aussergewöhnlich interessantes Grab kennen wir aus Lausanne: Unter dem Plattenbelag des berühmten bemalten Portals wurde eine Bestattung aufgedeckt, die aus sorgfältig zugehauenen Steinen bestand. Der Tote war – in ein Leichentuch eingewickelt – auf einem Bett von Farnkraut bestattet worden. Auf seiner Brust lag ein Sträusschen Kümmel. Die Fachleute vermuten, dass es sich um einen Baumeister handelt, der während der Arbeiten an der Kathedrale verstarb und wegen seiner Verdienste für die Entstehung des Gotteshauses einen aussergewöhnlichen Platz für sein Grab erhielt.

Amédée de Hauterive, der zum Bau der heutigen Lausanner Kathedrale den Anstoss gegeben hatte, wurde wie jeder Bischof in seinen Bischofsgewändern beigesetzt. Auch einen Kelch aus Zinn gab man ihm mit.

Die Krümme Amédées. Der Bischofsstab, die sogenannte «Krümme», bestand aus kostbarem Material. Ins Grab wurde meist eine Nachbildung aus Holz gelegt.

Die Mitra Amédées. Die Mitra, eine bei liturgischen Handlungen verwendete Kopfbedeckung, war in diesem Falle noch sehr gut erhalten. Meist wurden für Mitren kostbare Stoffe verwendet.

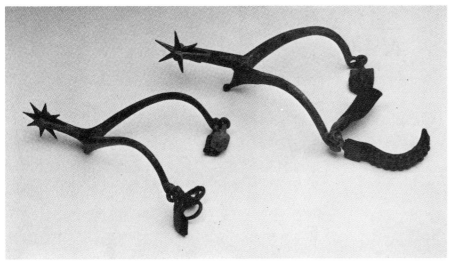

Ähnlich wie in Confignon GE waren auch in Romainmôtier hochgestellte Persönlichkeiten mit ihren Sporen begraben worden. Die abgebildeten Stücke stammen aus der 2. Hälfte des 14. Jh.

Dank des aussergewöhnlich guten Zustandes und der genauen Beobachtungen während der Grabung kann die Grablegung rekonstruiert werden.

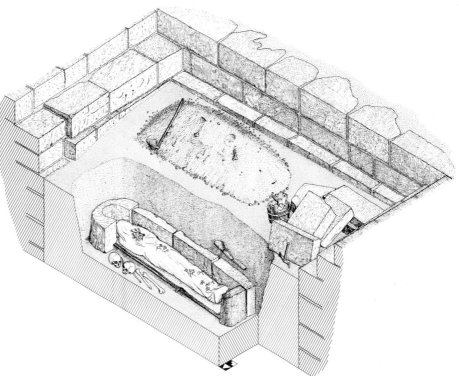

Im schönsten Portal der Kathedrale von Lausanne, dem «Portail peint», stiessen die Ausgräber auf ein sorgfältig angelegtes Grab. Es dürfte sich dabei um einen während der Bauarbeiten verstorbenen Baumeister handeln.

# Am Dorfbrunnen

*Der Brunnen ist der Mittelpunkt des Dorfes. Wasser wird immer und in jedem Haushalt gebraucht: zum Trinken, zum Kochen, aber auch zum Waschen und Putzen. Wasser braucht man in der Töpferei und zum Färben von Tuch, und selbst der Schmied schreckt glühende Gegenstände im Wasser ab.*
*Deshalb kann nicht überraschen, dass auch heute, an einem gewöhnlichen Vormittag, am Dorfbrunnen ein reges Kommen und Gehen herrscht. Im Mittelpunkt des Treibens steht der etwa hüfthoch aufgemauerte Brunnenschacht mit dem darüber errichteten Brunnenhäuschen. Dieses soll verhindern, dass Schmutz in den offenen Schacht hineinfällt, etwa dürres Laub, das vom Wind umhergeweht wird. Der Sodbrunnen ist sehr tief und reicht bis zur wasserführenden Schicht hinunter. Das Wasser, das sich im Schacht sammelt, wird in Holzeimern heraufgezogen; das Eimerseil kann mit einer Haspel bequem aufgewickelt werden. Eimer um Eimer wird so heraufgeholt, in Gefässe aller Art umgefüllt und weggetragen.*
*Meistens hat der Brunnen noch andere Aufgaben zu erfüllen: Hier trifft man sich und tauscht, ähnlich wie auf dem Markt, Neuigkeiten aus und gibt wichtige Mitteilungen weiter. Wer keinen Grund hat, täglich am Brunnen vorbeizugehen, belächelt den «Klatsch» und hat für das Gerede der «Waschweiber» nur Spott übrig.*
*Auch die Kinder des Dorfes sind beim Brunnen anzutreffen. Manche sind noch zu klein, um die Strecke vom Haus und zurück allein zu schaffen; sie müssen getragen werden. Die älteren haben sich die Umgebung des Brunnenhauses zum Spielen ausgesucht, denn hier ist auch für sie immer etwas los. Wenn gerade keine Erwachsenen dabeistehen, ziehen sie selbst einen oder mehrere Eimer Wasser herauf und veranstalten herrliche Spritzereien. Schon mehr als einmal haben sie die ganze Umgebung des Brunnenhauses in einen Sumpf verwandelt; meist wird es ihnen aber verboten, bevor es soweit kommt.*
*Die kleine Verena ist mit ihrer Mutter hergekommen und noch hiergeblieben, als diese wieder zum Haus zurückgegangen ist. Verenas Eltern sind Bauern wie fast alle Bewohner des Dorfes; sie sind fast den ganzen Tag damit beschäftigt, ihre Äcker und Felder zu bestellen, das Vieh zu versorgen und die Gemüsebeete und Obstbäume zu pflegen. Darüberhinaus gehen sie jedoch noch einer anderen Beschäftigung nach: Sie sind Beinschnitzer und stellen all jene Dinge des täglichen Gebrauchs her, die aus Knochen verfertigt sind. Am häufigsten sind dies Ringe von Paternosterschnüren, aber auch Messergriffe für den Bedarf der Dorfbewohner. Besonders beliebt sind jedoch Spielwürfel, und von diesen hat Verena ein paar mit dabei. Sie hat am Brunnen den um ein Jahr jüngeren Dietrich getroffen und versucht ihm das Würfelspiel beizubringen. Da sie bereits zählen kann, versteht sie nicht, weshalb ihm das Wort «fünf» nichts sagt. Anhand der Würfelaugen und mit den Fingern ihrer Hand will sie ihm erklären, was «fünf» bedeutet. Die Kinder sind so mit sich beschäftigt, dass sie gar nicht bemerken, was um sie herum vorgeht.*

*Berta und Theresa haben ihre Wassereimer gefüllt und bleiben noch zu einer kurzen Plauderei stehen, bevor sie sich wieder nach Hause begeben.*
*«Mir geht das Benehmen der beiden langsam auf die Nerven», sagt Berta mit einem Seitenblick auf Else, die sich über den Brunnenrand beugt und mit Hermann schäkert, der den Haspel dreht. «Immer, wenn sie zum Brunnen kommt, ist er ‹zufällig› auch hier und spielt den edlen Ritter. Die soll doch das Wasser selbst heraufziehen wie wir alle auch. Und dann die ganze Zeit dieses Gekicher!»*

*Tatsächlich ist es nicht nur Berta aufgefallen, dass Hermann der Else «nachläuft» und jedesmal dort auftaucht, wo sie gerade hingeht. Das ganze Dorf weiss, dass er ihr seit Wochen «schöne Augen» macht. Noch vor nicht allzu langer Zeit war in gleicher Weise Johanna seine Auserkorene. Sie hat es noch nicht überwunden, dass er nichts mehr von ihr wissen will, nachdem er ihr doch an der letzten Kirchweih beim Tanz das Blaue vom Himmel heruntergeredet hatte. Zu allem Unglück ist sie im gleichen Augenblick zum Brunnen gekommen wie Else und muss sich nun das Geschäker anhören. Auf der Erde sitzend wartet sie, bis die Reihe an ihr ist. Wohl tut sie so, wie wenn sie das alles nicht kümmere, aber man sieht ihr von weitem an, dass sie mit der Eifersucht kämpft.*

# Alltag und Fest

## Vom Feld auf den Tisch – Nahrung und Nahrungszubereitung

Eine der wichtigsten Tätigkeiten der mittelalterlichen Menschen bestand darin, Nahrungsmittel zu produzieren, das heisst Äcker zu bestellen, Kräuter-, Gemüse- und Baumgärten zu pflegen und Tiere zu züchten und zu versorgen. Genau diese Arbeiten, die ein überwältigender Teil der Menschheit im Mittelalter Tag für Tag verrichtete, hinterliessen kaum Spuren. Bestenfalls könnten einige aufgefundene Werkzeuge ein Streiflicht darauf werfen.
Auf der schon mehrfach erwähnten Burgruine Scheidegg sind es zum Beispiel Reste von Sicheln und eine Hacke. Die Sicheln gehören zu einem auch von anderen Burgen gut bekannten Typ mit langer, gebogener Spitze und schmaler, gezähnter Schneide. Sie wurden beim Ernten des Getreides verwendet. Mit der Spitze erfasste man einige Halme, hielt sie mit der linken Hand fest und schnitt – oder «sägte» – die Halme ziemlich weit oben ab. Diese Methode sollte verhindern, dass allzu viele Körner aus der Ähre ausfielen.
Die auf der Scheidegg gefundene Hacke mit flachem Blatt und zwei Zinken gehört zu einer Form, wie sie auch heute noch in Gemüsegärten benutzt wird. Von anderen Burgen sind weitere Acker- und Gartenbaugeräte bekannt: Karst und Reuthaue dienten für die groben Arbeiten; Rebmesser zeigen, dass auch von Burgen aus Rebberge angelegt und gepflegt und zur Erntezeit eben auch die Trauben von den Stöcken geschnitten wurden. Reste des wichtigsten Ackerbaugerätes, des Pflugs, sind allerdings sehr selten. Ein Sech (Pflugmesser), das möglicherweise zu einem mittelalterlichen Pflug gehörte, blieb in einer im Boden verborgenen Mauer eines römischen Gutshofes in Bennwil (BL) stecken. Aus der Dorfwüstung Bettenach bei Lausen (BL) liegt ebenfalls ein kleines Bruchstück eines solchen Sechs vor.

Fast noch seltener sind die archäologischen Belege für die Viehzucht. Ausser Treicheln und Glocken, die auch schon

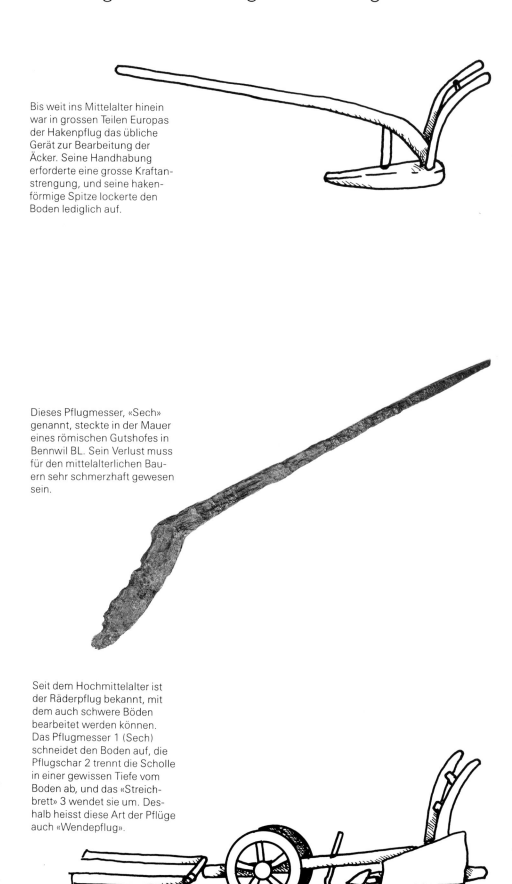

Bis weit ins Mittelalter hinein war in grossen Teilen Europas der Hakenpflug das übliche Gerät zur Bearbeitung der Äcker. Seine Handhabung erforderte eine grosse Kraftanstrengung, und seine hakenförmige Spitze lockerte den Boden lediglich auf.

Dieses Pflugmesser, «Sech» genannt, steckte in der Mauer eines römischen Gutshofes in Bennwil BL. Sein Verlust muss für den mittelalterlichen Bauern sehr schmerzhaft gewesen sein.

Seit dem Hochmittelalter ist der Räderpflug bekannt, mit dem auch schwere Böden bearbeitet werden können. Das Pflugmesser 1 (Sech) schneidet den Boden auf, die Pflugschar 2 trennt die Scholle in einer gewissen Tiefe vom Boden ab, und das «Streichbrett» 3 wendet sie um. Deshalb heisst diese Art der Pflüge auch «Wendepflug».

Sichel von Bischofstein bei Sissach BL (um 1350). Mit derartigen, leicht gezähnten Sicheln wurde im Mittelalter das Getreide geschnitten. Die «Griffangel» am unteren Ende steckte in einem hölzernen Griff.

Rebmesser dienten zum Abschneiden der reifen Trauben von den Stöcken. Das Beispiel stammt von der Ödenburg (Wenslingen BL).

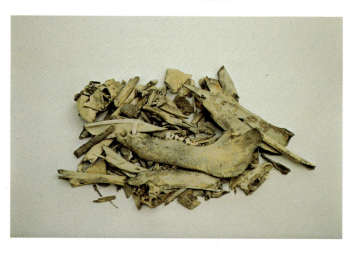

Tierknochen gehören nicht nur auf Burgen zu den häufigsten Funden. Sie zeigen an, welche Tiere in der Umgebung gehalten wurden, welche man gegessen hat und welche Teile der Tiere handwerklich genutzt wurden.

Oft finden sich auf Burgen Treicheln, aus Blech geformte kleine Glocken, die dem weidenden Vieh umgebunden wurden. Mehrere Beispiele stammen von Schiedberg bei Sagens GR.

Nach der Ernte wurden die Trauben in grossen Bottichen mit den Füssen zerstampft. In südlichen Ländern wird dies zum Teil heute noch getan; es gilt als die schonendste Art, die Trauben zu zerquetschen.

Dieser aus Kupfer getriebene Kessel von der Burg Waldeck bei Leymen (Elsass) zählt mit seinem Durchmesser von 45 Zentimetern zu den grösseren bekannten Exemplaren. Er könnte als Käsekessel gedient haben.

damals den weidenden Tieren (Rinder, Schafe oder Ziegen) um den Hals gelegt wurden, weist eigentlich nichts auf diesen Zweig der Landwirtschaft hin.

Bei den Spuren der landwirtschaftlichen Erzeugnisse sieht die Sache jedoch wieder etwas anders aus: Tierknochen machen bei Grabungen in mittelalterlichen Siedlungen oft die grösste Masse der Funde aus. Sie kamen dann in den Boden, wenn Tiere geschlachtet und nach den Mahlzeiten die Abfälle weggeworfen wurden. Dass so viele Tierknochen erhalten sind, darf aber nicht zum falschen Schluss verleiten, man habe ausschliesslich Fleisch gegessen. Der Grund liegt vielmehr darin, dass sich pflanzliche Reste eben nicht oder nur in ganz bestimmten Ausnahmen nach so langer Zeit im Boden noch nachweisen lassen, während Knochen sich kaum zersetzen.

Auf viele Fragen zur Ernährung im Mittelalter können die Tierknochen eine Antwort geben: Welche Tiere hat man gegessen, in welchem Alter wurden sie geschlachtet, wie wurden sie zerlegt? Wurden sie zuerst wegen ihrer Milch oder ihrer Wolle einige Jahre lang als Nutztiere gehalten?

Die Zusammensetzung der Tierknochenfunde kann von Ort zu Ort und vom 9. bis zum 14. Jahrhundert sehr unterschiedlich sein. Ein besonderes Problem bieten dabei die Hühnerknochen (und andere Knochen von Kleintieren): Manchmal scheinen sie völlig zu fehlen! Dies ist aber sehr oft die «Schuld» von Hunden und Katzen, die sie nicht nur verschleppen, sondern vollständig auffressen.

Unsere «Musterburg» Scheidegg ist, was die Spuren von Nahrungsmitteln angeht, nicht besonders ergiebig. Ein anderer Fundort, ebenfalls eine bereits erwähnte Burg, liefert da mehr Erkenntnisse: die Grottenburg Riedfluh bei Eptingen (BL). Diese Anlage hat – wie viele andere – Tierknochen in grosser Anzahl geliefert. Ihre Zusammensetzung erlaubt einige hochinteressante Aussagen.

Zählt man die Knochen aus, so stammen am meisten von Schweinen, vor solchen von Schafen oder Ziegen (diese beiden Tierarten sind anhand der Knochen nicht immer zu trennen) und Rindern. Betrachtet man die Knochen jedoch unter dem Gesichtspunkt, wieviel Fleisch die einzelnen Tiere geliefert haben, so ändert sich die Reihenfolge: Das Rind wird zum wichtigsten Fleischlieferanten vor Schwein, Schaf und Ziege.

Schaf und Ziege wurden meist sehr jung geschlachtet. Rund ein Drittel aller Tiere wurden als Milchlamm oder «Gitzi» geschlachtet, ein weiterer Fünftel zwischen dem 10. und dem 20. Monat. Am häufigsten war ein Schlachtalter von zwei Jahren; älter liess man diese Tiere nur ausnahmsweise werden. Bei den Schweinen liegt das Schlachtalter bei sechs Monaten, anderthalb Jahren und zweieinhalb Jahren. Dies heisst, dass Schweine grundsätzlich im Herbst geschlachtet wurden. Der Grund ist wohl darin zu suchen, dass Schweine schwieriger zu überwintern waren als Rinder, Ziegen und Schafe, die mit Heu und getrocknetem Laub vorlieb nehmen. Rinder erreichten meist ein Alter von drei Jahren und mehr; man ass demnach kein Kalbfleisch. Andererseits sind keine Tiere von sieben oder mehr Jahren nachgewiesen. Man hat sie also geschlachtet, auch wenn sie noch für die Zucht geeignet gewesen wären.

Für alle Tierarten liess sich aber etwas höchst Eigenartiges beobachten: Es sind fast keine Knochen von guten Fleischstücken vorhanden. Vor allem jene fehlen, die man normalerweise konservierte, das heisst in die Räucherkammer hängte. «Schüfeli», Schinken und Ähnliches wurden also nicht gegessen. Daraus kann der Schluss gezogen werden, dass diese Burg vermutlich im Winter gar nicht bewohnt war, nämlich

Auf den Burgen und in den Häusern reicher Städter waren neben den einheimischen Kirschen (links oben) und Zwetschgen (links unten) auch Pfirsiche (rechts) bekannt.

dann, wenn man eben diese Fleischstücke aus der Räucherkammer holte. Dies wäre im Falle der Riedfluh möglich; denn ganz in der Nähe standen weitere Burgen.

Ausser den drei Haupthaustieren Rind, Schwein, Schaf oder Ziege sind durch Knochenreste noch weitere Tierarten belegt, die durchaus ihren Platz auf der mittelalterlichen Speisekarte gehabt haben dürften: Hühner (ziemlich häufig), Tauben, Gänse und Enten, Fische, Hase, Wildschwein, Reh und Hirsch (alle Wildarten sehr selten).

Ausserdem sind noch zahlreiche andere, vor allem kleinere Tierarten nachgewiesen. Vielleicht sind einige dieser Knochen ebenfalls als Speiseabfälle in den Boden gelangt, doch können wir dies nicht mit Sicherheit sagen; eine natürliche Einlagerung wäre ebenfalls möglich.

Als Vergleich könnte man hier etwa die Auswertung der Tierknochenfunde aus der Grabung Basel-Barfüsserkirche anführen: Es handelt sich dabei um Reste aus einer städtischen Siedlung. In den Schichten des 11. Jahrhunderts einerseits und denen des 12./13. Jahrhunderts andererseits lassen sich interessante Beobachtungen anstellen. Am häufigsten wurde dort Schaf- und Ziegenfleisch gegessen. Knochen von Rindern als Fleischlieferanten sind im 11. Jahrhundert kaum vorhanden, nehmen aber im 12./13. stark zu. Das Schwein wurde ausschliesslich als Fleischlieferant gehalten, war allerdings in den Schichten des 11. Jahrhunderts zahlenmässig schlecht vertreten; später ist der Verzehr von Schweinefleisch häufiger nachgewiesen, bleibt aber immer deutlich unter jenem von Schaffleisch. Knochen von Geflügel sind sehr selten; dieses scheint für die Ernährung keine Bedeutung gehabt zu haben, ebensowenig wie Wild.

Von den Tierknochen aus kann aber auch noch auf das Aussehen der Umgebung geschlossen werden. In einem Fall wie Altenberg bei Füllinsdorf (BL) zum Beispiel ergab eine erste (sehr provisorische) Durchsicht der Tierknochen, dass in einer älteren Schicht der Anteil der Knochen von Schwein sowie Schaf und Ziege wesentlich höher war als in der jüngeren, wo die Rinderknochen am häufigsten sind.

Was heisst dies aber für das Aussehen der Umgebung? Klar ist, dass auf der Burg vor allem die Tiere verzehrt wurden, die im Burggut aufgezogen worden waren. Am Anfang der Besiedlungszeit muss also der Wald in der Umgebung vorherrschend gewesen sein; denn das Schwein ist ein Tier, das im Walde vor allem mit Eicheln und Bucheckern gemästet wurde. Auch die Schafe und Ziegen fanden ihre Nahrung im Wald. Rinder hingegen benötigen grosse Weideflächen; ihr deutlich gesteigertes Vorkommen in den Tierknochen ist somit ein indirektes Zeugnis für umfangreiche Rodungen in der Umgebung der Burg.

Eine grosse Bedeutung hatte beim Adel die Jagd. Sie galt als edler Zeitvertreib und wurde in vielen Darstellungen verherrlicht und in unzähligen Dichtungen besungen. Der Anteil der Wildknochen in mittelalterlichen Siedlungen – auch in Burgen – belegt aber, dass Wildtiere für die Fleischversorgung keine allzu grosse Rolle gespielt haben. Das Fehlen von Knochen könnte zwar damit zusammenhängen, dass das Wild am Ort seiner Erlegung geschlachtet wurde und dass nur die besten Stücke (vor allem jene ohne Knochen) mitgenommen und verzehrt wurden. Vermutlich ist aber die Annahme richtiger, dass der Wert der Jagd mehr im gesellschaftlichen Zeitvertreib als in einer Deckung des Fleischbedarfs lag.

Trotz der vielen bei Grabungen gefundenen Tierknochen sah der Grossteil der Bevölkerung Fleisch eher selten auf dem Tisch und wenn, dann meist in Form von Speck oder Würsten. Ausserdem dürfen auch die von Tieren stammenden Nahrungsmittel nicht vergessen werden, die keine Knochen hinterlassen, also Eier, Milch und vor allem Milchprodukte (Käse), die in allen Bevölkerungsgruppen eine grosse Rolle gespielt haben dürften. Dass im Laufe des Mittelalters aber die pflanzliche Nahrung immer wichtiger wurde – vielleicht mit Ausnahme des Alpenraums, wo die Viehzucht immer grosse Bedeutung hatte –, wurde schon erwähnt.

Das Beispiel Riedfluh wurde denn auch nicht in erster Linie wegen der Tierknochen ausgewählt. Im Gegensatz zu den meisten anderen Fundorten sind nämlich hier auch pflanzliche Reste erhalten geblieben, weil sie beim Brand der Burg verkohlten; solche Dinge kommen sonst höchstens in sehr feuchten Böden vor.

Über die im Mittelalter angebauten Pflanzen ist von den schriftlichen Quellen her zum Teil genaueres bekannt. Bereits im Klosterplan von St. Gallen sind Gärten eingezeichnet: ein Kräutergarten, ein Gemüsegarten und ein Baumgarten, der gleichzeitig als Friedhof diente. In die entsprechenden Felder sind fein säuberlich die Namen der Pflanzen eingetragen, die man damals als notwendig und üblich betrachtete. Durch das ganze Mittelalter hindurch gibt es immer wieder Hinweise in schriftlichen Quellen, welche Gemüse, Kräuter und Blumen angepflanzt werden sollen. Im Gemüsegarten (lat. «hortus») des St. Galler Klosterplanes finden sich etwa Zwiebeln, Lauch, Sellerie, Koriander, Dill, Rettiche, Mangold, Knoblauch, Petersilie, Kerbel, Salat, Bohnenkraut, Kohl; im Kräutergarten (lat. «herbularius», vor allem für medizinische Zwecke) Salbei, Raute, Schwertlilie, Kreuzkümmel, Fenchel, Rosmarin, Minze usw. Im Baumgarten schliesslich sind unter anderem erwähnt: Apfel, Birne, Pflaume, Mispel, Quitten, Pfirsich, Maulbeere, Haselnuss und Walnuss. Nicht erwähnt, da sie eben im Wald gesucht wurden, sind die verschiedenen Beerenarten wie Brombeeren, Himbeeren, Erdbeeren, aber auch Holunder.

Aus dem Beginn des 16. Jh. stammt dieses Titelbild eines Kochbuches. Es zeigt einerseits zahlreiche Geräte, die im Mittelalter nicht wesentlich anders ausgesehen haben, andererseits aber auch viele Lebensmittel wie Fische, Kräuterbündel, Gemüse, Zwiebeln usw.

Auf der Riedfluh sind Reste von Früchten erhalten: Pflaumen oder Zwetschgen, Pfirsich, Walnuss, aber auch Süsskirsche und sogar ein Traubenkern. An Gemüsen sind es vor allem Bohnen und Erbsen. Gemüse bereicherten aber sicher auch auf der Riedfluh den Speisezettel, doch haben sich entsprechende Reste nicht erhalten wie an anderen Orten. Im Münsterhof in Zürich sind zum Beispiel Portulak, Amarant, Gurke und Erbse nachgewiesen.

Wie die verschiedenen Gemüsearten angebaut wurden, weiss man nicht. Sicher spielten in allen Siedlungen kleine, umzäunte Gemüsegärten eine grosse Rolle. Schriftliche Quellen – allerdings erst des 15. Jahrhunderts – berichten von Transporten mit «Kabisschiffen» aus dem Oberrheingebiet (das heisst der Gegend von Basel und dem Elsass) rheinab- und mainaufwärts. Eine Ausfuhr solcher Mengen legt den Schluss nahe, dass in diesem Gebiet Kohl auf dem Acker und nicht im Gärtchen angebaut wurde.

Wenig sagen die Schriftquellen über den Anbau von Getreide aus. Und genau hier hat die Riedfluh einige Einzelheiten geliefert: Im ganzen sind rund 13 000 Körner und Samen von Getreide, Unkräutern und Früchten erhalten geblieben. Der grösste Teil davon sind Körner von Hafer, Gerste, Rispenhirse und Weizen (verschiedene Arten). Was erstaunlicherweise fehlt, ist Roggen: nicht ein einziges Korn wurde gefunden. Roggen gilt aber im Mittelalter als Hauptgetreide schlechthin. Wenn auf der Riedfluh diese Art nicht vertreten ist, muss dies einen Grund haben. Vermutlich ist er darin zu suchen, dass hier eben das Brot aus Weizen gebacken wurde. Dieses Brot ist jedoch das feine Weissbrot, das damals als «Herrenbrot» galt, während das graue Roggenbrot das «Arme-Leute-Brot» war.

Die Aufzählung all dieser Esswaren könnte die Meinung aufkommen lassen, die Menschen des Mittelalters hätten sich abwechslungsreich und reichlich ernähren können. Die Wirklichkeit sah jedoch anders aus, denn die Nahrung war je nach sozialem Stand und Gegend sehr unterschiedlich. Eine mehrwöchige Regen- oder Trockenperiode konnte eine ganze Jahresernte vernichten, und eine Hungersnot war dann unvermeidlich. Auch bei normalen Ernten war die Auswahl für einen grossen Teil der Bevölkerung vor allem in ländlichen Gebieten nicht besonders gross: Brei aus Getreide und Roggenbrot, manchmal Eier, Gemüse, Milch. Fleisch kam nur selten auf den Tisch, anders als bei den Oberschichten, wo es regelmässig auf dem Speisezettel stand.

Ein Problem, das alle Bevölkerungsteile gleichermassen betraf, war das Anlegen von Vorräten. Getreide konnte durch Darren (leichtes Rösten) lagerfähig gemacht werden; es keimte dann nicht aus. Gemüse und Früchte wurden getrocknet (Erbsen und Bohnen) oder gedörrt (Äpfel, Birnen, Pflaumen). Beeren kochte man zu Mus, das sich ebenfalls einige Zeit aufheben liess. Ein wichtiges Konservierungsmittel war der Honig. Zucker war zwar bekannt, aber so teuer, dass er kaum verwendet wurde. Kohl wurde in Salz und Essig eingelegt; im Laufe des Mittelalters setzte sich das Sauerkraut durch. Fleisch konnte man räuchern, einsalzen oder zu Würsten verarbeiten. Auch getrocknete Fische gehörten zur üblichen Nahrung. Trotz dieser Möglichkeiten zur Haltbarmachung von Lebensmitteln wird jeweils gegen das Frühjahr der Speisezettel immer eintöniger geworden sein.

Ein besonderes Geschäft war das Verwerten der Milch. Hier blieben für eine längere Aufbewahrung nur die Wege über Butter und vor allem Käse. Dieser wurde auf vielen Burgen selbst hergestellt. Im Spätmittelalter holte man dafür oft Spezialisten aus der Innerschweiz. Möglicherweise war der grosse Kessel von der Burg Waldeck bei Leymen (F) ein Käsekessel!

Die Nahrungszubereitung

Waren die Äcker abgeerntet, die Tiere geschlachtet, die Gemüsegärten «geplündert», so standen noch lange keine Mahlzeiten auf dem Tisch! Bis es soweit war, kostete es noch manchen Tropfen Schweiss.

Den Menschen des 20. Jahrhunderts sind Küchenmaschinen, Elektro- und Gasherde und der Wasserhahn, aus dem jede beliebige Menge kaltes oder warmes Wasser fliesst, vertraut. Sie können sich kaum noch vorstellen, wie sich die Zubereitung der Nahrung in früheren Zeiten abspielte.

Zunächst brauchte man ein Feuer; falls nicht noch Glut vom Vortag vorhanden war, mussten mit einem Feuerstahl und einem Feuerstein Funken auf ein Stück Zunder geschlagen werden, bis dieser zu glimmen anfing. Mit Blasen und Zulegen von trockenen Zweigen konnte so ein Feuer angefacht werden. Dieses musste ständig unterhalten sein, und dafür benötigte man Holz in genügender Menge.

Zum Kochen brauchte man aber auch Wasser; es musste vom Brunnen oder aus dem Bach geholt und in der Küche aufbewahrt werden. Die mühselige Beschaffung hat sicher dazu beigetragen, dass man sehr haushälterisch damit umging. Wenn die einzige Wasserversorgung – wie auf vielen Burgen üblich – aus einem Regenwassersammler bestand, hatte man ohnehin darauf zu achten, dass nicht zuviel verbraucht wurde und der Schacht plötzlich trocken war.

Das Getreide konnte nicht so für die Mahlzeiten verwendet werden, wie es vom Acker kam. Wollte man Brei herstellen, musste es zuerst mit einem Holzstössel im Mörser aus Stein zerstossen werden. Mahlen hingegen durfte nicht, wer wollte; zu den herrschaftlichen Rechten gehörten auch Mühlen, wo die Untertanen ihr Getreide mahlen lassen mussten, gegen Bezahlung oder besser Überlassung eines Teils des Mahlgutes natürlich! Wo sowohl Mörser als auch Mühle gefunden werden wie auf Scheidegg, zeigt dies an, dass die Burgbewohner eine gewisse Unabhängigkeit besessen haben müssen.

Die Zubereitungsart der Speisen war normalerweise das Kochen in Töpfen aus Keramik oder – vom 13. Jahrhundert an – Bronze oder Messing. Nur im Alpen- und Voralpenraum kannte man die Kochtöpfe aus Speckstein, (Lavez), die auf dem Weg über den Walensee bis nach Zürich gelangten. Über dem Feuer wurde Fleisch offenbar seltener gebraten; jedenfalls fehlen entsprechende Hinweise bei den Tierknochen, die sonst häufiger angebrannt sein müssten.

Die Hauptgetränke waren Wasser, Milch und Wein. Bier war in unserem Gebiet wohl eher selten und wurde speziell für Festtage gebraut. Als Trinkgefässe verwendete man Daubenbecher. Gedrechselte Becher und Trinkgläser gehörten zum vornehmeren Geschirr.

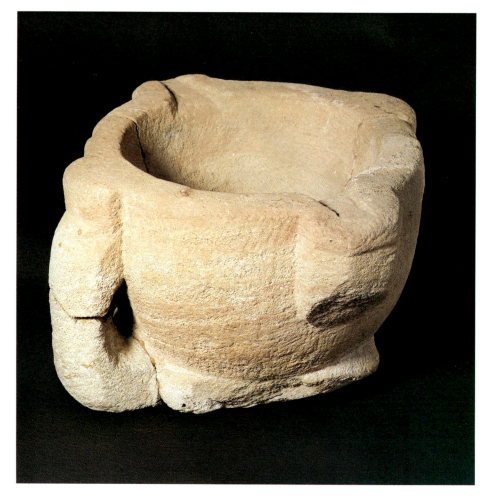

Arisdorf BL, Schöffletenboden, 14. Jh. In Mörsern wurde Getreide mit Holzstösseln zu Schrot verarbeitet, der Grundlage für Getreidebreie, die für viele Leute das alltägliche Essen waren.

Nuppenglas vom Vorderen Wartenberg bei Muttenz BL (13./14. Jh). Gläser waren ein äusserst kostbares Tischgeschirr. Dennoch tauchen sie vom späteren 13. Jh. an immer häufiger im Fundgut auf.

Füllinsdorf BL, Altenberg, 11. Jh. Nicht jedermann durfte sein Getreide selber mahlen. Der Fund einer Mühle zeigt eine mit besonderen Rechten privilegierte Siedlung an.

Die übliche Form der Becher war aus Holz und geböttchert, d. h. aus schmalen Holzbrettchen zusammengesetzt. Das Beispiel stammt aus Freiburg i. Br.

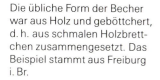

Das Mahlen von Getreide erfolgte oft mit kleinen Mühlen, die von Hand gedreht wurden. Im Mittelalter sind aber auch schon grosse Mühlen mit Wasserrad bekannt.

# Hauswerk und Handwerk

Die Fachleute unterscheiden zwischen «Handwerk» und «Hauswerk». Als Handwerk bezeichnet man eine vollamtliche Tätigkeit, die darauf ausgerichtet ist, über den eigenen Bedarf hinaus Waren für den Verkauf zu erarbeiten. Hauswerk hingegen deckte lediglich den Bedarf der engeren Umgebung (Familie, Dorf) und wurde neben einer anderen, meist landwirtschaftlichen Tätigkeit ausgeübt. Bei der Betrachtung der entsprechenden Spuren kann aber meist nicht entschieden werden, ob es sich um das eine oder das andere handelt. Der Unterschied wird deshalb bei den folgenden Ausführungen nicht berücksichtigt.

Vor allem vier Handwerke können anhand von Abfällen, Produktionsanlagen und Werkzeugen archäologisch häufiger nachgewiesen werden: die Textilverarbeitung, die Gerberei und Verarbeitung von Leder, die Töpferei und die Verarbeitung von Metall.

### Spinnen und Weben

Die Textilverarbeitung beginnt mit dem Anpflanzen von Flachs und Hanf sowie dem Scheren der Schafe. Zunächst müssen die Fasern vorbereitet werden. Beim Flachs etwa werden Samenkapseln und verholzte Stengelteile mit verschiedenen Geräten und in mehreren Arbeitsgängen entfernt, so dass am Schluss nur noch die spinnbaren Fasern übrigbleiben.

Spinnwirtel aus Stein und Ton, seltener auch Spindeln aus Knochen weisen auf den nächsten Arbeitsgang hin: Durch Verdrehen der einzelnen Fasern wird ein Garn gesponnen. Aus diesem Garn werden Kleidungsstücke oder Stoffe gestrickt oder an einem Webstuhl gewoben. Oft findet man im Zusammenhang mit Grubenhäusern Webgewichte, Spinnwirtel und Knochennadeln. Im 11./12. Jahrhundert kommen diese Webgewichte aber nicht mehr vor. Der schon in prähistorischer Zeit gebräuchliche und auch im Mittelalter noch verwendete Webstuhl, bei dem die Längsfäden («Kette») senkrecht von einem Rahmen hingen und mit diesen Gewichten beschwert waren, wurde durch ein neues «Modell» ersetzt: den horizontalen Webstuhl. Die «Kette» ist dort horizontal aufgespannt, und für das Öffnen der «Fächer», in die der «Schussfaden» eingelegt wird, dienen Fusspedale.

Unter besonderen Bedingungen haben sich manchmal neben Spinnwirteln, Webgewichten und Nähnadeln auch Stoffreste erhalten. Von der Riedfluh etwa stammen einige verkohlte Stückchen, die als Gewebe aus Leinen, in einem Fall sogar Leinen und Baumwolle gemischt, bestimmt werden konnten. Von anderen Fundorten sind auch Stoffreste aus Wolle, Nesselfasern und sogar Seide bekannt.

Die Verarbeitung von Pflanzenfasern und Wolle zu Stoffen war sehr weit verbreitet. Gesponnen und gewoben wurde praktisch in jedem Haushalt; davon zeugen die Spinnwirtel, die man bei den Grabungen immer wieder findet. Gemäss schriftlichen Quellen gab es aber auch Webhäuser, in denen mehrere Frauen arbeiteten.

Füllinsdorf BL, Altenberg. Grosse Schere, 11. Jh. Die Bügelschere war die einzige Scherenform des Mittelalters. Sie diente zum Scheren der Schafe ebenso wie zum Zerschneiden von Stoff, Leder usw.

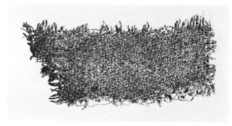

Funde von Textilien sind auf Burgen sehr selten. Die Beispiele von Malvaglia TI, Casa dei pagani, zeigen eine Vielfalt von Webarten und Materialien. Nachgewiesen sind nicht nur Schnüre, Strickwaren und Gewebe aus Leinen, Hanf, Wolle, Baumwolle und Seide, sondern auch aus Rindenbast und Nesselfasern.

Steinerne Spinnwirtel des 12. Jh. von Riedfluh bei Eptingen BL. Solche Wirtel aus Stein oder Keramik hielten die Spindel eine Weile in Schwung, damit aus Fasern ein Faden gedreht werden konnte.

Leder

Etwas anders steht die Fundlage bei einem anderen Handwerk: der Lederverarbeitung. In feuchtem Untergrund finden sich oft Reste von Lederkleidern und Schuhen, also von Enderzeugnissen, sowie Lederabfällen. Andererseits zeigen sich Spuren von Lederverarbeitung dort, wo wir sie nicht vermuten würden: an Tierknochen!

Im mittelalterlichen Stadtviertel in Basel-Petersberg wurden so viele Reste von Schuhen gefunden, dass oft behauptet wurde, dies seien die Reste einer Schuhmachersiedlung. Auch wenn eine solche allgemeine Zuweisung in Fachkreisen heute eher abgelehnt wird, kann nicht bestritten werden, dass das lederverarbeitende Handwerk an jener Stelle eine grosse Bedeutung gehabt haben muss. Die Unterscheidung der Schichten in eine «untere» und eine «obere Lederschicht» zeigt an, wie häufig Lederreste in diesen Ablagerungen anzutreffen waren. Gefunden wurden bearbeitete Lederstücke, fertige Schuhe und Schuhteile sowie Abfälle. Meist handelte es sich um Ziegenleder, das oft geschwärzt, manchmal aber auch roh belassen war. Andere Leder, etwa aus Rindshaut, kamen nur ausnahmsweise vor. In den Ablagerungen der Siedlung fanden sich zahlreiche Reste von Fichtenrinde. Sie diente als Rohmaterial für die Gerbung der Häute, ebenso wie Eichenrinde. Man fand aber auch Geräte, die bei der Lederbearbeitung benutzt worden waren: ein Ledermesser, Ahlen aus Knochen und Eisen, steinerne Schuhleisten, angekohlte Rebenzweige, die als «Zeichenstifte» zum Anzeichnen der aus dem Leder auszuschneidenden Form gedeutet werden.

Dass der Nachweis von Gerberei und Lederverarbeitung anhand von Leder, Gerbrinde und Werkzeugen möglich ist, vermag noch einzuleuchten; was aber haben Tierknochen hier zu suchen? Ganz einfach: der Metzger lieferte die Häute mit den Fussknochen und dem Schädel! Darum genügt eine Häufung von Schädel- und Fussknochen bereits als Nachweis für einen Gerbereibetrieb. In einer kürzlich in Schaffhausen ausgegrabenen Gerberei des 13. Jahrhunderts kann anhand der Schädel sogar gesagt werden, welche Art der Gerbung dort praktiziert wurde. Die Zerlegungstechnik der Schädelknochen – auch hier hauptsächlich von Ziegen und Schafen – weist darauf hin, dass vor allem die Sämischgerbung angewandt wurde. Bei dieser Gerbform, einer Fettgerbung, werden Gehirn und Schleimhäute aus dem Schädel der Tiere als Gerbstoffe benötigt. Das «Sämischleder» gilt als besonders fein. Ein ähnlich feines Leder entsteht bei der Gerbung mit Alaun, einem Verfahren, das ebenfalls anhand von Rückständen in Schaffhausen nachgewiesen wurde. Im Gegensatz zu Basel-Petersberg fand man in Schaffhausen aber auch Spuren der Gerbgruben: Sie zeichneten sich in hellerem Untergrund als dunkle Verfärbungen ab, da sie in späterer Zeit mit Abfällen und dunkler Erde aufgefüllt worden waren.

Neben Knochenahlen befindet sich unter den Funden auch ein Stück aus Eisen mit Holzgriff. Mit diesen Ahlen wurden die Löcher für die Nähte ins Leder gestochen. Eine kleine Schere diente zum Zerschneiden des Leders.

Als Schuhleisten wurden günstig geformte Rheinkiesel verwendet.

Basel, Petersberg. Nach den Funden von Schuhen und Lederabfällen haben in der Handwerkersiedlung auch Schuhmacher gearbeitet.

Früheste Darstellung eines «liegenden» Webstuhls, bei dem die Längsfäden nicht senkrecht von einem Balken herunterhängen, sondern waagrecht aufgespannt sind. Gut zu erkennen sind die Fusspedale, mit denen die «Fächer» geöffnet werden können. Die Darstellung stammt aus der Zeit um 1250.

Auf dem Mauritiusschrein in St. Maurice VS ist das im Mittelalter beliebte Thema «Eva als Spinnerin» dargestellt. Sie hält einen Spinnrocken, an dem ein Bündel Fasern befestigt ist. Unten hängt frei die Spindel mit dem Spinnwirtel, die sie mit den Fingern immer wieder in Drehung versetzt. Durch diese Drehung werden die oben herausgezupften Fasern zu einem Faden verdreht.

## Keramik

Keramik gehört bei allen Grabungen zu den häufigsten Funden. Es liesse sich vermuten, dass auch Funde aus dem Herstellungsvorgang besonders häufig sein müssten. Genau das Gegenteil ist aber der Fall: Nur in wenigen Fällen sind die Reste der Brennöfen erhalten. Die Herstellung von Keramik war ziemlich kompliziert: Zuerst musste gutes Rohmaterial aus einer Lehm- oder Tongrube beschafft werden. Nach einer längeren Lagerung unter freiem Himmel wurde das ausgewitterte Material mit Wasser geschmeidig gemacht. War es zu «fett», d.h. nicht von Natur aus mit einem bestimmten Anteil Sand vermischt, musste man es «magern», indem man Sand oder ähnliches Material beimischte. Zu fetter Ton schwindet beim Trocknen so stark, dass Risse entstehen. Dies wird mit der Magerung verhindert. Aus diesem Rohmaterial wurden dann die Töpfe und anderen Tonwaren aufgebaut. Auf verschiedene Arten: Beim «Setzen» wird aus einem Klumpen Ton die Wandung direkt hochgezogen. Bei der «Batzentechnik» werden kleine, plattgedrückte Tonplättchen aneinandergesetzt. Und beim «Wülsten» werden ein Tonwulst in Spiralen oder mehrere Wulstringe aufeinandergelegt und in-

Gerbergruben des 13. Jh. in Schaffhausen: im Bild die Verfärbung, die durch die Auffüllung mit dunkelm Material entstanden ist. Für verschiedene Arbeitsgänge mussten die mittelalterlichen Gerber die Felle und Häute in Wasser mit bestimmten Zusätzen einlegen, damit sie Leder erhielten.

Gelterkinden BL, Scheidegg, Steinzeugbecher, Anfang 14. Jh. Dieser feine Becher – die Höhe des Bruchstücks beträgt lediglich 5 Zentimeter – stammt aus dem Rheinland.

Eine karolingische Töpferei stand in Oberwil BL. Sieben Töpferöfen konnten hier freigelegt werden. Das Bild zeigt den ersten bei seiner Entdeckung; erkannt wurde er aufgrund schwarzer und roter Brandverfärbungen an der Wand eines Schachtes. Der Ofen war mit viel Keramik gefüllt, wohl Abfall, der beim Betrieb benachbarter Öfen entstanden war.

Auch dieses Stück aus dem 8. oder 9. Jh. von Munzach bei Liestal BL ist nicht an seinem Fundort entstanden; vermutlich kommt es aus einer Töpferei im Elsass oder in Südwestdeutschland.

nen und aussen verstrichen. Auch Töpferscheiben wurden damals schon verwendet, einerseits die Handtöpferscheibe, die langsam von Hand gedreht wird, andererseits die «Blockscheibe», die durch ein mit den Füssen angetriebenes, schweres Schwungrad lange in Drehung gehalten wird. Das Gefäss kann mit beiden Händen aus dem auf der Scheibe befindlichen Tonklumpen hochgezogen werden. Die Waren müssen danach erst trocknen, bevor sie in einem Brennofen gebrannt werden. Bei aller Sorgfalt kam es immer wieder vor, dass Gefässe während des Brennens sprangen; sie waren nicht mehr zu gebrauchen und wurden weggeworfen. Deshalb findet man im Umkreis von Töpfereien oft Massen von Scherben. In der Schweiz sind Funde von Töpferöfen allerdings ausgesprochen selten: Aus karolingischer Zeit kennen wir lediglich einige in Oberwil (BL) und Reinach (BL), aus der Zeit um 1400 einen wesentlich grösseren und technisch weiter entwickelten aus Winterthur.

In Bargen SH wurden Spuren eines Rennfeuer-Ofens gefunden, in dem Erz zu schmiedbarem Eisen ausgeschmolzen wurde.

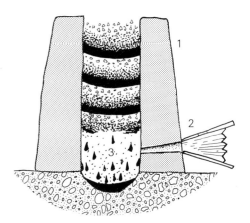

Schematischer Schnitt durch einmen Rennofen.
1 Ofenwandung
2 Düse für Blasebalg
3 Mulde, wo das geschmolzene Eisen zu einer «Luppe» zusammenrinnt (deshalb der Name «Rennofen»)

Einen Töpferofen aus der Zeit um 1400 kennt man aus Winterthur. Er war wesentlich grösser als die älteren Beispiele aus Oberwil; daran kann der Wandel im Handwerk gezeigt werden. Während in Oberwil nur für eine kleine Gruppe von Menschen getöpfert wurde, musste der Ofen in Winterthur eine Kleinstadt versorgen.

In den Resten des Stadtviertels unter dem ersten Bau der Basler Barfüsserkirche von 1250 befand sich auch die Esse eines Schmiedes. Erkennbar war dies nicht nur an der starken Brandverfärbung, sondern auch an den Schmiedeschlacken, die beim Schmieden als Abfall entstehen.

Eisen

Die Verarbeitung von Eisen und anderen Metallen muss im Mittelalter eine wesentlich grössere Bedeutung gehabt haben, als heute angenommen wird. Damit ist nicht nur das Schmieden von Messern und das Giessen von Bronzegeräten gemeint, sondern auch das Graben nach Erz und dessen «Verhüttung». Die wichtigsten Anzeichen, die auf Metallverarbeitung hindeuten, sind die Schlacken. Sie entstehen bei der Gewinnung von Eisen aus Erz sowohl beim eigentlichen Ausschmelzen («Verhüttung») wie auch beim anschliessenden Ausschmieden, bei dem die immer noch vorhandenen Unreinheiten entfernt werden. Abbaustellen, meist in Form flacher Gruben («Pingen»), und «Rennöfen» sind aus verschiedenen Teilen der Schweiz bekannt. Ein besonders gut erforschtes Beispiel ist Bargen (SH). Dort zeigen grosse Schlackenhalden die Stelle der ehemaligen Erzschmelze an.

Das gewaschene und zerkleinerte Erz wurde in schachtförmigen Öfen ausgeschmolzen. Man füllte dazu den Schacht des Ofens abwechslungsweise mit Lagen von Holzkohle, Erz und Kalk. Der Kalk diente als «Flussmittel», das heisst er setzte den Schmelzpunkt des Eisenerzes herab. Der Ofen wurde angezündet und laufend mit weiteren Lagen nachgefüllt, das ausgeschmolzene Eisen sammelte sich am Ofenboden. Zum Herausnehmen brach man den Ofen auf. Das gewonnene Roheisen musste nun ausgeschmiedet werden, und erst dann konnte man es für die Herstellung von Werkzeugen verwenden.

Rund um diesen Schmelzvorgang gab es noch sehr viel mehr Arbeiten: das Ausgraben des Erzes, das Waschen und Zerkleinern; für den Ofenbetrieb mussten ungeheure Mengen von Holz zu Holzkohle verarbeitet werden. Mit Blasebälgen blies man einen regelmässigen Sauerstoffstrom in den Ofen, um die notwendige hohe Temperatur zu erreichen.

Das Ausschmieden geschah im fortgeschrittenen Mittelalter nicht mehr von Hand, sondern in einem mit Wasserkraft (ähnlich wie Mühlräder) betriebenen «Hammerwerk», wo schwere Hämmer automatisch gehoben und fallengelassen wurden. Der Schmied musste also nur noch das glühende Roheisenstück unter diesen Hammer legen.

Nicht nur bei der Verhüttung von Erz entstehen Schlacken, sondern auch bei der Weiterverarbeitung des Eisens, dem Schmieden zu Geräten. Dank dieses Abfalls konnte eine Feuerstelle in der städtischen Siedlung unter der Basler Barfüsserkirche als Esse eines Schmiedes gedeutet werden.

Selbstverständlich sind bei diesem kurzen Überblick nicht alle mittelalterlichen Handwerke erwähnt worden. Archäologisch sind noch weitere Berufe nachzuweisen, die teils an Abfällen (Beinschnitzer), teils an Geräten (Stechbeitel und Hobeleisen für die Holzbearbeitung, Schröpfköpfe für den Bader) erkannt werden können.

# Ein Haus brennt

*H*och schlagen die Flammen in den Nachthimmel. Funkenwolken stieben jedesmal in die Dunkelheit, wenn ein durchgebrannter Balken in die Glut fällt. Fieberhaft und verzweifelt versuchen die Dorfbewohner, mit Eimern voll Wasser das Feuer einzudämmen. Dass sie es so nicht löschen können, wissen sie nur allzu gut, denn Brände wie der heutige sind ihnen nicht unbekannt: Erst vor drei Sommern hat ein Blitzschlag mehrere Häuser eingeäschert. Sie können nur versuchen, die Flammen und vor allem die stiebende Glut so rasch wie möglich unter Kontrolle zu bringen, denn solange ein Haus brennt, besteht die Gefahr, dass das Feuer auf andere übergreift: Ein Funke auf einem der Strohdächer genügt, um auch dort ein Feuer zu entfachen. Glücklicherweise bläst der Wind heute so, dass keine Gefahr für das unmittelbar benachbarte Haus besteht.

*Was ist denn geschehen? Nach der Dämmerung hatten sich die Nachbarn noch zum Plaudern bei Anna und Kuno eingefunden. Anna war die geschickteste Weberin im Dorf; stolz hat sie von ihrem neuen Tuch erzählt, das vor einigen Tagen fertig geworden ist. Sie sei bereits am nächsten, der Webstuhl sei eingerichtet, und es solle noch schöner werden als das eben beendete.*

*«Darf ich es einmal sehen?» fragte die Nachbarin neugierig. «Es ist drüben im Webhaus», erwiderte Anna. «Berti, geh doch rasch hinüber und hole es; aber nimm ein Licht mit, du findest es sonst nicht.» Der kleine Berti, der älteste Sohn, nimmt eine Lampenschale und geht hinaus. Er kennt das Webhaus gut: Es liegt gleich neben dem Wohnhaus und ist etwa einen Meter in den Boden eingetieft. Das sei nötig, hat ihm die Mutter auf die entsprechende Frage geantwortet: «Das Garn darf nicht austrocknen, sonst bricht es. Und das können wir gar nicht gebrauchen. Einen Schussfaden kann man ja noch rasch zusammendrehen, aber wenn ein Kettfaden reisst, braucht es viel Geschick und Zeit, bis der Schaden repariert ist.» Oft sitzt Berti neben dem Webstuhl, wenn die Mutter an der Arbeit ist. Meist gibt es dann auch für ihn etwas zu tun, etwa Garn aufzuwickeln oder Wolle zu hecheln, eine Arbeit, die er gar nicht liebt, denn sie braucht viel Kraft und Ausdauer. Oft hat er die Mutter schon überreden wollen, ihm auch beizubringen, wie man spinnt. Er sieht immer wieder gerne zu, wenn aus einem Knäuel Wollhaar ein Faden entsteht. Insgeheim hat er auch schon versucht, es seiner Mutter nachzumachen und hat eine mit einem Spinnwirtel versehene Spindel in Drehung versetzt. Aber es ist nie etwas Vernünftiges dabei herausgekommen. Denn es ist viel Erfahrung und Übung nötig, um einen Faden von einigermassen gleichmässiger Dicke zu erhalten.*

*Berti betritt das Webhaus über zwei Stufen und stellt das Licht auf einen kleinen Absatz gleich neben dem Eingang. Im Halbdunkel kann er den Webstuhl mit der aufgezogenen Kette und den daran baumelnden Webgewichten sehen. Links davon ist das Gestell, auf dem einige Lebensmittelvorräte stehen. Rechts, gleich neben dem Eingang, liegt ein Sack mit Wolle, dahinter einer mit bereits gesponnenem Garn. Und unter diesem Sack liegt das Tuch, das er hinüberbringen soll. Berti muss kräftig ziehen, bis er es unter dem Sack hervorgezerrt hat. Plötzlich gibt das Tuch nach, und dann passiert es: Mit dem Ende der Tuchrolle stösst er die Lampenschale*

*um. Der flüssige Talg ergiesst sich auf den Sack mit der Wolle und tränkt sie. Der brennende Docht fällt hinterher. Eine Stichflamme schiesst aus der Wolle empor. Berti versucht noch das Feuer zu ersticken, doch bereits haben die Flammen die Dachbedeckung aus Stroh erreicht. Er schreit verzweifelt um Hilfe. Seine Eltern und die Nachbarn kommen herbeigestürzt. Doch es ist bereits zu spät; das Dach brennt lichterloh, die Flammen breiten sich rasch aus. Mutig stürzt der Vater in das brennende Haus, um zu retten, was noch zu retten ist. Er kann wenigstens einen Teil der Vorräte aus dem Haus herausschleppen. Doch nun steht das ganze Haus in Flammen, und der Rest ist verloren, ohne dass man etwas dagegen tun könnte. Unterdessen sind weitere Bewohner des Dorfes herbeigeeilt. Einige haben begonnen, mit Eimern Wasser aus dem Brunnen heraufzuholen. Bis jedoch die Eimer bei der Brandstelle sind, dauert es viel zu lange.*

*Anna sitzt fassungslos inmitten der geretteten Gegenstände und versucht, den in Tränen aufgelösten und verschreckten Berti zu trösten. Es bleibt ihr nichts anderes übrig als zuzuschauen, wie ihr Webhaus verbrennt. An morgen will sie gar noch nicht denken, wenn der Brandschutt aufgeräumt ist und beraten wird, wie es nun weitergehen soll. Gewiss wird neben der Brandruine ein neues Webhaus gebaut werden müssen; aber das Rohmaterial, das verbrannt ist, wird nicht so leicht zu ersetzen sein. Vielleicht werden ihr die Nachbarinnen etwas von dem ihren ausleihen, denn ohne Wolle und Leinengarn kann nicht gewoben werden, ohne Stoff gibt es aber keine neuen Kleider, und gerade die wären im Hinblick auf den nahenden Winter nötig gewesen. Die Dorfbewohner haben dieses Mal allerdings Glück im Unglück: Dank der günstigen Windrichtung, die die Funken von den anderen Gebäuden wegweht, und der Lage von Annas Webhaus am Dorfrand kommt sonst niemand zu Schaden. Nicht auszudenken, was geschehen wäre, wenn auch die Nachbarhäuser Feuer gefangen hätten.*

# Der Handel

Neben den Handwerkern gilt auch die Berufsgruppe der Kaufleute als typisch städtisch. Meist ist es schwierig, die von ihnen gehandelten Gegenstände in den Funden von Burgen und Städten aufzuspüren. Die an verschiedenen Orten hergestellten Waren unterscheiden sich oft auch nicht so voneinander, dass man sie sofort einer bestimmten Gegend zuweisen könnte. Ausnahmen sind allerdings vorhanden: Steinzeugbecher vom Anfang des 14. Jahrhunderts stammen aus dem Rheinland. Lavezgeschirr in Zürich ist ebenfalls keine einheimische Ware, sondern aus den Alpen hergebracht worden. Beim Lukmanierhospiz fanden sich Scherben einer Keramikart, wie sie nur in Italien hergestellt wurde. Von einer weisslichen bis hell gelblichen Keramik, die bis etwa zum Jahre 1000 in der Nordschweiz hin und wieder auftritt, sind die Herkunftsgebiete nicht genau zu bestimmen. Solche Ware wurde vom Elsass bis zum Niederrhein hergestellt. Bei Keramikfunden stellt sich zudem auch die Frage, ob die Keramik selbst das Handelsgut war oder ob sie lediglich als Verpackung, als «Gebinde», diente.

Oft helfen bei der Verfolgung der Wege, auf denen mit bestimmten Gegenständen gehandelt wurde, Verbreitungskarten weiter. In diese wird jeder entsprechende Fund eingetragen. Manchmal kommt man dabei zu eher verblüffenden Erkenntnissen: Die Glasbecher mit farbiger Emailbemalung wie das Exemplar von Sevgein sollten bisher einmal aus Syrien, einmal aus Venedig kommen. Hauptsächlich verbreitet sind die Funde jedoch im süddeutschen Sprachraum; heute wird deshalb nicht mehr ausgeschlossen, dass diese Gläser auch in dieser Gegend entstanden sein könnten.

Der mittelalterliche Handel kann also nur in Ausnahmefällen mit archäologischem Material aufgezeigt werden. Viel besser als die archäologischen Funde belegen die schriftlichen Quellen, was wohin verkauft wurde. Besonders interessant sind in diesem Zusammenhang die Zollrödel, in denen die üblichen Waren verzeichnet sind, oder Notariatsakten, in denen genau aufgezeichnet wurde, wer wem zu welchem Zeitpunkt welche Waren zu liefern hatte. Daher weiss man zum Beispiel, dass die schwäbische Leinwand eine sehr begehrte Handelsware gewesen ist oder dass ein Basler Kaufmann sich verpflichtete, einen grösseren Posten Glas nach Genua zu liefern; und dies im Jahr 1215 oder 1216, einer Zeit, in der man eine Glasproduktion im Raum Basel nicht unbedingt vermuten würde. Urkunden erwähnen auch den Schiffsverkehr auf dem Walensee oder den Strassenbau der Herren von Castelmur.

Eng mit dem Handel zusammen hängt das Geld. Viele Menschen denken ja bei «Archäologie» an Münzschätze; Funde dieser Art sind allerdings sehr selten. Meist sind sie in Töpfen in der Erde oder in Mauern verborgen und werden oft durch Zufall entdeckt. Viel häufiger sind jedoch Funde einzelner Münzen, die verlorengegangen sind.

Die mittelalterlichen Münzen im Gebiet der heutigen Schweiz waren aus Silber. Bei den meisten weiss man ziemlich genau, wer sie zu welcher Zeit geprägt hat. Üblicherweise waren es die Könige, Grafen, Abteien und Städte. Die frühen Münzen trugen auf Vorder- und Rückseite unterschiedliche Münzbilder. Vom 13. Jahrhundert an waren aber die Münzen so dünn, dass sie nur noch ein Bild trugen, das auf der Rückseite negativ zu sehen ist. Man nennt diese Münzen Brakteaten.

Im 14. Jh. waren Münzen bereits ein übliches Zahlungsmittel. Für Kaufleute bedeutete es aber eine grosse Gefahr, mit viel Geld unterwegs zu sein. Vielleicht hat ein Kaufmann den Münzschatz versteckt, der in zwei Holzbehältern in den späten vierziger Jahren unseres Jahrhunderts in Stampa GR gefunden wurde. Er bestand aus gegen 400 Gold- und Silbermünzen aus der Zeit von 1333–1390, wurde also 1390 oder später vergraben.

# Der Alltag auf der Burg

All die Mühen des Alltags spielten sich auf dem Land fast gleich ab wie in der Stadt. Wie aber sah der Alltag auf den Burgen aus, die doch sonst immer im Vordergrund standen? Die enge Verbindung der Burgen zu den Burggütern hatte zur Folge, dass sich zahlreiche Tätigkeiten nicht von jenen in den Dörfern unterschieden. Davon zeugen Sicheln, Rebmesser und all die anderen Geräte für Acker- und Gartenbau, die auf Burgen gefunden werden. Weitere Arbeiten auf der Burg umfassten allerlei handwerkliche Tätigkeiten, die durch Werkzeug und Geräte belegt sind: Hämmer, Zangen, Hobeleisen und anderes. Auch die schon mehrfach erwähnten Spinnwirtel sind häufige Funde. Selbst Spuren von handwerklichen Betätigungen sind bekannt: Auf der Frohburg (und anderen Burgen) sind Spuren von Beinschnitzern in Form von Abfällen gefunden worden; neben Mittelfussknochen von Rindern und Hirschen wurde auch Hirschgeweih verarbeitet. Die hergestellten Gegenstände reichen von Paternosterringen über Kämme und Messergriffe bis zu Spielfiguren.

Die Handwerker scheinen aber bezeichnenderweise in dem Augenblick auf der Burg zu verschwinden, als die Grafen von Frohburg beginnen in den Tälern Städte zu gründen. Umfangreiche Schlackenfunde, unter anderem auch auf Scheidegg, weisen darauf hin, dass auf Burgen auch Eisen ausgeschmiedet, wenn nicht gar verhüttet wurde.

Eine auf Burgen sehr wichtige Tätigkeit hängt zusammen mit der Bedeutung des Pferdes für den Adel: Pferdepflege und Pferdezucht spielten eine wichtige Rolle. Funde, die in diese Richtung weisen, sind vor allem die Striegel, aber auch Hufeisen und Hufnägel, die nirgends so häufig vorkommen wie auf Burgen. Daneben ist in diesem Zusammenhang natürlich noch das Reitzubehör wie Steigbügel, Trensen und Sporen zu nennen.

Die Sporen waren als Kennzeichen des berittenen Adels mehr als nur ein Ausrüstungsgegenstand. Sie wurden einem Adligen übergeben, wenn er erwachsen wurde. Die beiden Beispiele sind Stachelsporen des 12. Jh. von Riedfluh bei Eptingen BL und Gerstel bei Waldenburg BL.

Die beiden Steigbügel aus dem 10. Jh. stammen vom Kirchhügel in Ziefen BL; ihre Fundlage unmittelbar nebeneinander lässt vermuten, dass hier ursprünglich ein Sattel niedergelegt war.

Auf Scheidegg bei Gelterkinden BL sind nur noch die jüngeren Radsporen verwendet worden. Beim abgebildeten Exemplar ist noch die verzierte Riemenschnalle erhalten.

# Feste und Nichtstun

Das Gastmahl des Herodes in Müstair, St. Johannes zeigt ein Festessen aus dem 12. Jh. Auf dem Tisch sind Schüsseln für die Speisen und Trinkgefässe zu erkennen. Rechts liegt ein Messer und ein Brotlaib; der Diener neben dem Tisch hält einen Daubenbecher hoch. Das Essen wird von Musikanten begleitet.

Der Alltag der mittelalterlichen Menschen war hart. Tag für Tag mussten sie ihre Arbeit verrichten; auch wenn sie dies nicht in der Hektik taten, die der heutigen Zeit eigen ist, waren sie von morgens bis abends beschäftigt. Die Eintönigkeit der Arbeitstage wurde allerdings durch zahlreiche Feier- und Festtage unterbrochen. Aus der Umgebung städtischer Handwerker wissen wir, dass nur an etwa zweihundert Tagen pro Jahr gearbeitet wurde. In der Landwirtschaft freilich waren damals freie Tage so unbekannt wie heute: Das Vieh musste täglich versorgt werden, in der Erntezeit war jeweils Arbeit im Überfluss vorhanden. Dafür ging es dann im Winterhalbjahr etwas ruhiger zu. Die typische Winterarbeit, der Holzschlag, ist aber auch nicht zu unterschätzen!

Die Feiertage waren verbunden mit einem Gang zur Kirche. Man verbrachte sie in der Gemeinschaft der Bruderschaften oder Zünfte in den Städten oder der Dorfgemeinde auf dem Land. Ein wichtiges Fest war die Kirchweih, eine beliebte Abwechslung, aber auch ein Marktbesuch in einer benachbarten Stadt. Hochzeiten, Taufen und ähnliche Anlässe waren nicht so privat wie heute; meist feierten die Nachbarn, ja das ganze Dorf mit. Die ländlichen Feste waren meist mit Musik und Tanz verbunden.

Im Herbst war auch Schlachtzeit. Vor allem die Schweine konnten den Winter über nicht durchgebracht werden, so dass man alle, die man nicht für die Zucht brauchte, im Herbst schlachtete. Dies war jedesmal mit einem Fest verbunden. Vor allem die leicht verderblichen Innereien und Blutwürste, aber wohl auch das eine oder andere bessere Stück Fleisch kam dann sofort auf den Tisch, während der grösste Teil zu Würsten verarbeitet und mit Speckseiten und Schinken zum Räuchern in den Rauchfang gehängt wurde. Das musste dann bis zum nächsten Schlachttag reichen.

Ein vermutlich im Kloster Bonmont um 1250 entstandenes Buch enthält eine Darstellung, die den Gebrauch eines Aquamanile oder Giessgefässes zeigt. Die Szene stellt die Handwaschung des Pilatus dar. Ein Diener schüttet aus dem tiergestaltigen Gefäss Wasser über die Hände und fängt es darunter in einem Becken wieder auf.

Wie in allen anderen Lebensbereichen zeigen die archäologischen Funde auch im Bereich der Feste und der Gestaltung der freien Zeit fast nur ein Bild der Oberschicht. Die Feste selbst können archäologisch kaum nachgewiesen werden, wohl aber ein Teil der Umgebung, in der sie stattfanden.

Wichtig waren beim Adel gemeinsame Mahlzeiten, während derer zeremoniell ausgestaltete Verhaltensregeln eingehalten werden mussten. Für gehobene Tischsitten sprechen manche Gegenstände, die bei Grabungen zum Vorschein kommen: Giessgefässe («Aquamanile») und Becken aus Bronze oder Kupfer dienten zum Waschen der Hände vor und nach dem Essen. Dies war wichtig, da sich alle von Hand aus der gleichen Schüssel bedienten. Ein besonders schönes Exemplar, das allerdings durch den Brand der Burg stark gelitten hatte, stammt wiederum von Scheidegg. Als Teller lagen an jedem Platz halbierte Brotfladen, die oft am Schluss der Mahlzeit den Hunden vorgeworfen wurden. Das Tischtuch diente auch zum Abwischen der mit Sauce beschmierten Hände und des Mundes; in den Tischregeln wird aber ausdrücklich verboten hineinzuschneuzen. Es war auch verpönt, sich quer über den Tisch das beste Stück aus der entferntesten Schüssel zu angeln oder mit dem gemeinsamen Messer in den Zähnen herumzustochern.

Auf der festlich gedeckten Tafel standen Kerzenstöcke aus Metall; in den Mauernischen flackerten tönerne Öl- oder Talglampen, andere aus Metall waren an der Decke aufgehängt. Zum Trinken wurden normalerweise Daubenbecher benutzt. Trinkgläser tauchen auf der Scheidegg wie anderswo erst im Laufe des 13. Jahrhunderts in grösserer Zahl auf. Zu einem richtigen Festessen gehörte eine reichhaltige Speisenfolge mit mehreren Gängen; je nach Reichtum waren die Gerichte mit Unmengen teurer Gewürze wie Pfeffer, Nelken und Safran und Zimt versetzt, die aus dem Orient nach Mitteleuropa geschafft worden waren. Die Kombinationen der Speisen mögen uns heute etwas eigenartig anmuten; süss und sauer, salzig und bitter wurden aber nicht als Gegensätze angesehen. Und tatsächlich schmecken die mittelalterlichen Gerichte auch heute noch sehr gut!

Die einzelnen Gänge trugen Diener auf; oft wurde ein strenges Zeremoniell mit ausgefallenen Ideen eingehalten. Von berühmten Festessen wissen wir, dass die Schüsseln sogar zu Pferd serviert wurden. Während den Mahlzeiten durfte in vornehmen Haushalten auch die Musik nicht fehlen. Blas- und Saiteninstrumente gehörten zu der üblichen Ausrüstung der Spielleute. Auch Dudelsäcke und Drehleiern waren beliebt. Nach der Mahlzeit spielten die Musikanten zum Tanz auf.

Festliche Essen gehörten zum standesgemässen Leben auf den Burgen. Gegenseitige Einladungen waren häufig Anlass dazu, manchmal auch die Durchreise eines vornehmen Herrn und seines Gefolges, die Besiegelung einer Heirat oder eines Güterverkaufs. Es ist nicht bekannt, ob es üblich war, sich bei

Ein Aquamanile in Gestalt eines Hirsches aus Bronze stammt von Scheidegg bei Gelterkinden BL. Auch wenn es in seinem heutigen Zustand – es wurde beim Brand der Burg vor allem im vorderen Teil schwer beschädigt – nicht besonders schön aussieht, muss es zur Zeit seiner Benutzung ein aussergewöhnliches Prunkstück gewesen sein.

Aus dem 12. Jh. stammt eine Schale aus Böbikon AG. Sie könnte bei Handwaschungen Verwendung gefunden haben.

solchen Anlässen in ein Gästebuch einzutragen; in unserem heutigen Sinn wäre dies ohnehin kaum möglich gewesen, denn die wenigsten Adligen konnten lesen und schreiben. Möglicherweise liegt aber auf der Burg Fracstein (GR) ein solches «Buch» vor: Dort scheinen sich die Gäste an einer Wand verewigt zu haben. Jedenfalls sind die Wappen von in dieser Gegend bekannten Geschlechtern oder gar Zeichnungen von Burgen sorgfältig in den Wandverputz eingeritzt.

Essen und Trinken in Gesellschaft gehörte aber bei weitem nicht zum einzigen Vergnügen des Adels. Oft fanden diese Gelage im Rahmen grösserer, mehrtägiger Veranstaltungen statt, in denen auch andere beliebte Tätigkeiten des Adels Platz hatten, allen voran die Jagd und das Turnier.

Die Jagd muss in erster Linie ein gesellschaftlicher Anlass gewesen sein und nicht der Beschaffung von Nahrung gedient haben. Denn Knochen von Wildtieren machen im Fundmaterial der Burgen einen sehr kleinen Anteil aus. Viel wichtiger war, dass man bei der Hetzjagd auf Hasen und Rotwild seine Geschicklichkeit, bei der Wildschwein- oder Bärenjagd seinen Mut unter Beweis stellen konnte. Eleganter war die Falkenbeize, das heisst die Vogeljagd mit abgerichteten Raubvögeln. Auch Damen übten sie gerne aus.

Besonders beliebt waren im ritterlichen Adel jedoch die Turniere, Kampfspiele, die in verschiedenen Formen abgehalten wurden. Das Bild zweier Ritter zu Pferd, die mit eingelegten Lanzen aufeinanderzustürmten, ist auch heute noch eine Art Inbegriff des Mittelalters. Diese Form des Turniers ist allerdings nur eine Art: die Tjost. Das Ziel war, den Gegner mit einem Lanzenstoss auf den Schild aus dem Sattel zu heben. Dabei war nach Möglichkeit die Lanze so zu führen, dass der hölzerne Schaft zersplitterte. Ursprünglich trugen die Lanzen scharfe Spitzen; im 13. Jahrhundert kamen die sogenannten «Turnierkrönlein» auf, die nach Ansicht der Fachleute weniger gefährlich waren. Trotzdem kam es immer wieder zu schweren, ja tödlichen Verletzungen.

Eine eigenartige Form des Turniers war der Massenkampf, «Turnei», bei dem alle anwesenden Ritter sich in zwei Parteien auf einem umzäunten Kampfplatz aufstellten und auf ein Zeichen aufeinanderlosgingen. Ein wildes Getümmel war die Folge. Regelmässig bezogen einzelne Ritter fürchterliche Prügel: Am Abend zuvor fand nämlich eine sogenannte «Helmschau» statt, bei der die

Helme sämtlicher beteiligter Ritter aufgestellt wurden. An dieser Helmreihe vorbei schritten die Damen in Begleitung von Herolden. Fühlte sich eine der Damen von einem Ritter beleidigt oder nicht gebührend höflich behandelt, liess sie seinen Helm auf den Boden werfen; andere Gründe waren auch die Ausübung eines «bürgerlichen» Berufes oder die Heirat mit einer Bürgerstochter. Wer daraufhin nicht zum Turnier antrat, war gesellschaftlich geächtet; wer aber antrat, wurde verprügelt. Mehrere Gegner schlugen auf ihn ein, rissen ihm den Topfhelm vom Kopf, nahmen sein Pferd am Zaum und setzten ihn zu guter Letzt mit seinem Sattel auf die Schranken des Turnierplatzes. Sein Pferd und seine Rüstung gingen an seine Gegner. Wo es schon wegen verhältnismässig geringfügiger Vergehen so rauh zuging, war es dort, wo im Hintergrund ernsthafte Gegnerschaft lauerte, noch gefährlicher, und nicht selten gab es bei diesen Veranstaltungen Tote. 1274 fand ein solches «Turnei» zwischen den Rittern des Grafen von Châlons (Frankreich) und König Eduard I. von England statt. Es artete in ein blutiges Gemetzel aus, in das sich sogar die Bogenschützen der Parteien einmischten. Vom 14. Jahrhundert an versuchten die Veranstalter deshalb immer wieder mit dem Aufstellen bestimmter Regeln solche Fälle zu verhindern.

Nicht alle zu den Turnieren gehörenden Spiele waren aber derart gewalttätig; auch kunstvolles Figurenreiten gehörte zur Veranstaltung eines grossen Turniers, oder das Ringstechen, bei dem in

Seewis GR, Fracstein. Einzelne Wände dieser Burg sind mit in den Verputz eingeritzten Wappen- und Burgendarstellungen förmlich übersät. Man vermutet, es könne sich bei diesen Darstellungen um ein «Gästebuch» aus dem 13. oder frühen 14. Jh. handeln. Auf dem Ausschnitt sind folgende Wappen zu erkennen (jeweils v.l.n.r.): oben: Freiherren von Rhäzüns, von Belmont, von Aspermont; Mitte: Freiherren von Aspermont, von Montfort (oder von Werdenberg; gleiches Schildbild in anderen Farben); unten: Freiherren von Vaz sowie ein nicht zuweisbares Wappen.

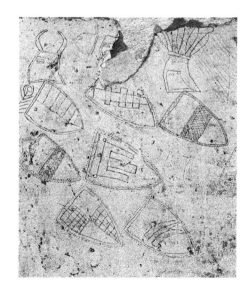

vollem Galopp mit der Lanze ein kleiner Ring getroffen werden musste.

Das Ganze spielte sich selbstverständlich nicht unter dem Ausschluss der Öffentlichkeit ab. Die Damen nahmen nicht nur an der Helmschau teil, sondern wohnten den Kampfspielen auf den Tribünen bei und bewunderten – oder betrauerten – ihre Helden und hielten an den abendlichen Gelagen mit Tanz durchaus mit.

Turniere wurden nicht nur an Fürstenhöfen abgehalten, sondern auch in Städten, wo sie in der Bürgerschaft oft interessierte Zuschauer fanden. So auch in Basel, wo an der Fastnacht 1376 die Ritterschaft, allen voran Leopold von Österreich, auf dem Münsterplatz turnierte. Die Stimmung damals war sehr gereizt, da Bischof Johannes von Vienne kurz zuvor zum Unwillen der Stadt das rechtsrheinische Kleinbasel an die Habsburger verpfändet hatte. Dennoch scheinen Scharen von Schaulustigen dem adligen Treiben zugesehen zu haben. Als aber etliche durch Tritte von Pferden und durch splitternde Lanzen verletzt wurden, griffen die Bürger zu den Waffen. Leopold entkam über den

Manessehandschrift, frühes 14. Jh. Aus dem mächtigen thurgauischen Freiherrengeschlecht von Klingen stammte Walter, der hier als siegreicher Turnierteilnehmer dargestellt ist.

Leymen (Elsass), Waldeck; Turnierkrönlein, um 1300. Solche Lanzenspitzen sollten die Verletzungsgefahr beim Turnier verringern.

Geschnitzter Spielstein von Altenberg bei Füllinsdorf BL, 11. Jh. Die Darstellung zeigt einen Drachen.

Manessehandschrift. Darstellung einer Schachpartie. Markgraf Otto von Brandenburg spielt mit seiner Dame.

# Das Ende des Mittelalters

Rhein; im Haus eines Domherrn, wohin sich seine Parteigänger geflüchtet hatten, wurden mehrere erstochen. Von Hans Ulrich von Hasenburg heisst es in der Überlieferung, er habe sich in einem Abort versteckt. Diese Episode in der Basler Geschichte wird als «Böse Fasnacht» bezeichnet.

Nur wenige Funde, die auf Burgen gemacht wurden, können direkt mit dem Turnier in Zusammenhang gebracht werden. Es sind vor allem «Turnierkrönlein». Andere Funde, wie Sporen, Steigbügel und Trensen, deuten ganz allgemein auf das ritterliche Leben hin. Lanzenspitzen und Topfhelme können genausogut im Krieg verwendet worden sein, wobei allerdings zu betonen ist, dass Schlachten zwischen Ritterheeren oft sehr viele Ähnlichkeiten mit Turnieren aufwiesen. Pfeileisen und Teile von Armbrüsten schliesslich gehören vermutlich eher zu Waffen, die bei der Jagd verwendet wurden, wie auch die «Saufeder», ein mächtiger Spiess für die Wildschwein- und Bärenjagd.

Nicht alle Tätigkeiten des Adels sind von Betrieb und Hektik gekennzeichnet: Auch ganz gegenteilige «Beschäftigungen» sind bekannt: Kegel- oder eine Art Bocciaspiel zum Beispiel. Sehr beliebt bei den adligen Damen und Herren waren Brettspiele wie Schach, Dame und Trictrac, aber auch Würfelspiele. Am häufigsten finden wir Würfel, die oft durch ihre geringe Grösse auffallen. Recht zahlreich sind aber auch Brettspielsteine in Form von mehr oder weniger verzierten, manchmal auch eingefärbten Knochenscheiben. Schachfiguren zeigen, dass dieses Spiel sehr beliebt gewesen sein muss. In Mitteleuropa herrschen die arabischen Figuren vor, während im Norden die nach indischer Art als menschliche und tierische Figuren ausgestalteten üblich waren. Dies zeigt, dass das Schachspiel über die Araber, die ja keine menschlichen Figuren darstellen dürfen, zu uns kamen, während es im Norden über das Reich von Kiew und die Wikinger direkt aus Indien eingeführt wurde.

Das Leben des mittelalterlichen Adels kann allerdings mit Hilfe der archäologischen Funde nicht umfassend beschrieben werden. Die genannten Beispiele vermögen aber einen Hinweis darauf zu geben, in welchen Belangen sich das Alltagsleben auf den Burgen von jenem des gemeinen Volkes unterschieden hat. Gewiss wäre es reizvoll, dieses Kapitel weiter zu verfolgen. Das Leben des mittelalterlichen Adels in seiner ganzen Breite zu schildern, würde aber den Rahmen dieses Buches sprengen.

Am Anfang dieses Buches ist die Frage, wann das Mittelalter zu Ende geht, ausführlich besprochen worden. Wenn bereits die Zeit um 1400 (oder, mit der grossen Pest, gar um 1350) als Abschluss dieses interessanten Zeitalters gewählt wird, dann sei mir dies verziehen. Immerhin gibt es genügend Argumente, die diese Begrenzung rechtfertigen. Zum einen ist das grosse Sterben, die Pest, zu nennen, von der sich die Bevölkerung nicht so rasch erholte. Zum anderen ist diese Zeit auch die Zeit einer Ablösung: Die höfisch-ritterliche Kultur, die im Grunde das Mittelalter wesentlich geprägt hat, wird allmählich von einer ganz anderen Welt verdrängt: der städtischen. Gewiss ist der Adel nicht verschwunden; es ist aber auch nicht zu übersehen, dass es immer weniger selbständige Herrschaften gibt, während andere zu immer grösserer Macht gelangen. Hier sind die Anfänge einer Entwicklung, die dann im 15. und 16. Jahrhundert dazu führt, dass sich Städte und Städtebünde auf der einen, Fürsten und Fürstenvereinigungen auf der anderen Seite gegenüberstehen. Die Anfänge vom Ende des Mittelalters sind also schon ziemlich früh zu spüren.

In diesem Buch habe ich versucht, einige Streiflichter auf eine lange, von vielen Veränderungen geprägte Epoche zu werfen. Vielleicht ist kein abgerundetes Gesamtbild entstanden; dies ist auch richtig so. Denn das Mittelalter ist nicht eine Zeit, die mit einem einzigen Schlagwort treffend beschrieben werden könnte. Es ist kleinräumig und umfassend, kleinlich und grosszügig, hartherzig und empfindsam, arm und reich, rückständig und fortschrittlich zugleich, je nachdem, welchen Standpunkt man selbst einnimmt und welche Einzelheiten man gerade betrachtet. In einem Buch von beschränktem Umfang können deshalb immer nur wenige Einzelheiten in genügender Ausführlichkeit erzählt und vorgelegt werden. Ich hoffe, dass es mir gelungen ist, eine Ahnung von der Vielgestaltigkeit dieser längst vergangenen Epoche zu geben.

Ganz verschwunden ist sie nicht; abgesehen davon, dass Kirchen, Burgen und ihre Ruinen auch heute noch in der Landschaft zu sehen sind, ist vieles in unserem Leben und unserer Sprache aus dem Mittelalter hängen geblieben. Etwa dann, wenn sich jemand «die Sporen abverdient», an schwierigen Verhandlungen «mit offenem Visier kämpft» und verlangt, dass alle «gleich lange Spiesse» haben. Es gibt «Ritter» der Strasse und «Steigbügelhalter»; Reden werden «aus dem Stegreif» gehalten. Auch heute noch werden «Fehdehandschuhe» aufgenommen, und viele Leute haben etwas «auf dem Kerbholz». Die Beispiele liessen sich auch hier beliebig vermehren. Vermutlich sind sich die wenigsten heute lebenden Menschen bewusst, dass sie mittelalterliche Ausdrücke verwenden.

Zahlreiche aus dem 12. bis 14. Jahrhundert stammende Bauwerke können also als aufrecht stehende Gebäude oder Ruinen noch betrachtet werden. Darüberhinaus hat dieselbe Epoche auch Spuren in der heute verwendeten Sprache hinterlassen. Dies macht deutlich, dass jene Leute nicht recht hatten, die im 17. und 18. Jahrhundert das Mittelalter als finsterste Barbarei und als zu jeglicher kulturellen Leistung unfähige Zeit bezeichneten.

Das Mittelalter muss als das genommen werden, was es aus der heutigen Sicht war: eine Zeit, in der zahlreiche Grundlagen für die spätere Entwicklung Europas geschaffen wurden – letztlich also ein Beginn der Gegenwart.

Dank
Der Verlag dankt
der Schweizerischen Kulturstiftung
PRO HELVETIA
und dem
Lotteriefonds des Kantons Baselland

Abbildungsnachweis

Abbaye de St. Maurice: 62, 146.
Abegg-Stiftung Bern, Riggisberg: 132 u.
Amt für Denkmalpflege des Kantons Wallis: 20, 84 o.
Amt für Museen und Archäologie BL: 35 o., 37 u., 61 o. und u., 91 o., 92 l., 97 M., 104 o., 105 o., 107 l., 123 u., 147 r.
Amt für Vorgeschichte SH: 106, 107 r., 147 o., 148 o. M.
Anthropologisches Forschungsinstitut Äsch: 124 o., 125.
Archäologische Bodenforschung BS: 48 o., 148 u. r.
Archäologischer Dienst des Kantons BE: 77 o. M. und r., 129 u.
Archäologischer Dienst des Kantons GR: 127 u.
Atelier d'archéologie médiévale, Moudon: 54 u.
Basler Denkmalpflege: 44 u., 45, 128, 129 l., 131.
Baugeschichtliches Archiv ZH: 77 o. l., 110, 112.
Bibliothéque municipale Besançon: 155 u.;
Bildarchiv Preussischer Kulturbesitz, Berlin: 63.
Denkmalpflege des Kantons Aargau: 33 o., 55, 56 u.
Dép. des trav. publ., Monum. hist.: 133 M.
Marcel Eckling: 15 o. r., 17 o. l., 61 M., 74 o. r. und u. l., 76 M., 95 M. und u., 96 M., 99 M. und u., 123 o., 136 M., 137 l., 142, 144 o. und u., 147 l., 154 o. und M., 156 o., 158 u.
D. uns S. Fibbi-Äppli: 52, 53 o. r., 54, 133 u.
Peter Frey: 69 o.
André Held: 26 o. r., 43, 66 o. l., 132 o. und M.
Historisches Museum Basel: 145, 158 M.; Maurice Babey: 24 o. l., 67 u.
Hochbauamt des Kantons Zürich, Denkmalpflege: 58/59, 65, 88 u. r., 130 o., 148 u. l.
Lukas Högl: 8 u., 15 o. l., 73 o.
Gerhard Howald: 14, 29.
Jean-Claude Juriens: 19.
Kantonsarchäologie Aargau: 96 u., 116 o.
Kantonsarchäologie St. Gallen: 67 o., 74 o. l., 121 o.
Kantonsmuseum Valeria, Sitten: 98 o.
Max Mathys: 84 u., 139, 143 o. l., 154 u.
Pierre Mentha: 33 u.
Werner Meyer: 79 o., 80 o., 89 u. r., 99 o., 111, 138 o. l.
Microfilmstelle BL: 120.
Museum zu Allerheiligen SH: 49 u., 50 o.
Jakob Obrecht: 143 o. r.
Office du Tourisme, Lausanne 42
Rätisches Museum Chur: 68 o. und u. M., 69 u., 73 M., 76 u., 153, 157 u.
Schweizerisches Landesmuseum: 17 o. r., 18 o., 80 u., 97 o., 156 u.
Werner Schoch: 144 M.
Service des monuments et des sites NE: 130 u.
Staatsarchiv Baselstadt: 18 u. (Klingental Nr. 586).
Jürg Tauber: 25 u., 27, 31, 35 u. l., 50 u., 56 o., 60, 78 o., 91 u., 92 r., 94, 100, 121 u., 124 u., 126, 138 o. r., 140,; Zeichnungen und Skizzen (meist nach Vorlagen in der Literatur): 44 o., 49 o., 59 u., 64, 78 u., 79 u., 96 o., 127 o., 136 o. und u., 148 o. r.
Trinity College Library, Cambridge: 47, 146 o.
Universitätsbibliothek Heidelberg: 75, 83, 122, 158 l. und o. r.;
Verkehrsverein Luzern: 35 M.

Hans Weber: 32 o.
Eduard Widmer: 24 o. r., 26 o. l., 32 u., 34, 51 o., 53 o. M. und l., 82, 95 o., 98 u., 129 o. M., 155 o.

Aus Büchern: Archäologie der Schweiz 3, 1980, Heft 2: 57.
Basler Zeitschrift für Geschichte und Altertumskunde 69, 1969: 18 M.
Ludwig Berger, Ausgrabungen am Petersberg in Basel: 108, 109.
Burgenforschung in Graubünden, Schweiz. Beitr. zur Kulturgesch. und Archäol. des Mittelalters 4, 1977: 81.
Burgen aus Holz und Stein, Schweiz. Beitr. zur Kulturgesch. und Archäol. des Mittelalters 5, 1978: 76 o.
Des Burgondes à Bayard. Mille ans de Moyen Age: 68 u. l.
H.-U. Geiger, Schweizerische Münzen des Mittelalters: 8 r.
Genève aux premiers temps chrétiens: 40, 41 o.
Kunstführer 177: 41 u.
Kunstführer 384/385: 51 u.
Felix Müller, Die Burgstelle Friedberg bei Meilen am Zürichsee, Zs. für Archäol. des Mittelalters 9, 1981: 93 u.l., 98 M.
Das rätische Museum in Chur: 64 u. M.
St. Pierre, Cathédrale de Genève. Un monument, une exposition: 39, 73 u.
Schweiz. Zeitschr. für Archäol. und Kunstgesch. 6, 1944: 116 u.
K. Speich, H.R. Schläpfer, Kirchen und Klöster der Schweiz: 28 o., 30.
Unsere Kunstdenkmäler 34, 1983: 48 u.
Ur- und frühgesch. Archäol. des Schweiz VI: 46.

Dommuseum Chur, 66 oben rechts;
Rhäzüns 28 unten